普通高等学校工程管理专业“十四五”规划教材

工程招投标与合同管理

主　编　崔淑梅　苑宏宪　李翠玲

副主编　门晓杰　吴晶霞

图书在版编目（CIP）数据

工程招投标与合同管理 / 崔淑梅，苑宏宪，李翠玲主编. -- 成都 : 四川大学出版社，2025. 5. -- ISBN 978-7-5690-7868-8

Ⅰ. TU723

中国国家版本馆 CIP 数据核字第 2025YX5852 号

书　名：工程招投标与合同管理
Gongcheng Zhaotoubiao yu Hetong Guanli
主　编：崔淑梅　苑宏宪　李翠玲

选题策划：王　睿
责任编辑：王　睿　李金兰
特约编辑：孙　丽
责任校对：周维彬
装帧设计：开动传媒
责任印制：李金兰

出版发行：四川大学出版社有限责任公司
地址：成都市一环路南一段 24 号（610065）
电话：（028）85408311（发行部）、85400276（总编室）
电子邮箱：scupress@vip.163.com
网址：https://press.scu.edu.cn
印前制作：湖北开动传媒科技有限公司
印刷装订：武汉乐生印刷有限公司

成品尺寸：200mm×270mm
印　张：14.5
字　数：397 千字

版　次：2025 年 6 月 第 1 版
印　次：2025 年 6 月 第 1 次印刷
定　价：55.00 元

本社图书如有印装质量问题，请联系发行部调换

四川大学出版社
微信公众号

前　言

本书以中国特色社会主义市场经济理论为指导，注重内容的系统性和应用性。同时，紧跟法律法规的更新，体现招标投标与合同管理实践新的发展和变化，全面反映了《中华人民共和国民法典》《中华人民共和国招标投标法》《中华人民共和国建筑法》等国家最新颁布（修订）的工程招投标与合同管理方面的法律、法规、规章、标准和规范。本书以社会需求为导向，结合行业注册考试组织内容，改变了以知识点为体系的框架，以工作活动为主线编排内容，并在"引言"和"典型例题"板块融入社会主义核心价值观、中华优秀传统文化，以培养契约精神、法治精神及精益求精的大国工匠精神；注重高阶性，增加双创内容，以大型复杂工程为任务进行情景仿真，引导学生进行工程招标投标和合同管理模拟。主要内容包括：绪论，建设工程招标，建设工程投标，建设工程开标、评标和定标，合同法通则，建设工程合同基础，建设工程施工合同管理，建设工程其他合同和工程索赔等。此外，本书依托智慧树平台建设完成"工程合同管理与法律制度"（省级线上线下混合式一流本科课程）、"招投标与合同管理"（省级线上一流本科课程）、"招投标与合同管理"知识图谱三门在线共享课程，渗透了"互联网＋AI"教学思维，从"知识共建、方法共通、能力共进、情感共融"四个维度，打造"课堂教学、实践教学、思政教学"三条主线，助力于构建以"线上碎片化学习＋翻转课堂＋情景模拟实践＋以赛促学"为教学手段的共生协同教学模式，为土木工程类和工程管理类专业培养既懂技术又懂管理、理论知识扎实、实践能力突出、职业素养良好的复合型人才提供了教材建设和教学方式方法的有益探索。

本书由烟台大学崔淑梅、鲁东大学苑宏宪、烟台理工学院李翠玲担任主编，负责教学大纲的拟定和全书的统稿工作；由烟台经济技术开发区建设交通局门晓杰和烟台大学吴晶霞担任副主编；由河北工业大学陈立文教授担任主审；参编人员有烟台大学于淏、鲁东大学刘海萍、山东万信项目管理有限公司王寿山等。编写分工如下：第一章由苑宏宪、李翠玲、崔淑梅编写，第二章、第三章、第四章由苑宏宪、刘海萍编写，第五章由崔淑梅、门晓杰编写，第六章、第七章由吴晶霞、门晓杰、崔淑梅和于淏编写，第八章由李翠玲编写，第九章由崔淑梅、于淏编写，附录由苑宏宪、王寿山编写。在编写过程中，山东万信项目管理有限公司马宏坤提出了许多好的意见和建议，在本书资料收集、统稿过程中，烟台大学和鲁东大学的硕士研究生林旭、王洁、赵家齐、赵雅宁、李雨蕙、张话雨、于金辉、董宇等做了较多的前期工作，在此深表感谢。

本书在编写过程中，引用了工程招投标与工程合同管理相关的工程案例，参考了大量的文献资料，在此向本书所引用的所有文献的作者表示诚挚的感谢。

由于编者水平有限，书中难免有不足之处，敬请各位读者不吝指正。

编　者

2024 年 10 月

目　录

第一章 绪 论

引 言

要坚持依法治国、依法执政、依法行政共同推进，法治国家、法治政府、法治社会一体建设。全面依法治国是一个系统工程，要整体谋划，更加注重系统性、整体性、协同性。法治政府建设是重点任务和主体工程，要率先突破，用法治给行政权力定规矩、划界限，规范行政决策程序，加快转变政府职能。要推进严格规范公正文明执法，提高司法公信力。普法工作要在针对性和实效性上下功夫，特别是要加强青少年法治教育，不断提升全体公民法治意识和法治素养。要完善预防性法律制度，坚持和发展新时代"枫桥经验"，促进社会和谐稳定。

——2020 年 11 月 16 日至 17 日，习近平在中央全面依法治国工作会议上强调

学习目标

知识目标：识记法的概念、法的效力层次、法律规范效力；识记民事法律关系三要素、民事法律事实、诉讼管辖权，理解其构成要件；识记仲裁概念、特点，仲裁程序，仲裁庭的组成；识记代理制度的概念、分类及无权代理、表见代理、债的种类；识记保证、定金、抵押、质押和留置，并理解其构成要件。熟悉建设工程招标投标的主要内容及法律体系；熟悉民法典、经济诉讼的特点、二审终审制度；熟悉时效制度，理解诉讼时效的概念、时间、起算、中止、中断。了解建筑市场的概念及主客体，诉讼法及其分类，仲裁法的内容、受理范围，仲裁裁决执行。

能力目标：应用所学观察建筑市场形势与厘清建筑市场主客体关系；能够区别主体、客体和内容，行为和事件；能够根据管辖权选择法院；能编写合法有效的仲裁条款；区分无权代理和表见代理；区分不当得利和无因管理；区分诉讼时效中止、中断；能科学选择处理纠纷的方式；分析代理案例；能合理选择担保形式。

素质目标：通过对建筑行业基本构成及法律体系的学习，树立良好的法治观念，通过相关案例分析，能认知、恪守、自觉践行自由、平等、公正、法治的社会主义核心价值观。

第一节　建筑市场

一、建筑市场的概念

市场是社会分工与商品生产的产物，是古代人类对于在固定时段或者固定地点进行交易的场所的称呼。市场的本义是商品交换的场所，是把货物的买主和卖主正式组织在一起进行交易的地方。始于亚当·斯密时代的古典自由主义思想认为，理想的资源分配秩序依赖于一个能够生产商品和提供服务的私有市场，其核心特征是分散化的私有产权制度与可自由波动的价格系统。

随着商品经济充分发展并向市场经济过渡，市场已经突破了城市、国家的界限，实现了世界贸易乃至线上贸易。从一定意义上来讲，市场已经包含了狭义和广义两个层面的含义：狭义的市场是指交易场所，如商品市场、股票市场、石油市场等；广义的市场是指商品交换关系的总和，只要发生产权转移和交换的关系都可以称之为市场。市场具有资源配置、平衡供求、利益调解、信息传递和反馈等功能。

随着改革开放的深入推进，四十多年来我国的建筑市场得到很大发展。建筑市场是指以建筑产品的承发包交易活动为主要内容的市场，也可以称之为建设市场或者建筑工程市场。建筑市场是固定资产投资转化为建筑产品的交易场所。按照市场的定义，建筑市场有狭义和广义两个层面的含义。

狭义的建筑市场是指建筑产品的需求者和供给者（生产者）进行买卖活动、发生买卖关系的场所，也就是通常所说的建筑产品市场。建筑产品是指建筑业向市场提供的具有一定功能的、可供人类使用的最终产品。一般来说，建筑产品是指在建的或者完工的单位工程或者单项工程。

建筑产品市场具有下述特点：

①建筑产品交易是需求者和生产者之间的直接订货交易。

②建筑产品市场的竞争方式是以招标投标为主，产品需求者可以从众多的投标者中选择满意的生产者。不过某些特殊情况下，尤其是政府采购工程也可以采用竞争性谈判或者询价议标的方式。

③建筑产品市场竞争多属于特定约束条件下的不完全竞争。在工期、成本、质量、安全等约束条件下，承包人必须严格按照招标文件的要求开展竞争；某些专业性特别强的工程，只有极少数技术与管理实力雄厚的企业有可能承包，承包人也没有很大的选择余地。

④建筑产品市场具有独特的定价方式。对于一般的商品而言，在完全竞争的市场条件下，生产者的竞争主要体现在价格方面，而产品的竞争也往往是由市场来决定的。而对于建筑产品市场来说，在建设工程全生命周期中，不同阶段的产品价格确定方式是不同的，而产品的最终价格只有等待工程竣工验收通过之后，才能最终确定。

⑤建筑产品市场交易对象的整体性和分部分项工程的相对独立性。建筑产品本身是一个不可分割的整体，需要总承包单位或者项目业主进行总体协调。在施工过程中，各个专业施工队伍分别独立承担土建、安装、装饰等专业工程，同时分部分项工程分别进行施工、验收、结算，所以建筑产品市场交易中分部分项工程具有相对独立性。

广义的建筑市场是有形建筑市场和无形建筑市场的总和。其构成除了建筑产品市场之外，还包括与建筑生产密切相关的勘察设计市场、建筑材料市场、劳务市场、技术市场、资金市场以及咨询市场等。广义的建筑市场还具有一些独特的特点。

(1)建筑市场主要交易对象的单件性。

建筑产品作为建筑市场的主要交易对象,是不可能或者难以做到批量生产的,建筑市场的需求方(项目业主)只能通过选择建筑产品的生产商(施工企业)来完成交易。在建筑市场中,项目业主选择的不是建筑产品,而是建筑产品的生产单位。每一个建设工程项目都是独一无二的,具有单件性的特征,即使是在装配式施工技术快速发展的现代建筑市场,每一个装配式建筑仍然是独一无二的。

(2)建筑市场生产活动与交易活动的统一性。

建筑产品的生产活动和交易活动是交织在一起的。从工程建设咨询、设计、施工发包与承包,直到工程竣工、交付使用和保修,发包人和承包方进行的各种交易,都是在建筑市场中进行的,都是各方市场主体自始至终共同参与的结果。

(3)建筑市场行为的规范性。

所有建筑市场的主体都必须共同遵守建筑市场的行为规范。招标投标必须严格遵循招标投标的法律法规,勘察、设计、施工、验收都必须遵循现行的法律法规、标准、规范,或者约定俗成的工程惯例。

(4)建筑市场交易活动的长期性和阶段性。

建筑产品的生产周期长,往往长达几年,甚至十几年。在工程项目建设的不同阶段,建筑产品也表现为不同的交易形态。这也决定了建筑市场交易的长期性和阶段性。

(5)建筑市场交易活动的不可逆性。

建筑市场的交易协议一旦达成,承包单位必须严格按照双方的约定进行设计、施工和咨询管理,项目竣工之后一般不能返工或者退换。一旦建筑工程开始施工,返工或重建都会造成不可挽回的工程损失,这是建筑产品本身的不可逆性所决定的。

(6)建筑市场竞争的不完全性。

建筑产品的地点固定性,决定了建筑产品的生产具有地域性特征,施工企业必须在建筑产品所在地组织生产。因此,建筑产品规模越小,价值越低,技术越简单,则其地域性越强,竞争性越弱;而建筑产品规模越大,价值越高,技术越复杂,则其地域性就越弱,竞争性也就越强。地域性特征决定了建筑市场竞争的激烈程度,也导致了建筑市场竞争的不完全性。

(7)建筑市场的社会性。

建筑市场的交易对象主要是建筑产品,所有的建筑产品都具有社会性,涉及公众利益。同时,建筑市场和房地产市场是密不可分的,工程建设是房地产开发的一个必要环节,房地产市场承担着部分建筑产品流通的功能。

本书所提到的建筑市场一般是指有形建筑市场(狭义的建筑市场)。

二、建筑市场的主体

建筑市场的主体是指参与建筑市场交易活动(项目业主给付建设费用,承包人交付工程的过程)的各方。我国建筑市场的主体主要包括发包人(项目业主或者建设单位)、承包人(勘察人、设计人、施工人、材料设备供应商)、工程咨询服务机构(咨询单位、监理单位、造价部门)等。

现阶段我国建筑市场形成了以工程项目为中心,以经济为纽带,以合同为依据,以项目法人为工程招标发包主体,以设计施工承包人为工程投标承包主体,以建设监理单位为咨询管理主体,相互协作、相互制约的三元主体结构。这是适应我国市场经济体制的具有中国特色并接近国际惯例的市场运行机制。

(一)发包人

发包人指既具有某项工程建设需求,又具有该项工程的建设资金和各种准建手续,在建筑市场中发包工程建设项目的勘察、设计、施工任务,并最终得到建筑产品,达到其经营使用目的的政府部门、企事业单位或个人。

发包人也被称为项目业主或者建设单位等,只有在发包工程或者组织工程建设时才能成为市场主体,因此根据不同环境可称之为发包人或者招标人。这也决定了项目业主作为市场主体具有不确定性。为了规范项目业主行为,我国建立了投资责任约束机制,即项目法人责任制,由项目业主对其项目建设全过程负责。

项目业主的形式主要有以下三种:

(1)既有企业或单位。

企业或者机关、事业单位筹集资金实施新建、扩建、改建工程,则该企业或单位即为项目业主。

(2)联合投资董事会。

由不同投资方参股或者共同投资的项目,其项目业主是共同投资方组成的董事会或者管理委员会。

(3)各类开发公司。

开发公司自行融资,由投资方协商组建或者委托开发的工程管理公司也可以作为项目业主。

项目业主在项目建设过程中的主要职责主要包括以下几个方面:

①建设项目的立项决策;

②建设项目的资金筹措与管理;

③办理建设项目的有关手续(建筑工程用地批准手续、建设工程规划许可证等);

④建设项目的招标与合同管理;

⑤建设项目的施工与质量管理;

⑥建设项目的竣工验收和试运行;

⑦建设项目的统计及文档管理。

(二)承包人

承包人是指具有一定数量的建筑装备、流动资金、工程技术经济管理人员及工人,取得建设行业相应资质证书和营业执照的,能够按照项目业主的要求提供不同形态的建筑产品并最终得到相应工程价款的建筑施工企业。

承包人也被称为承包商、施工企业、承包单位等。相对于项目业主而言,承包人是建筑市场主体中的主要构成部分,在其整个经营期间都是建筑市场的主体。因此,国内外对于承包人大都实行从业资格管理制度,依据《中华人民共和国建筑法》(简称《建筑法》)之规定,从事建筑活动的建筑施工企业、勘察单位、设计单位和工程监理单位,应当具备下列条件:

①有符合国家规定的注册资本;

②有与其从事的建筑活动相适应的具有法定执业资格的专业技术人员;

③有从事相关建筑活动所应有的技术装备;

④法律、行政法规规定的其他条件。

在市场经济条件下,承包人需要通过市场竞争取得施工项目,因此承包人一般需要具有以下四个方面的条件:

(1)技术实力。

有精通本行业的工程师、造价师、经济师、会计师、项目经理、合同管理人员等专业技术人员队伍。

(2)经济实力。

拥有相当数量的周转资金用于工程准备,具有一定的融资和垫付资金的能力;拥有相当数量的固定资产和为完成项目而购入大型设备所需的资金;具有支付各种担保和保险的能力;如承担国际工程还需具备筹集外汇的能力。

(3)管理能力。

建筑市场属于买方市场,承包人为了获得项目,往往需要以低利润报价,因此需要做好成本控制,向管理要效益,采用先进的施工方法提高工作效率和技术水平。

(4)良好信誉。

承包人具有良好的信誉,是其能够可持续发展的基础。要建立良好的信誉,就需要遵纪守法,认真履约,保证工程质量和安全,按期交付工程,并做到文明施工。

(三)工程咨询服务机构

工程咨询服务机构是指具有一定注册资金和相应的专业服务能力,持有从事相关业务的资质证书和营业执照,能对工程建设提供估算测量、管理咨询、建设监理等智力型服务或代理,并取得服务费用的咨询服务机构和其他为工程建设服务的专业中介组织。

工程咨询服务机构包括勘察设计机构、工程造价咨询机构、招标代理机构、工程监理企业、工程管理公司等。

工程咨询服务机构虽然不是工程承发包的当事人,但是其受项目业主委托或者聘用,与项目业主签订协议书或者合同,对项目的实施负有重要责任。工程咨询服务可以贯穿从项目立项到竣工验收乃至使用阶段的整个项目建设过程,也可以只局限于其中的某个阶段或者某个专业领域。

三、建筑市场的客体

建筑市场的客体,一般称作建筑产品。建筑产品是建筑市场的交易对象,既包括有形建筑产品(建筑物和构筑物),也包括无形建筑产品(咨询、监理等智力型服务)。

建筑产品不同于一般商品,在不同的生产交易阶段,建筑产品表现为不同的形态:

①规划设计阶段,建筑产品表现为可行性研究报告、勘察报告、施工图设计文件等形式;

②招标投标阶段,建筑产品表现为资格预审报告、招标文件、投标文件、合同文件等形式;

③施工阶段,建筑产品包括各类建筑物、构筑物以及劳动力、建材、机械设备、预制构件、技术、信息、资金等形式。

建筑产品的特点主要体现在以下六个方面:

(1)建筑产品的位置固定性。

建筑产品与其所附着的土地密不可分,土地具有不可移动性,因而建筑产品的位置具有固定性。

(2)建筑产品的单件性。

不同的建筑产品的功能、用途、结构、装饰等均有不同的要求,同时不同工程项目的建设地点也存在着差异性。因此,多数建筑产品需要单独设计、单独施工,不能或者难以做到批量生产。虽然装配式施工的出现,使得建筑构件可以批量生产,但是建筑产品本身的单件性始终是存在的。

(3)建筑产品的整体性和施工生产的专业性。

建筑产品的生产往往采用总承包和分承包相结合的承包形式。随着社会经济的发展和建筑技术的快速进步,建设项目施工生产将会进行更加专业的细分,由不同的专业施工队伍承揽工程的土建、安装、装饰等任务,这一发展将有利于提高施工生产技术水平和行业生产效率。

(4)建筑产品的不可逆性。

建筑产品一旦进入生产阶段,将不能退换,难以被分解为生产要素重新建造,否则将会造成极大的经济损失。

(5)建筑产品投资额巨大、生产周期长、使用寿命长。

建筑产品工程量巨大,往往需要消耗大量的人力、物力和财力,因此投资额巨大,生产周期长。建筑产品经历建设前期、实施、运行、维护等全寿命周期,设计使用年限一般为50年、100年,使用寿命一般较长。

(6)建筑产品的商品属性。

在市场经济条件下,建筑产品也是一种特殊的商品,因此具有商品属性。随着市场经济改革逐步推进,建筑企业成了独立的生产单位和法人实体。建筑产品的价格形成机制也逐渐演化为以市场形成为主,建筑产品的商品属性得以体现。

建筑产品的质量关系到承发包双方的利益,也关系到国家和社会的公共利益。正是由于建筑产品的这种特殊性,其质量标准是以国家标准、国家规范等形式颁布实施的。从事建筑产品的生产,必须遵守这些标准规范的规定。建筑产品作为一种特殊的商品,其工程建设标准具有法定性特征。

工程建设标准是指对工程勘察、设计、施工、验收等各个环节的技术要求。主要包括了五个方面的内容:

①工程建设勘察、设计、施工以及验收等质量要求和方法;

②与工程建设相关的安全、卫生、环境保护的技术要求;

③工程建设的术语、符号、量与单位、建筑模数、制图方法等;

④工程建设的试验、检验和评定方法;

⑤工程建设的信息技术要求。

工程建设标准涉及房屋建筑、交通运输、水利、电力、通信、采矿冶炼、石油化工、市政公用设施等诸多领域,在具体形式上包括了标准、规范、规程等。其作用在于:一方面,有关标准规范文件为专业技术人员提供了需要遵循的技术要求和支持;另一方面,标准的法律属性和权威属性,督促了从事工程建设的工程人员按照规定去执行,从而保证工程质量。

第二节 工程招标投标基础与相关法律法规

一、工程招标投标基础

(一)工程招标投标的概念

1. 招标投标

招标投标是指在市场经济条件下,交易活动的发起方对拟采购的标的物按照法定的程序和方式吸引供应方进行公平竞争,并从中选择条件优越者来完成标的物的行为。把“货比三家”的竞争理念引入招标投标市场管理模式，客观上要求交易成立之前的选择具有广泛竞争性，交易成立之后的契约具有约束性，这就是招标投标的原理。招标投标制度最早起源于18世纪的英国，其作为"公共采购"或者"集中采购"的手段，用于确保政府公共采购的公开、公平和公正，进而规范政府采购行为。1782年，英国首先设立了皇家文具公用局作为办公用品的官方采购特别机构。随后，该制度在西方国家得到推广应用。

资金技术和先进管理经验的引入，促进了我国区域经济社会的协调发展，推动了我国建设中的体制机制创新和观念更新。1981年吉林省和广东省深圳市开始了工程招标投标的试点。1984年利用世界银行贷款建设的鲁布革水电站项目率先将国际竞争性招标采购方式引入我国，同年发布了《建设工程招标投标暂行规定》，奠定了国家层面立法的实践基础。2000年，《中华人民共和国招标投标法》(简称《招标投标法》)正式开始实施。经过四十余年的发展，工程招标投标已经成为我国推进现代化建筑市场体系建设发展的重要手段。

招标投标活动具有以下基本特征：

①竞争性。招标投标活动的本质特征就是竞争，通过投标人之间的竞争以及招标人和投标人之间的博弈，最终选择最优的投标人。建筑市场中的竞争不仅仅体现在价格上，也涉及产品质量、技术能力、服务水平等因素。同时由于信息不对称的存在，投标人也需要通过竞争信息的收集和分析了解竞争对手的能力、定价策略等信息。

②合理性。招标投标活动的合理性体现在建筑产品交易价格上，由建筑市场来决定建筑产品交易价格。

③规范性。建筑市场中招标投标法律法规比较完备，具有完善的招标投标活动的程序、规范的招标文件和合同文件，可以确保招标投标活动透明、公正、公开和公平，严格遵循要约和承诺的流程。

④公开、公平和公正性。招标投标活动中招标活动的信息公开、开标程序公开、评标标准和评标程序公开、中标结果公开。招标人对待所有投标人应一视同仁。

⑤组织性。招标投标活动是一种有组织、有计划的建设工程交易活动，必须严格按照规定的流程、规则和办法进行。

⑥开放性。规范的招标投标活动必须公开发布招标公告或者发出投标邀请书，打破行业、部门和地区的界限，让尽可能多的符合条件的投标人参与竞争。

⑦复杂性。招标投标需要按照招标投标法律法规规定的程序，经过经济、技术、管理等多要素竞争实现建设工程交易，需要从业人员综合运用法律、政策、技术、经济、管理等专业知识和技能。

2. 建设工程招标投标

建设工程招标，是指招标人(建设单位或项目业主)就拟建的工程发布招标公告或者投标邀请书，用法定方式吸引建设项目的承包单位参加竞争，进而通过法定程序从中选择条件优越者来完成工程建设任务的法律行为。

建设工程投标，是指经过特定资格审查而获得投标资格的建设项目承包单位，按照招标文件的要求，在规定的时间内向招标人填报投标文件，并争取中标的法律行为。

建设工程招标投标是在市场经济条件下进行工程建设活动的一种主要的竞争形式和交易方式，是引入竞争机制订立合同的一种法律形式。建设工程招标投标是以工程勘察、设计或施工等为对象，在招标人和若干个投标人之间进行的交易方式，是商品经济发展到一定阶段的产物。招标人通过招标活动来选择条件优越者，使其力争用最优的技术、最佳的质量、最低的价格和最短的周期完成工程项目任务。投标人也通过这种方式选择项目和招标人，以使自己获得更丰厚的利润。

(二)工程招标投标基本原则

依据《招标投标法》第五条的规定,招标投标活动应当遵循公开、公平、公正和诚实信用的原则。

(1)公开原则。

公开原则是指招标投标活动应当公开透明。招标人采用公开招标方式的,应当发布招标公告。依法必须进行招标的项目的招标公告,应当通过国家指定的报刊、信息网络或者其他媒介发布。无论是招标公告、资格预审公告还是投标邀请书,潜在投标人应该能够从中获得充分的信息以决定是否参加投标活动。同时,开标的程序、评标标准和评标方法、中标结果等都应该依照相关法律法规的规定公开。

(2)公平原则。

公平原则是指在招标投标过程中,所有的潜在投标人均具有相同的权利,并履行同等的责任和义务,实现机会均等。公平原则具体体现在招标人向各投标人提供的招标信息是相同的,资格审查条件和程序是相同的,招标文件不存在歧视性条款,与投标人有利害关系的评标专家应该主动回避,合同条款应当是公平、合理的等方面。

(3)公正原则。

公正原则是指所有潜在投标人都能够受到平等对待。招标人不得以不合理的条件限制或者排斥潜在投标人,不得对潜在投标人实行歧视待遇。招标文件不得要求或者标明特定的生产供应者以及含有倾向或者排斥潜在投标人的其他内容。评标标准应当尽可能量化,评标程序应当明确并严格执行。需要注意的是,公平原则是强调招标投标双方当事人之间的权利和义务关系,而公正原则是强调一方当事人与其余多方当事人之间的权利和义务关系,避免出现以公平原则代替公正原则的情况。

(4)诚实信用原则。

诚实信用原则是指招标投标当事人应当信守承诺、实事求是,不得弄虚作假、欺骗他人,不得损害他人、第三方或者社会公共利益。《招标投标法》第三十三条规定,投标人不得以低于成本的报价竞标,也不得以他人名义投标或者以其他方式弄虚作假,骗取中标。

(三)工程招标投标分类

建设工程招标投标按《中华人民共和国民法典》(简称《民法典》)对建设工程合同的分类,可分为工程勘察项目招标投标、工程设计项目招标投标、工程施工项目招标投标以及建设项目总承包招标投标等。

按照工程建设基本程序,可以将工程项目招标投标划分为建设项目前期咨询招标投标、建设工程勘察设计招标投标、材料设备采购招标投标、工程施工招标投标、施工监理招标投标等。

按照工程项目承包范围,可以将工程项目招标投标划分为项目总承包招标投标、工程分包招标投标及专项工程招标投标等。其中,总承包招标投标是指建设项目全过程或者部分阶段的招标投标,包括勘察设计、材料设备供应、工程施工直至竣工交付使用,招标人可以依法对工程以及与工程建设有关的货物、服务全部或者部分实行总承包招标,投标人必须是具有总承包能力的工程承包企业。需要注意的是,工程总承包招标与施工总承包招标具有明显的区别,两者最大的区别在于工程范围不同。

按照工程建设项目的构成,可以将建设工程招标投标划分为建设项目招标投标、单项工程招标投标、单位工程招标投标。为防止肢解发包,除了特殊的专业工程以外,一般情况下不允许分部分项工程招标投标。

按照工程承发包模式，可以将建设工程招标投标划分为工程咨询招标投标、交钥匙工程招标投标、设计施工招标投标、设计管理招标投标、BOT 工程招标投标等。

按照工程是否有涉外因素，可以将建设工程招标投标划分为国际工程招标投标和国内工程招标投标。

（四）建设工程招标投标的主体

建设工程招标投标的主体包括招标人、投标人、招标代理机构和招标投标行政监督部门。

(1)招标人。

《招标投标法》第八条规定，招标人是依照本法规定提出招标项目、进行招标的法人或者其他组织。依据该规定，招标人应当是法人或者其他组织。具体来说，招标人可以是企业法人、机关法人、事业单位法人和社会团体法人等，也可以是合伙企业、个人独资企业、外国企业以及企业分支机构等其他组织。《招标投标法》不允许自然人作为工程建设项目的招标人。在建筑实践中，建设单位可以自行招标，也可以委托代理招标。

(2)投标人。

《招标投标法》第二十五条规定，投标人是响应招标、参加投标竞争的法人或者其他组织。依法招标的科研项目允许个人参加投标的，投标的个人适用《招标投标法》有关投标人的规定。投标人一般可以分为三类：法人、非法人组织和自然人。依据《招标投标法》第二十六条规定，投标人应当具备承担招标项目的能力；国家有关规定对投标人资格条件或者招标文件对投标人资格条件有规定的，投标人应当具备规定的资格条件。

(3)招标代理机构。

《招标投标法》第十三条规定，招标代理机构是依法设立、从事招标代理业务并提供相关服务的社会中介组织。招标代理机构应当具备下列条件：①有从事招标代理业务的营业场所和相应资金；②有能够编制招标文件和组织评标的相应专业力量。需要注意的是，招标代理机构与行政机关和其他国家机关不得存在隶属关系或者其他利益关系；招标代理机构应当在招标人委托的范围内办理招标事宜，并遵守《招标投标法》关于招标人的规定。

(4)招标投标行政监督部门。

《招标投标法》第七条规定，招标投标活动及其当事人应当接受依法实施的监督。有关行政监督部门依法对招标投标活动实施监督，依法查处招标投标活动中的违法行为。对招标投标活动的行政监督及有关部门的具体职权划分，由国务院规定。依据《中华人民共和国招标投标法实施条例》(简称《招标投标法实施条例》)第四条的规定，国务院发展改革部门指导和协调全国招标投标工作，对国家重大建设项目的工程招标投标活动实施监督检查。国务院工业和信息化、住房城乡建设、交通运输、铁道、水利、商务等部门，按照规定的职责分工对有关招标投标活动实施监督。县级以上地方人民政府发展改革部门指导和协调本行政区域的招标投标工作。县级以上地方人民政府有关部门按照规定的职责分工，对招标投标活动实施监督，依法查处招标投标活动中的违法行为。县级以上地方人民政府对其所属部门有关招标投标活动的监督职责分工另有规定的，从其规定。财政部门依法对实行招标投标的政府采购工程建设项目的政府采购政策执行情况实施监督。监察机关依法对与招标投标活动有关的监察对象实施监察。

二、公共资源交易中心

(一)公共资源交易中心概述

公共资源交易中心是指负责公共资源交易和提供咨询、服务的机构,是公共资源统一进场交易的服务平台。公共资源交易中心将工程建设招标投标、土地和矿业权交易、企业国有产权交易、政府采购等公共资源纳入统一交易的服务平台。公共资源交易中心也可以根据交易对象的不同性质,分类建设,规范管理。

自《关于开展工程建设领域突出问题专项治理工作的意见》(中办发〔2009〕27 号)出台以来,将有形建筑市场纳入公共资源交易平台或以有形建筑市场为基础成立公共资源交易中心成为主流趋势。2013 年 3 月第十二届全国人民代表大会通过的《国务院机构改革和职能转变方案》进一步明确,整合工程建设项目招标投标、土地使用权和矿产权出让、国有产权交易、政府采购等平台,建立统一规范的公共资源交易平台,有关部门在职责范围内加强管理。这一政策导向极大地促进了公共资源交易中心的迅速发展。为贯彻落实《国务院办公厅关于印发整合建立统一的公共资源交易平台工作方案的通知》(国办发〔2015〕63 号),各级公共资源交易平台整合现有政务服务中心、公共资源交易中心、建设工程交易中心、政府集中采购中心及其他交易场所,满足交易评标(评审)活动、交易验证以及有关现场业务办理需要。

公共资源交易中心的管理体制大致分为四种类型:一是隶属同级行政服务中心或与同级行政服务中心合署办公;二是直属本级人民政府;三是隶属政府有关部门;四是隶属公共资源交易管理委员会办公室。公共资源交易中心需要政府采购、铁路、园林、土地、科技等各个部门共同制定完善的法律法规和制度,以明确公共资源交易主体各方的权利、义务关系,否则会造成交易方正当权益得不到保障,无法可依、无据可循的局面。同时,如何协调有形建筑市场与其他交易市场资源配置并减少浪费是亟待解决的现实性问题。2013 年 11 月中国共产党第十八届中央委员会第三次全体会议通过的《中共中央关于全面深化改革若干重大问题的决定》指出,要进一步简政放权,深化行政审批制度改革。建立公共资源交易中心,对规范政府行政行为、加强工程项目质量管理、预防和遏制腐败、促进市场有序竞争、创造良好发展环境有积极作用。

(二)公共资源交易中心的性质和设立条件

1.公共资源交易中心的性质

公共资源交易中心是为建设工程招标投标活动提供服务的自收自支的事业性单位,而非政府机构。但是公共资源交易中心的设立必须得到政府或者其授权主管部门的批准,并受当地政府或者其授权主管部门的统一管理。政府有关部门及其管理机构可以在公共资源交易中心设立服务窗口,并对建设工程招标投标活动依法实施监督。

2.公共资源交易中心的设立条件

《招标投标法实施条例》第五条规定,设区的市级以上地方人民政府可以根据实际需要,建立统一规范的招标投标交易场所,为招标投标活动提供服务。招标投标交易场所不得与行政监督部门存在隶属关系,不得以营利为目的。

公共资源交易中心不能重复设立,每个地级市(地区、自治州、盟)以上城市一般只能设立一个,通常不按照行政管理部门分别设立。各地公共资源交易中心通常都会建设统一规范的交易公共服务平台，充分利用信息互联共享及其大数据分析，推动公共资源交易服务和监督体制的创新，为市场主体、社会公众、行政监督部门提供动态、公开的交易服务。

通常情况下，公共资源交易中心的设立需要满足以下条件：

①有固定的交易场所和满足交易中心基本功能要求的服务设施；

②有由政府主管部门设立的评标专家库；

③有完善的工作制度、办事程序和内部管理制度；

④工作人员遵纪守法，熟悉相关业务知识，且符合当地主管部门的其他要求。

（三）公共资源交易中心的基本功能

一般来说，公共资源交易中心需要具备以下三大功能：

1. 信息服务

公共资源交易中心通常具备收集、存储和发布各类交易信息、信用信息、政策法规信息的功能。通常在交易中心服务大厅设置大型电子信息墙，建设并运行交易公共服务平台网站，为市场主体提供广泛的信息服务。

比如广州公共资源交易公共服务平台提供了交易信息（建设工程、政府采购、土地使用权交易、产权交易、碳排放权交易、矿业权交易等）、信用信息（企业信用排行榜、企业信用查询、信用评价标准等）、政策法规、市场主体（企业信息查询、人员信息查询等）、交易统计等信息服务。

2. 场所服务

依据《招标投标法实施条例》第八条的规定，国有资金占控股或者主导地位的依法必须进行招标的项目，应当公开招标。《必须招标的工程项目规定》和《必须招标的基础设施和公用事业项目范围规定》明确规定了必须招标的工程项目的范围和规模标准。《中华人民共和国政府采购法》（简称《政府采购法》）第二条、第四条、第二十六条对各级国家机关、事业单位和团体组织使用财政性资金采购依法制定的集中采购目录以内的或者采购限额标准以上的货物、工程和服务的行为做出了明确的规定。因此，必须招标的建设工程项目进行招标投标一般需要在有形建筑市场内进行。交易中心应当为工程承发包交易双方和招标、投标、评标、定标、合同谈判全过程提供设施和场所服务，设立信息发布大厅、招标室、开标室、评标室、合同洽谈室、会议室等，同时还需要为政府管理与监督部门提供集中办公场所。

3. 集中办公

建设项目进入公共资源交易中心，需要政府建设行政主管部门和相关部门职能机构进驻公共资源交易中心，进行集中管理。工程项目的相关招标投标手续和中标后的工程报建手续都可以在交易中心集中办理，为发包人和承包人提供便利。在公共资源交易中心可以集中办理的业务包括工程报建、招标登记、承包人资质审查、合同备案登记、工程质量安全监督手续办理、施工许可证申请与发放等。一般来说，入住公共资源交易中心的相关部门，一般要求实行“窗口化”服务，以便提高办公效率。

三、工程招标投标的相关法律法规

为了推行和规范招标投标活动，我国政府先后发布了多部招标投标的相关法律、法规。

广义的招标投标法是在建筑市场中，旨在规范招标投标活动，调整在招标投标过程中产生的各种社会关系的法律规范的总称。这些法律规范包括全国人民代表大会及其常务委员会颁布的法律、国务院颁发的行政法规、有立法权的地方人大颁发的地方性法规、国务院有关部门颁发的部门规章以及有立法权的地方人民政府颁发的地方性规章。

狭义的招标投标法是指《中华人民共和国招标投标法》,凡在我国境内进行招标采购项目的采购活动,必须依照该法的规定进行。

我国实行招标投标制度以来,已经基本形成了一个以《中华人民共和国招标投标法》为核心,相关基本法律及相关法规、条例、规章为辅的关于建设工程招标投标的法律体系。按照效力层级的不同,可分为四个层次:第一层次是由全国人大及其常务委员会颁布的招标投标法律,如《中华人民共和国民法典》《中华人民共和国建筑法》《中华人民共和国招标投标法》《中华人民共和国政府采购法》等;第二层次是由国务院颁发的行政法规,如《中华人民共和国招标投标法实施条例》《建设工程质量管理条例》《建设工程勘察设计管理条例》《建设工程安全生产管理条例》等;第三层次是由国务院有关部门颁发的有关招标投标的部门规章以及有立法权的地方人大颁布的地方性法规,如《必须招标的工程项目规定》《必须招标的基础设施和公用事业项目范围规定》《工程建设项目施工招标投标办法》《建筑工程施工发包与承包计价管理办法》《建筑工程设计招标投标管理办法》等;第四层次是由相关行政主管部门颁发的标准规范文件和地方人民政府颁发的地方性政府规章,比如《建设项目工程总承包合同(示范文本)》(GF—2020—0216)、《建设工程施工合同(示范文本)》(GF—2017—0201)、《建筑市场诚信行为信息管理办法》、《全国建筑市场各方主体不良行为记录认定标准》等。

(一)主要国家法律

1.《中华人民共和国建筑法》

《中华人民共和国建筑法》于 1997 年 11 月 1 日由第八届全国人民代表大会常务委员会第二十八次会议通过,自 1998 年 3 月 1 日起施行。2011 年 4 月 22 日第十一届全国人民代表大会常务委员会第二十次会议《关于修改〈中华人民共和国建筑法〉的决定》对该法进行了第一次修正。2019 年 4 月 23 日第十三届全国人民代表大会常务委员会第十次会议《关于修改〈中华人民共和国建筑法〉等八部法律的决定》对该法进行了第二次修正。《中华人民共和国建筑法》的制定是为了加强对建筑活动的监督管理,维护建筑市场秩序,保证建筑工程的质量和安全,促进建筑业健康发展。

2.《中华人民共和国招标投标法》

《中华人民共和国招标投标法》于 1999 年 8 月 30 日由第九届全国人民代表大会常务委员会第十一次会议通过,2000 年 1 月 1 日起施行。2017 年 12 月 27 日第十二届全国人民代表大会常务委员会第三十一次会议《关于修改〈中华人民共和国招标投标法〉、〈中华人民共和国计量法〉的决定》对该法进行了修正。《中华人民共和国招标投标法》的制定是为了规范招标投标活动,保护国家利益、社会公共利益和招标投标活动当事人的合法权益,提高经济效益,保证项目质量。

3.《中华人民共和国政府采购法》

《中华人民共和国政府采购法》于 2002 年 6 月 29 日由第九届全国人民代表大会常务委员会第二十八次会议通过,自 2003 年 1 月 1 日起施行。2014 年 8 月 31 日第十二届全国人民代表大会常务委员会第十次会议《关于修改〈中华人民共和国保险法〉等五部法律的决定》对该法进行了修正。《中华人民共和国政府采购法》的制定是为了规范政府采购行为,提高政府采购资金的使用效益,维护国家利益和社会公共利益,保护政府采购当事人的合法权益,促进廉政建设。

(二)主要行政法规与部门规章

1.《中华人民共和国招标投标法实施条例》

根据《中华人民共和国招标投标法》,制定《中华人民共和国招标投标法实施条例》,该法规于2011年11月30日国务院第183次常务会议通过,历经2017年、2018年、2019年三次修订,共七章八十四条。该法规的立法目的是规范招标投标活动。

2.《中华人民共和国政府采购法实施条例》

根据《中华人民共和国政府采购法》,制定《中华人民共和国政府采购法实施条例》,该法规经2014年12月31日国务院第75次常务会议通过,2015年1月30日中华人民共和国国务院令第658号公布,自2015年3月1日起施行。

3.《房屋建筑和市政基础设施工程施工招标投标管理办法》

《房屋建筑和市政基础设施工程施工招标投标管理办法》于2001年5月31日经第四十三次建设部常务会议讨论通过,自2001年6月1日发布之日起施行。2018年9月19日第四次住建部常务会议审议通过《住房城乡建设部关于修改〈房屋建筑和市政基础设施工程施工招标投标管理办法〉的决定》,对该办法进行了修正。《房屋建筑和市政基础设施工程施工招标投标管理办法》依据《中华人民共和国建筑法》《中华人民共和国招标投标法》等法律、行政法规制定,制定目的是规范房屋建筑和市政基础设施工程施工招标投标活动,维护招标投标当事人的合法权益。

4.《工程建设项目施工招标投标办法》

《工程建设项目施工招标投标办法》自2003年5月1日起施行。2013年,按国家发展改革委等九部委第23号令修改后更新。《工程建设项目施工招标投标办法》根据《中华人民共和国招标投标法》《中华人民共和国招标投标法实施条例》和国务院有关部门的职责分工制定,目的是规范工程建设项目施工招标投标活动。

5.《招标公告和公示信息发布管理办法》

《招标公告和公示信息发布管理办法》由国家发展改革委制定,国务院批准,于2017年11月23日发布,并于2018年1月1日起施行。该办法制定的目的是规范招标公告和公示信息发布活动,保证各类市场主体和社会公众平等、便捷、准确地获取招标信息。

6.《中华人民共和国标准设备采购招标文件(2017年版)》《中华人民共和国标准材料采购招标文件(2017年版)》《中华人民共和国标准勘察招标文件(2017年版)》《中华人民共和国标准设计招标文件(2017年版)》《中华人民共和国标准监理招标文件(2017年版)》

上述文件均自2018年1月1日起实施,制定的目的是进一步完善标准文件编制规则,构建覆盖主要采购对象、多种合同类型、不同项目规模的标准文件体系,提高招标文件编制质量,促进招标投标活动的公开、公平和公正,营造良好市场竞争环境。

7.《必须招标的工程项目规定》

《必须招标的工程项目规定》由国家发展改革委制定,国务院批准,于2018年6月1日起施行。该规定根据《中华人民共和国招标投标法》第三条的规定制定,制定的目的是确定必须招标的工程项目,规范招标投标活动,提高工作效率,降低企业成本,预防腐败。

8.《必须招标的基础设施和公用事业项目范围规定》

该文件经国务院批准,由国家发展改革委于2018年6月6日印发,共三条,自2018年6月6

日起施行，其立法目的是明确必须招标的大型基础设施和公用事业项目范围。

9.《评标委员会和评标方法暂行规定》

为了规范评标委员会的组成和评标活动，2001 年国家计委、国家经贸委、建设部、铁道部、交通部、信息产业部、水利部联合制定了《评标委员会和评标方法暂行规定》，其目的是规范评标活动，保证评标的公平、公正，维护招标投标活动当事人的合法权益。该规定于 2013 年由国家发展改革委等部门进行修订。

10.《政府采购信息发布管理办法》

《政府采购信息发布管理办法》于 2019 年 11 月经财政部部务会议审议通过，自 2020 年 3 月 1 日起施行。该办法是根据《中华人民共和国政府采购法》《中华人民共和国政府采购法实施条例》等有关法律、行政法规制定，目的是规范政府采购信息发布行为，提高政府采购透明度。

第三节　合同法律基础

一、法的概念和法的体系

（一）法的概念

法是由国家制定或认可，体现统治阶级意志和社会公正价值目标，并由国家政权强制力保证实施的社会规范的总和。

（二）法的体系

法的体系包括宪法、法律、行政法规、部门规章、地方性法规、民族自治地方条例和单行条例、特别行政区法律等。

1. 宪法

宪法是国家的根本大法，被称为“母法”。其规定了国家的基本制度、公民的权利、国家政权的结构组成和产生办法等一系列重大问题。宪法具有最高法律效力，其他法的形式不得与其相抵触。宪法由全国人民代表大会按特定程序制定。

2. 法律

法律是由最高国家权力机关制定的规范性文件的总称，分为基本法律和其他法律。基本法律包括民法、刑法、经济法、行政法、诉讼法和特别行政区基本法等，由全国人民代表大会制定。基本法律以外的法律称为其他法律，由全国人民代表大会常务委员会制定。

3. 行政法规

行政法规是由国务院制定的规范性文件的总称。

4. 部门规章

部门规章是国家最高行政机关所属的各部门、委员会在自己的职权范围内发布的调整部门管理事项的规范性文件。

5. 地方性法规

地方性法规是指省、自治区、直辖市的人民代表大会及其常务委员会制定的规范性文件的总称。地方性法规不得与宪法、法律、行政法规相抵触。

6. 民族自治地方自治条例和单行条例

民族自治地方条例和单行条例分别指民族自治地方的人民代表大会依照当地民族的政治、经济和文化的特点全面调整本自治地方事务的综合性规范性文件和调整本自治地方某方面事务的规范性文件。自治条例和单行条例报全国人民代表大会常务委员会批准后生效。

7. 特别行政区法律

特别行政区法律是指全国人大制定的特别行政区的基本法，以及香港、澳门特别行政区立法机关制定的法律，以及保留的原有法律。

二、法的效力位阶和法的效力层次

(一)法的效力位阶

就法的效力位阶而言，法可分为三类，即上位法、下位法和同位法。

就法律效力大小而言，效力大的为上位法，它之下生效的为下位法。

以宪法和其他法律的关系为例，宪法就是上位法，因为其他法律都是依据宪法制定的，所以其他的法律如刑法、民法就是下位法。

(二)法的效力层次

法的效力层次是指规范性法律文件之间的效力等级关系。根据《中华人民共和国立法法》(简称《立法法》)的有关规定，我国法的效力层次可以概括为：

①上位法的效力高于下位法；

②在同一位阶的法律之间，特别法优于一般法，即同一事项，两种法律都有规定的，特别法比一般法优先；

③新法优于旧法。

三、法律规范的效力

法律规范的效力是指法律规范在什么地方、什么时间、对什么人具有约束力，也就是法律的空间效力、时间效力和对人的效力。

(一)法律的空间效力

宪法、法律、行政法规和部门规章，在我国全部领土范围内有效；地方性法规、地方规章、自治条例、单行条例，在相应的行政区划和管辖的范围内有效。法律法规明确规定了特定的使用范围的，则在该范围内有效。

(二)法律的时间效力

法律的时间效力包括法律何时开始生效、法律何时开始失效以及法律的溯及力。

法的溯及力是法溯及既往的效力，是指新法能否适用于其生效以前发生的事件，如果可以适用，则该法有溯及力，否则该法没有溯及力。

《立法法》第一百零四条规定："法律、行政法规、地方性法规、自治条例和单行条例、规章不溯及既往，但为了更好地保护公民、法人和其他组织的权利和利益而作的特别规定除外。"

（三）法律对人的效力

我国公民在我国领域内，一律适用我国法律；外国人、无国籍人在我国领域内除法律有特别规定的以外，一律适用我国法律；我国公民在我国领域以外，原则上也适用我国法律。

四、相关法律介绍

（一）民法

1. 概念

民法是指在采用成文法的国家中，用以规范平等主体之间私法关系的法律。民法以条文的方式，以抽象的规则来规范各式法律行为、身份行为。

《民法典》被称为"社会生活的百科全书"，是中华人民共和国第一部以"法典"命名的法律，在法律体系中居于基础性地位，也是市场经济的基本法。

《民法典》共七编、一千二百六十条，各编依次为总则、物权、合同、人格权、婚姻家庭、继承、侵权责任。2020 年 5 月 28 日，十三届全国人大三次会议表决通过，自 2021 年 1 月 1 日起施行，《中华人民共和国婚姻法》等九部民事法律同时废止。

2. 调整对象

(1)财产关系。

财产关系也称为经济关系，是人们在生产、分配和消费过程中形成的具有经济内容的社会关系。财产关系包括的范围很广，《民法典》只调整发生在平等主体之间的财产关系，不调整纵向的、因国家对社会经济的计划管理、财政管理以及其他方面行政管理而发生的财产关系。

(2)人身关系。

人身关系是指与特定人身不可分离而没有直接财产内容的社会关系，通常表现为基于生命、健康、人身自由、姓名、名誉、荣誉等权利而产生的人身关系，以及知识产权中的人身关系。

3.《民法典》的作用

《民法典》是规范社会生活的重要法律，是调整社会主义市场经济的基本法律。正如恩格斯所指出的，"民法乃是以法律形式表现了社会经济生活条件的准则"。《民法典》第一条规定，为了保护民事主体的合法权益，调整民事关系，维护社会和经济秩序，适应中国特色社会主义发展要求，弘扬社会主义核心价值观，根据宪法，制定本法。

（二）诉讼法

1. 概念

诉讼法指的是规定诉讼程序的法律的总称。我国有三大诉讼法，分别是民事诉讼法、刑事诉讼法、行政诉讼法。这里主要涉及民事诉讼法和行政诉讼法。

2. 调整对象

(1)民事诉讼法。

民事诉讼法是调整人民法院、当事人和其他诉讼参加人参与民事诉讼行为的法律规范的总和。

(2)行政诉讼法。

行政诉讼法是由国家制定的调整人民法院、当事人和其他诉讼参与人在行政诉讼中的活动和关系的法律规范的总和。

3. 常见的民事诉讼——经济诉讼

(1)经济诉讼的概念。

经济诉讼是指经济审判机关在当事人和其他诉讼参与人的参加下，对经济纠纷案件进行审理并作出判决，以解决经济纠纷的活动。

经济诉讼的主要法律依据是《中华人民共和国民事诉讼法》(简称《民事诉讼法》)以及最高人民法院发布的有关经济纠纷案件的司法解释。

(2)经济诉讼的特点。

①人民法院受理经济纠纷案件，任何一方当事人都有权起诉，而无须征得对方当事人的同意。

②当事人向人民法院提起诉讼，应当遵循级别管辖、地域管辖和专属管辖的原则。在不违反原则的前提下，可以选择管辖法院。

③人民法院审理经济纠纷案件，实行二审终审制度。

(3)经济诉讼的管辖制度。

诉讼管辖是指各级法院之间以及不同地区的同级法院之间，受理第一审案件的职权范围和具体分工。经济诉讼的管辖主要有级别管辖、地域管辖和专属管辖。

①级别管辖。级别管辖是指各级法院之间受理第一审案件的职权范围和具体分工。地域管辖、专属管辖、协议管辖均不得违反级别管辖的规定。

a. 第一审案件由基层人民法院管辖。

b. 中级人民法院管辖的第一审案件：重大涉外案件；在本辖区有重大影响的案件；最高人民法院确定由中级人民法院管辖的案件。

c. 高级、最高人民法院管辖的第一审案件：高级人民法院管辖在本辖区有重大影响的第一审民事案件；最高人民法院管辖在全国有重大影响的、认为应当由本院审理的第一审民事案件。

②地域管辖。地域管辖是指同级人民法院对第一审案件的分工和权限。对公民提起的民事诉讼，由被告住所地人民法院管辖；被告住所地与经常居住地不一致的，由经常居住地人民法院管辖。对法人或者其他组织提起的民事诉讼，由被告住所地人民法院管辖。法人或其他组织的住所地为其主要办事机构所在地，主要办事机构所在地不能确定的，以其注册地或登记地为住所地。

《民事诉讼法》第二十四条规定，因合同纠纷提起的诉讼，由被告住所地或者合同履行地人民法院管辖。

③专属管辖。专属管辖是指按照诉讼标的的特殊性与管辖的排他性决定的管辖。

《民事诉讼法》第三十四条规定，因不动产纠纷提起的诉讼，由不动产所在地人民法院管辖；因港口作业中发生纠纷提起的诉讼，由港口所在地人民法院管辖；因继承遗产纠纷提起的诉讼，由被继承人死亡时住所地或者主要遗产所在地人民法院管辖。

《最高人民法院关于适用〈中华人民共和国民事诉讼法〉的解释》(2015 年 2 月 4 日起施行)第二十八条规定，“建设工程施工合同纠纷……，按照不动产纠纷确定管辖”，即由建设工程所在地人民法院管辖。

(4)经济诉讼的原则。

经济诉讼的特有原则有六个，即平等原则、调解原则、辩论原则、诚信原则、处分原则和支持起诉原则。

①平等原则。平等原则是指民事诉讼当事人有平等的诉讼权利。人民法院审理民事案件，应当保障和便利当事人行使诉讼权利，对当事人在适用法律上一律平等。外国人、无国籍人、外国企业和组织在人民法院起诉、应诉，同中华人民共和国公民、法人和其他组织有同等的诉讼权利义务。

②调解原则。人民法院审理民事案件，根据当事人自愿的原则，在事实清楚的基础上，分清是非，进行调解。

③辩论原则。辩论原则是指人民法院审理民事案件时，当事人有权进行辩论。这里的辩论范围包括案件的实体问题、程序问题和所适用的法律等方面。辩论形式可以是言辞辩论，也可以是书面辩论。

④诚信原则。民事诉讼应当遵循诚实信用原则。

⑤处分原则。处分原则是指当事人有权在法律规定的范围内处分自己的民事权利和诉讼权利。

⑥支持起诉原则。支持起诉原则是指机关、社会团体、企事业单位对损害国家、集体或者个人民事权益的行为，可以支持受损害的单位或者个人向人民法院起诉。

(5) 经济诉讼第一审程序。

①起诉。起诉是指当事人请求人民法院通过审判保护自己合法权益的行为。提起诉讼的人为原告，被提起诉讼、经法院通知应诉的人为被告。起诉必须符合下列条件：原告是与案件有直接利害关系的公民、法人和其他组织；有明确的被告；有具体的诉讼请求和事实、理由；属于人民法院的受案范围和受诉人民法院管辖。起诉应在诉讼时效内进行。

②受理。人民法院接到起诉状后，经审查，认为符合起诉条件的，应当在 7 日内立案，并通知当事人；认为不符合起诉条件的，应当在 7 日内裁定不予受理；原告对裁定不服的，可以提起上诉。

③审理前的准备。人民法院应当在立案之日起 5 日内将起诉状副本送达被告；被告在收到起诉状副本之日起 15 日内提出答辩状。人民法院在收到被告答辩状之日起 5 日内将答辩状副本送达原告，被告不提出答辩状的，不影响审判程序的进行。

人民法院受理案件后应当组成合议庭，合议庭至少由三名审判员或至少由一名审判员和两名陪审员组成，不包括书记员。合议庭组成人员确定后，应当在 3 日内将合议庭组成人员告知当事人。

④开庭审理。审理经济纠纷案件，除涉及国家秘密或当事人的商业秘密外，均应公开开庭审理。开庭审理要经历以下几个阶段：宣布开庭、法庭调查、法庭辩论、法庭辩论后的调解、合议庭评议、判决。经过法庭调查和法庭辩论后，在查清案件事实的基础上，当事人愿意调解的，可以当庭进行调解，经过调解，双方当事人达成协议的，应当在调解协议上签字盖章。调解不成的，应当及时作出判决。

根据《民事诉讼法》的有关规定，人民法院适用第一审普通程序审理的案件应从立案之日起 6 个月内审结。有特殊情况需要延长的，由本院院长批准，可以延长 6 个月。还需要延长的，报请上级人民法院批准。

基层人民法院及其派出法庭收到起诉状经审查立案后，认为事实清楚、权利义务关系明确、争议不大的简单经济纠纷案件，可以适用简易程序进行审理。在简易程序中可以口头起诉、口头答辩。原被告双方同时到庭的，可以当即进行审理，当即调解。可以用简便方式传唤另一当事人到庭。简易程序中由审判员一人独任审判，不用组成合议庭，在开庭通知、法庭调查、法庭辩论上不受普通程序有关规定的限制。适用简易程序审理的经济纠纷案件，应当在立案之日起 3 个月内审结。

(6)经济诉讼第二审程序。

①上诉和二审终审。当事人不服第一审法院判决、裁定的,有权提起上诉。上诉必须在法定期限内提出:对判决提起上诉的期限为15日,对裁定提起上诉的期限为10日,逾期不上诉的,原判决、裁定即发生法律效力。

当事人提起上诉后至第二审法院审结前,原审法院的判决或裁定不发生法律效力。第二审法院的判决、裁定,终审的判决、裁定,当事人不得再上诉。

②审理。第二审人民法院应当组成合议庭开庭审理,但合议庭认为不需要开庭审理的,也可以进行判决、裁定。

第二审人民法院对上诉案件,经过审理,按照下列情形,分别处理:原判决、裁定认定事实清楚,适用法律正确的,以判决、裁定方式驳回上诉,维持原判决、裁定;原判决、裁定认定事实错误或者适用法律错误的,以判决、裁定方式依法改判、撤销或者变更;原判决认定基本事实不清的,裁定撤销原判决,发回原审人民法院重审,或者查清事实后改判;原判决遗漏当事人或者违法缺席判决等严重违反法定程序的,裁定撤销原判决,发回原审人民法院重审。

原审人民法院对发回重审的案件作出判决后,当事人提起上诉的,第二审人民法院不得再次发回重审。当事人对重审案件的判决、裁定,可以上诉。

二审法院对判决、裁定的上诉案件,应当分别在案件立案之日起3个月内和1个月内审结。

(7)审判监督程序。

审判监督程序又称再审程序,是指人民法院对已经发生法律效力的判决、裁定发现确有错误,依法再次进行审理的程序。它是保证审判的正确性,维护当事人合法权益,维护法律尊严的一项重要补救程序。

当事人的申请符合下列情形之一的,人民法院应当再审:

①有新的证据,足以推翻原判决、裁定的;

②原判决、裁定认定的基本事实缺乏证据证明的;

③原判决、裁定认定事实的主要证据是伪造的;

④原判决、裁定认定事实的主要证据未经质证的;

⑤对审理案件需要的主要证据,当事人因客观原因不能自行收集,书面申请人民法院调查收集,人民法院未调查收集的;

⑥原判决、裁定适用法律确有错误的;

⑦审判组织的组成不合法或者依法应当回避的审判人员没有回避的;

⑧无诉讼行为能力人未经法定代理人代为诉讼或者应当参加诉讼的当事人,因不能归责于本人或者其诉讼代理人的事由,未参加诉讼的;

⑨违反法律规定,剥夺当事人辩论权利的;

⑩未经传票传唤,缺席判决的;

⑪原判决、裁定遗漏或者超出诉讼请求的;

⑫据以作出原判决、裁定的法律文书被撤销或者变更的;

⑬审判人员审理该案件时有贪污受贿、徇私舞弊、枉法裁判行为的。

人民法院审理再审案件,应当另行组成合议庭。如果发生法律效力的判决、裁定是由第一审法院作出的,再审按第一审普通程序进行;如果发生法律效力的判决、裁定是由第二审法院作出的,或者上级人民法院按照审判监督程序提审的,按第二审程序进行。

(三)仲裁法

1.仲裁的概念

仲裁,也称"公断",是指双方当事人自愿把经济纠纷或争议提交第三者(仲裁组织)作出判断或判决,双方当事人有义务执行裁决。

仲裁是解决经济纠纷或争议的一种基本方式,具有程序简便、方法灵活、处理及时等优点。

2.仲裁的特点

作为一种解决经济纠纷的民间性裁判制度,仲裁既不同于解决同类争议的司法、行政途径,也不同于人民调解委员会的调解和当事人的自行和解。其具有以下特点:

(1)自愿性。

当事人的自愿性是仲裁最突出的特点。仲裁以双方当事人的自愿为前提,即当事人之间的纠纷是否提交仲裁,交与谁仲裁,仲裁庭如何组成,由谁组成,以及仲裁的审理方式、开庭形式等都是在当事人自愿的基础上,由双方当事人协商确定的。因此,仲裁是最能充分体现当事人意思自治原则的争议解决方式。

(2)专业性。

经济纠纷往往涉及特殊的知识领域,会遇到许多复杂的法律、经济贸易和有关的技术性问题,故专家裁判更能体现专业权威性。因此,由具有一定专业水平和能力的专家担任仲裁员对当事人之间的纠纷进行裁决是仲裁公正性的重要保障。根据《中华人民共和国仲裁法》(简称《仲裁法》)的规定,仲裁机构都备有分专业的、由专家组成的仲裁员名册供当事人进行选择,专家仲裁由此成为仲裁的重要特点之一。

(3)灵活性。

由于仲裁充分体现当事人的意思自治,仲裁中的诸多具体程序都是由当事人协商确定与选择的。因此,与诉讼相比,仲裁程序更加灵活,更具有弹性。

(4)保密性。

仲裁以不公开审理为原则。有关的仲裁法律和仲裁规则也同时规定了仲裁员及仲裁秘书人员的保密义务。因此当事人的商业秘密和贸易活动不会因仲裁活动而泄露。仲裁表现出极强的保密性。

(5)快捷性。

仲裁实行一裁终局制,仲裁裁决一经仲裁庭作出即发生法律效力,这使得当事人之间的纠纷能够迅速得以解决。

(6)经济性。

仲裁的经济性主要表现在:第一,时间上的快捷性使得仲裁所需费用相对较少;第二,仲裁无须多审级收费,使得仲裁费往往低于诉讼费;第三,仲裁的自愿性、保密性使当事人之间通常没有激烈的对抗,且商业秘密不必公之于世,对当事人之间今后的商业活动影响较小。

(7)独立性。

仲裁机构独立于行政机构,仲裁机构之间也无隶属关系。在仲裁过程中,仲裁庭独立进行仲裁,不受任何机关、社会团体和个人的干涉,亦不受仲裁机构的干涉,表现出最大的独立性。

3.仲裁法的内容

仲裁法是国家制定和确认的关于仲裁制度的法律规范总和,包括仲裁协议、仲裁组织、仲裁程序、仲裁判决及其执行等基本内容。

(1)仲裁协议

仲裁协议是当事人双方约定将某一争议提交仲裁解决的协议。根据《仲裁法》的规定,仲裁协议包括合同中订立的仲裁条款和以其他书面方式在纠纷前或纠纷发生后达成的请求仲裁的协议。

①仲裁协议的内容包括请求仲裁的意思表示、仲裁事项、选定的仲裁委员会。

②仲裁协议无效的情况:约定的仲裁事项超出法律规定的范围;无民事行为能力的人或者限制民事行为能力的人订立的仲裁协议;一方采取胁迫手段,迫使对方订立的仲裁协议。

(2)仲裁组织。

仲裁组织是受理仲裁案件并对案件进行裁决的组织。但仲裁组织不是行政机关,也不是司法机关,属于民间团体。

(3)仲裁程序。

①申请和受理。申请是指当事人向仲裁委员会依照法律的规定和仲裁协议的约定,将纠纷提请约定的仲裁委员会予以仲裁。根据《仲裁法》的规定,当事人申请仲裁应当符合以下条件:第一,有仲裁协议;第二,有具体的仲裁请求和事实、理由;第三,属于仲裁委员会的受理范围。在申请仲裁时,应当向仲裁委员会提交仲裁协议、仲裁申请书及副本。

受理是指仲裁委员会依法接受对纠纷的审理。仲裁委员会在收到仲裁申请书之日起5日内,认为符合受理条件的,应当受理,并通知当事人;认为不符合受理条件的,应当书面通知当事人不予受理,并说明理由。仲裁委员会在受理仲裁申请后,应当在仲裁规则规定的期限内将仲裁规则和仲裁员名册送达申请人,并将仲裁申请书的副本和仲裁规则、仲裁员名册送达被申请人。

②组成仲裁庭。仲裁委员会在受理仲裁申请后,应当组成仲裁庭进行仲裁活动。仲裁庭不是一种常设的机构,其组成的原则是一案一组庭。

仲裁庭有两种组成方式:一种是由三名仲裁员组成,即合议制的仲裁庭;一种则是由一名仲裁员组成,即独任制的仲裁庭。在具体的仲裁活动中,采取上述两种方法中的哪一种,由当事人在仲裁协议中协商决定。当事人约定合议制仲裁庭的,应当各自选定或者各自委托仲裁委员会主任指定一名仲裁员,第三名仲裁员,即首席仲裁员由当事人共同选定或者共同委托仲裁委员会主任指定。当事人约定独任制仲裁庭的,应当由当事人共同选定或者共同委托仲裁委员会主任指定仲裁员。当事人没有在仲裁规则规定的期限内约定仲裁庭的组成方式或者选定仲裁员的,由仲裁委员会主任指定。仲裁庭组成后,仲裁委员会应当将仲裁庭的组成情况书面通知当事人。

③开庭和裁决。开庭,即开庭审理,是指仲裁庭按照法定的程序,对案件进行有步骤、有计划的审理。开庭审理是仲裁庭对案件审理的中心环节,这是因为开庭审理前的一切准备工作都是为了开好庭,而且与案件有关的一切事实和证据,都要通过开庭予以揭示和审查核实,并据此对案件作出裁决。因此,《仲裁法》第三十九条规定,仲裁应当开庭进行。也就是当事人共同到庭,经调查和辩论后进行裁决。同时,该条还规定,当事人协议不开庭的,仲裁庭可以根据仲裁申请书、答辩书以及其他材料作出裁决。

仲裁不公开进行,即以不公开审理为原则。这是为了最大程度地保护当事人的商业形象以及可能会涉及的商业秘密。因此,除特别许可外,仲裁活动是不允许旁听的。但是,除涉及国家秘密的以外,当事人协议仲裁公开进行的,则可以公开进行。

在开庭审理以前,仲裁委员会应当在仲裁规则规定的期限内将开庭日期通知双方当事人;经书面通知后,申请人无正当理由不到庭或者未经仲裁庭许可中途退庭的,可以视为撤回仲裁申请。经书面通知后,被申请人无正当理由不到庭或者未经仲裁庭许可中途退庭的,可以缺席裁决。

在仲裁过程中，原则上应由当事人承担对其主张的举证责任。证据应当在开庭时出示，当事人可以质证。在证据可能灭失或者以后难以取得的情况下，当事人可以申请证据保全。在仲裁过程中，当事人有权进行辩论。仲裁庭在作出裁决前，可以先行调解。而且，如果当事人自愿调解的，仲裁庭应当调解。当事人申请仲裁后，可以自行和解。

(4)法院对仲裁的协助和监督。

根据《民事诉讼法》和《仲裁法》的规定，我国在仲裁和诉讼的关系方面做了很大的改革，变过去的"既裁又审"为现在的"或裁或审"制度。在这种制度下，法院对仲裁活动不予干涉，但是，仲裁活动需要法院的协助和监督，以保证仲裁活动得以顺利地、合法地进行，从而保障当事人的合法权益。

①法院对仲裁活动的协助。法院对仲裁的协助，主要表现在财产保全、证据保全和强制执行仲裁裁决等方面。

a.财产保全。财产保全是指为了保证仲裁裁决能够得到实际执行，以免利害关系人的合法利益受到难以弥补的损失，在法定条件下所采取的限制另一方当事人、利害关系人处分财物的保障措施。财产保全措施包括查封、扣押、冻结以及法律规定的其他方法。

b.证据保全。证据保全是指在证据可能毁损、灭失或者以后难以取得的情况下，为保存其证明作用而采取一定的措施加以固定和保护的制度。证据保全是保证当事人承担举证责任的补救方法，在一定意义上也是当事人取得证据的一种手段。证据保全的目的是保障仲裁的顺利进行，确保仲裁庭作出正确裁决。

c.强制执行仲裁裁决。仲裁裁决是指仲裁机构经过对当事人之间争议的审理，依据争议的事实和法律，对当事人双方的争议作出的具有法律约束力的判定。《仲裁法》第五十七条明确规定，裁定书自作出之日起发生法律效力。除非人民法院依照法定程序和条件裁定撤销或者不予执行仲裁裁决，当事人应当自觉履行裁决。由于仲裁机构没有强制执行仲裁裁决的权力，因此，为了保障仲裁裁决的实施，防止负有履行裁决义务的当事人逃避或者拒绝仲裁裁决确定的义务，《仲裁法》规定，一方当事人不履行仲裁裁决的，另一方当事人可以依照《民事诉讼法》的有关规定向人民法院申请执行，受申请的人民法院应当执行。

②法院对仲裁活动的监督。为了发挥仲裁快捷、有效解决各种纠纷的作用，《仲裁法》不允许当事人在仲裁裁决作出后再向人民法院提起诉讼。但是，为了提高仲裁员的责任心，保证仲裁裁决的合法性、公正性，保护各方当事人的合法权益，《仲裁法》同时规定了人民法院对仲裁活动予以司法监督的制度。《仲裁法》有关司法监督的规定表明，对仲裁进行司法监督的范围是有限的而且是事后的。如果当事人对仲裁裁决没有异议，不主动申请司法监督，法院对仲裁裁决采取不干预的做法。司法监督的实现方式主要是允许当事人向法院申请撤销仲裁裁决和不予执行仲裁裁决。

a.撤销仲裁裁决。《仲裁法》第五十八、五十九条规定，当事人提出证据证明裁决有下列情形之一的，可以在自收到仲裁裁决书之日起6个月内向仲裁委员会所在地的中级人民法院申请撤销仲裁裁决：没有仲裁协议的；裁决的事项不属于仲裁协议的范围或者仲裁委员会无权仲裁的；仲裁庭的组成或者仲裁的程序违反法定程序的；裁决所根据的证据是伪造的；对方当事人隐瞒了足以影响公正裁决证据的；仲裁员在仲裁该案时有索贿受贿、徇私舞弊、枉法裁决行为的。以上规定表明，当事人申请撤销裁决应当在法律规定的期限内向人民法院提出，并应提供证明有以上情形的证据。同时，并非任何法院都有权受理撤销仲裁裁决的申请，只有仲裁委员会所在地的中级人民法院对此享有专属管辖权。

b.不予执行仲裁裁决。根据《仲裁法》第六十三条的规定，在仲裁裁决执行过程中，如果被申请人提出证据证明仲裁裁决有下列规定的情形之一的，经人民法院组成合议庭审查核实，裁定不予执行该仲裁裁决：当事人在合同中没有订有仲裁条款或者事后没有达成书面仲裁协议的；裁决的事项不属于仲裁协议的范围或者仲裁机构无权仲裁的；仲裁庭的组成或者仲裁的程序违反法定程序的；裁决所根据的证据是伪造的；对方当事人向仲裁机构隐瞒了足以影响公正裁决的证据的；仲裁员在仲裁该案时有贪污受贿、徇私舞弊、枉法裁决行为的。

仲裁裁决被人民法院裁定不予执行的，当事人之间的纠纷并没有得到解决。因此，当事人就该纠纷可以根据双方重新达成的仲裁协议申请仲裁，也可以向人民法院起诉。

第四节 相关的民事法律制度

一、法人制度

法人制度是规范经济秩序以及整个社会秩序的一项重要法律制度。法人是具有民事权利能力和民事行为能力，依法独立享有民事权利和承担民事义务的组织。

法人应当具备以下条件：

①依法成立。法人不能自然产生，它的产生必须经过法定的程序。法人的设立目的和方式必须符合法律的规定，设立法人必须经过政府主管机关的批准或者核准登记。

②有必要的财产或者经费。有必要的财产或者经费是法人进行民事活动的物质基础。它要求法人的财产或者经费必须与法人的经营范围或者设立目的相适应，否则不能被批准设立或者核准登记。

③有自己的名称、组织机构和场所。法人的名称是法人相互区别的标志和法人进行活动时使用的代号。法人的组织机构是指对内管理法人事务、对外代表法人进行民事活动的机构。法人的场所则是法人进行业务活动的所在地，也是确定法律管辖的依据。

④能够独立承担民事责任。法人必须能够以自己的财产或者经费承担在民事活动中的债务。在民事活动中给其他主体造成损失时能够承担赔偿责任。

《民法典》第五十九条规定，法人的民事权利能力和民事行为能力，从法人成立时产生，到法人终止时消灭。第六十条规定，法人以其全部财产独立承担民事责任。第六十一条规定，依照法律或者法人章程的规定，代表法人从事民事活动的负责人，为法人的法定代表人。法定代表人以法人名义从事的民事活动，其法律后果由法人承受。法人章程或者法人权力机构对法定代表人代表权的限制，不得对抗善意相对人。

二、代理制度

民事法律行为通常是行为人亲自进行，但在现代社会中，民事活动越来越复杂，各种民事活动都由公民、法人亲自完成是不可能的，这就需要将一些行为委托他人代为完成。因此，法律规定公民、法人可以通过代理人实行民事法律行为。

（一）代理的概念和特征

代理是代理人在代理权限内，以被代理人的名义实施的民事法律行为，对被代理人发生效力。代理具有以下特征：

①代理人以被代理人的名义实施代理行为。代理人只有以被代理人的名义实施代理行为，才能为被代理人取得权利和设定义务。如果代理人是以自己的名义实施法律行为，这种行为不是代理行为，而是行纪行为。行纪行为是行纪人以自己的名义为委托人进行民事活动，行纪办理购销、寄售等事务并收取手续费，如委托商行、信托公司、贸易货栈等。

②代理人行为必须是具有法律意义的行为，必须是能够发生法律上的权利和义务的行为。即代理人的行为能够产生某种法律后果，使得被代理人与第三人之间设立、变更、终止民事权利和民事义务。代理的这一特征，使其与委托代办具体事务相区别，比如为他人修理器物、整理资料、校阅文稿、清理账目等事务，则不属于法律上的代理。

③代理人在被代理人的授权范围内独立地表现自己的意志。代理权是代理人进行代理活动的法律依据。无论代理权的产生是基于何种法律事实，代理人都不得擅自变更或扩大代理权限，代理人超越代理权限的行为不属于代理行为，被代理人对此不承担责任。在被代理人的授权范围内，代理人以自己的意志去积极地为实现被代理人的利益和意愿进行具有法律意义的活动。具体表现为代理人有权自行解决如何向第三人作出意思表示，或者是否接受第三人的意思表示。这就使其与居间人、传达人、中介人相区别。

④代理人实施的代理民事法律行为对被代理人发生效力。代理是代理人以被代理人的名义实施的法律行为，所以在代理关系中所设定的权利和义务，当然应当直接归属被代理人享受和承担。被代理人对代理人的代理行为承担民事责任，既包括对代理人在执行代理任务时的合法行为承担民事责任，也包括对代理人的不当代理行为承担民事责任。

(二)代理的种类

以代理权产生依据的不同，可将代理分为委托代理、法定代理。

1.委托代理

委托代理是基于被代理人对代理人的委托授权行为而产生的代理。委托代理关系的产生，需要代理人与被代理人之间存在基础法律关系，如委托合同关系、合伙合同关系、工作隶属关系等，但只有在被代理人对代理人进行授权后，这种委托代理关系才真正建立。

在委托代理中，被代理人所作出的授权行为属于单方的法律行为，仅凭被代理人一方的意思表示，即可以发生授权的法律效力。被代理人有权随时撤销其授权委托。代理人也有权随时辞去所受委托。但代理人辞去委托时，不能给被代理人和善意第三人造成损失，否则应负赔偿责任。

在建设工程中涉及的代理主要是委托代理，如项目经理作为施工企业的代理人、总监理工程师作为监理单位的代理人等，当然，授权行为是由单位的法定代表人代表单位完成的。项目经理、总监理工程师作为施工企业、监理单位的代理人，应当在授权范围内行使代理权，超出授权范围的行为则应当由行为人自己承担。如果授权范围不明确，则应当由被代理人(单位)向第三人承担民事责任，代理人负连带责任，但是代理人的连带责任是在被代理人无法承担责任的基础上承担的。如果考虑建设工程的实际情况，被代理人承担民事责任的能力远远高于代理人，在这种情况下实际往往由被代理人承担民事责任。

合同在市场经济条件下得到了广泛应用，但由于合同的种类繁多，当合同主体对签订的某一合同应约定的条款内容不熟悉时，往往委托代理人或代理机构帮助其形成合同。随着社会分工的不断细化，建设工程领域中的某些中介业务已经产生了专门的代理机构，甚至成为行业，如招标代理机构。工程招标代理机构是接受被代理人的委托、为被代理人办理招标事宜的社会组织。工程招标代理的被代理人是发包人,一般是工程项目的所有人或者经营者,即项目法人或通常所称的建设单位。在委托人的授权范围内,招标代理机构从事的代理行为,其法律责任由发包人承担。如果招标代理机构在招标代理过程中有过错行为,招标人则有权根据招标代理合同的约定追究招标代理机构的违约责任。

2.法定代理

法定代理是指根据法律的规定而产生的代理。代理人与被代理人有一定的社会关系是此种代理权产生的根据。法定代理主要是为维护无行为能力或限制行为能力人的利益而设立的代理方式。在我国,法定代理人的范围和顺序与监护人的范围和顺序基本相同。

(三)无权代理

无权代理是指行为人没有代理权而以他人名义进行民事、经济活动。无权代理包括以下几种情况:

①没有代理权的代理行为;

②超越代理权限的代理行为;

③代理权终止后的代理行为。

《民法典》第一百七十一条规定,行为人没有代理权、超越代理权或者代理权终止后,仍然实施代理行为,未经被代理人追认的,对被代理人不发生效力。相对人可以催告被代理人自收到通知之日起三十日内予以追认。被代理人未作表示的,视为拒绝追认。行为人实施的行为被追认前,善意相对人有撤销的权利。撤销应当以通知的方式作出。行为人实施的行为未被追认的,善意相对人有权请求行为人履行债务或者就其受到的损害请求行为人赔偿,但是赔偿的范围不得超过被代理人追认时相对人所能获得的利益。相对人知道或者应当知道行为人无权代理的,相对人和行为人按照各自的过错承担责任。

(四)表见代理

表见代理是指虽然行为人事实上无代理权,但相对人有理由认为行为人有代理权而与其进行法律行为,其行为的法律后果由被代理人承担的代理。表见代理从广义上看也是无权代理,但是为了保护善意第三人的信赖利益与交易的安全,法律强制被代理人承担其法律后果。

表见代理的构成要件有以下四个:

①须行为人无代理权;

②须有使相对人相信行为人具有代理权的事实或理由;

③须相对人为善意且无过失;

④须行为人与相对人之间的民事行为具备民事行为的有效要件。

《民法典》第一百七十二条规定,行为人没有代理权、超越代理权或者代理权终止后,仍然实施代理行为,相对人有理由相信行为人有代理权的,代理行为有效。

(五)代理关系的终止

由于代理的种类不同,代理关系终止的原因也不尽相同。

1.委托代理关系终止的原因

《民法典》第一百七十三条规定,有下列情形之一的,委托代理终止:

①代理期间届满或者代理事务完成；

②被代理人取消委托或者代理人辞去委托；

③代理人丧失民事行为能力；

④代理人或者被代理人死亡；

⑤作为代理人或者被代理人的法人、非法人组织终止。

2. 法定代理关系终止的原因

《民法典》第一百七十五条规定，有下列情形之一的，法定代理终止：

①被代理人取得或者恢复完全民事行为能力；

②代理人丧失民事行为能力；

③代理人或者被代理人死亡；

④法律规定的其他情形。

三、债权制度

（一）债的概念

债是按照合同的约定或者按照法律规定，在当事人之间产生的特定的权利和义务关系。债权是因合同、侵权行为、无因管理、不当得利以及法律的其他规定，权利人请求特定义务人为或者不为一定行为的权利。在这种法律关系中，享有权利的人是债权人，负有义务的人是债务人。债是特定当事人之间的法律关系，债权人只能向特定的人主张自己的权利，债务人也只需向享有该项权利的特定人履行义务。

债的法律特征表现为：

①债权主体的特定性，债的主体双方只能是特定的，债权人只能向特定的债务人主张权利；

②债的发生具有任意性、多样性，债可因合法行为发生，也可因不法行为而发生；

③债权客体的广泛性，一般包括物、知识产权和行为。

（二）债的产生

债的产生是指特定当事人之间债权债务关系的产生。引起债产生的一定的法律事实就是债产生的根据。债产生的根据如下：

(1)合同。

在当事人之间因产生了合同法律关系，也就是产生了权利义务关系，设立了债的关系。任何合同关系的设立，都会在当事人之间发生债权债务的关系。合同引起债的关系是债发生的最主要、最普遍的依据。因合同产生的债被称为合同之债。

(2)侵权行为。

侵权行为是指公民或法人没有法律依据而侵害他人的财产权利或人身权利的行为。侵权行为一经发生，即在侵权行为人和被侵权人之间形成债的关系，因侵权行为产生的债被称为侵权之债。

《民法典》第一百二十条规定，民事权益受到侵害的，被侵权人有权请求侵权人承担侵权责任。

(3)无因管理。

无因管理是指管理人员或服务人员没有法律上的特定义务，也没有受到他人委托，自觉为他人管理事务或提供服务。无因管理在管理人员或服务人员与受益人之间形成了债的关系。因无因管理产生的债被称为无因管理之债。

《民法典》第一百二十一条规定，没有法定的或者约定的义务，为避免他人利益受损失而进行管理的人，有权请求受益人偿还由此支出的必要费用。

(4)不当得利。

不当得利是指没有法律上或者合同上的依据，有损于他人利益而自身取得利益。由于不当得利造成他人利益受损害，因此在得利者与受害者之间形成债的关系。得利者应当将所得的不当利益返还给受损失的人。因不当得利产生的债被称为不当得利之债。

《民法典》第一百二十二条规定，因他人没有法律根据，取得不当利益，受损失的人有权请求其返还不当利益。

(5)债的其他发生根据。

债的其他发生根据包括遗赠、扶养以及发现埋藏物等。

(三)债的种类

债按照不同的标准有不同的分类，在民事活动中，主要存在下面几种分类：

(1)单一之债和多数人之债。

债权人、债务人各为一人的，称为单一之债。债权人和债务人一方或双方均为两人或两人以上的称之为多数人之债。

(2)按份之债和连带之债。

按份之债是指多数人之债中，几个债权人各自对自己的份额享有请求权或几个债务人各自对自己的份额负有清偿的义务。前者称为按份债权，后者称为按份债务。连带之债是指在多数人之债中，债权人中任何人都有权请求债务人向其履行全部债务或债务人中的任何一人都负有向债权人清偿全部债务的义务。前者称为连带债权，后者称为连带债务。

(3)特定物之债和种类物之债。

特定物之债是指以特定物为标的之债，其标的物在债产生时，已经存在并被特定化，不能用他物替代。种类物之债是指以种类物为标的之债，其标的物在债的产生时还未被确定，只是到交付时才被具体确定。

(4)不可选择之债和可选择之债。

凡债的内容明确规定债务人只能为一种行为的债是不可选择之债。凡债的内容明确规定债的履行行为或标的可供一方选择的债是可选择之债。

四、担保制度

(一)合同担保的概念

合同担保是确保合同得到履行的一种法律制度，是指当事人根据法律的规定或合同的约定，为确保债务履行和债权实现而采取的法律保障方法。合同担保一般也要采取合同的形式，即通过订立担保合同来设定担保法律关系。被担保合同与担保合同属于主从合同关系，前者为主合同，后者为从合同。担保合同以主合同的存在为前提，它本身不能独立存在。主合同法律关系消灭，担保合同法律关系亦随之消灭；主合同无效，担保合同亦无效。担保合同另有约定的，按照约定。

(二)合同担保的形式

根据《民法典》的规定，在我国，合同担保形式主要有保证、抵押、质押、留置和定金五种。

1. 保证

(1)保证、保证合同的概念和方式。

保证是指保证人和债权人约定,当债务人不履行债务时,保证人按照约定履行债务或者承担责任的行为。保证法律关系至少有三方参加,即保证人、被保证人(债务人)和债权人。保证合同是为保障债权的实现,保证人和债权人约定,当债务人不履行到期债务或者发生当事人约定的情形时,保证人履行债务或者承担责任的合同。

保证的方式有两种,即一般保证和连带责任保证。在具体合同中,保证方式由当事人约定,如果当事人没有约定或者约定不明确的,则按照一般保证承担保证责任。

《民法典》第六百八十七条规定,当事人在保证合同中约定,债务人不能履行债务时,由保证人承担保证责任的,为一般保证。一般保证的保证人在主合同纠纷未经审判或者仲裁,并就债务人财产依法强制执行仍不能履行债务前,有权拒绝向债权人承担保证责任,但是有下列情形之一的除外:

①债务人下落不明,且无财产可供执行;

②人民法院已经受理债务人破产案件;

③债权人有证据证明债务人的财产不足以履行全部债务或者丧失履行债务能力;

④保证人书面表示放弃本款规定的权利。

《民法典》第六百八十八条规定,当事人在保证合同中约定保证人和债务人对债务承担连带责任的,为连带责任保证。连带责任保证的债务人不履行到期债务或者发生当事人约定的情形时,债权人可以请求债务人履行债务,也可以请求保证人在其保证范围内承担保证责任。

(2)保证人的资格。

具有代为清偿债务能力的法人、其他组织或者公民,可以作为保证人。《民法典》第六百八十三条规定,机关法人不得为保证人,但是经国务院批准为使用外国政府或者国际经济组织贷款进行转贷的除外。以公益为目的的非营利法人、非法人组织不得为保证人。

(3)保证责任。

保证合同生效后,保证人就应当在合同规定的保证范围和保证期间承担保证责任。

《民法典》第六百九十一条规定,保证的范围包括主债权及其利息、违约金、损害赔偿金和实现债权的费用。当事人另有约定的,按照其约定。

《民法典》第六百九十二条规定,保证期间是确定保证人承担保证责任的期间,不发生中止、中断和延长。债权人与保证人可以约定保证期间,但是约定的保证期间早于主债务履行期限或者与主债务履行期限同时届满的,视为没有约定;没有约定或者约定不明确的,保证期间为主债务履行期限届满之日起六个月。债权人与债务人对主债务履行期限没有约定或者约定不明确的,保证期间自债权人请求债务人履行债务的宽限期届满之日起计算。

《民法典》第六百九十三条规定,一般保证的债权人未在保证期间对债务人提起诉讼或者申请仲裁的,保证人不再承担保证责任。连带责任保证的债权人未在保证期间请求保证人承担保证责任的,保证人不再承担保证责任。

《民法典》第六百九十五条规定,债权人和债务人未经保证人书面同意,协商变更主债权债务合同内容,减轻债务的,保证人仍对变更后的债务承担保证责任;加重债务的,保证人对加重的部分不承担保证责任。债权人和债务人变更主债权债务合同的履行期限,未经保证人书面同意的,保证期间不受影响。

2. 抵押

(1)抵押的概念。

抵押是指债务人或者第三人向债权人以不转移占有的方式提供一定的财产作为抵押物,用以担保债务履行的担保方式。债务人不履行债务时,债权人有权依照法律规定以抵押物折价或者从变卖抵押物的价款中优先受偿。其中债务人或者第三人称为抵押人,债权人称为抵押权人,提供担保的财产为抵押物。

(2)抵押物。

债务人或者第三人提供担保的财产为抵押物。由于抵押物是不转移占有的,因此能够成为抵押物的财产必须具备一定的条件。这类财产轻易不会灭失,且其所有权的转移应当经过一定的程序。《民法典》第三百九十五条规定,债务人或者第三人有权处分的下列财产可以抵押:

①建筑物和其他土地附着物;

②建设用地使用权;

③海域使用权;

④生产设备、原材料、半成品、产品;

⑤正在建造的建筑物、船舶、航空器;

⑥交通运输工具;

⑦法律、行政法规未禁止抵押的其他财产。

抵押人可以将前款所列财产一并抵押。

《民法典》第三百九十九条规定,下列财产不得抵押:

①土地所有权;

②宅基地、自留地、自留山等集体所有土地的使用权,但是法律规定可以抵押的除外;

③学校、幼儿园、医疗机构等为公益目的成立的非营利法人的教育设施、医疗卫生设施和其他公益设施;

④所有权、使用权不明或者有争议的财产;

⑤依法被查封、扣押、监管的财产;

⑥法律、行政法规规定不得抵押的其他财产。

《民法典》第四百条规定,设立抵押权,当事人应当采用书面形式订立抵押合同。

当事人以建筑物和其他土地附着物、建设用地使用权、海域使用权、正在建造的建筑物等财产抵押的,应当办理抵押物登记,抵押权自登记时设立。当事人抵押动产的,抵押权自抵押合同生效时设立;未经登记,不得对抗善意第三人。

(3)抵押权的实现。

《民法典》第四百一十条规定,债务人不履行到期债务或者发生当事人约定的实现抵押权的情形,抵押权人可以与抵押人协议以抵押财产折价或者以拍卖、变卖该抵押财产所得的价款优先受偿。协议损害其他债权人利益的,其他债权人可以请求人民法院撤销该协议。抵押权人与抵押人未就抵押权实现方式达成协议的,抵押权人可以请求人民法院拍卖、变卖抵押财产。抵押财产折价或者变卖的,应当参照市场价格。

《民法典》第四百一十三条规定,抵押财产折价或者拍卖、变卖后,其价款超过债权数额的部分归抵押人所有,不足部分由债务人清偿。

3. 质押

(1)质押的概念。

质押是指债务人或者第三人将其动产或权利移交债权人占有,用以担保债务履行的担保方式。质押后,当债务人到期后不能履行债务时,债权人依法有权就该动产或权利优先得到清偿。债务人或者第三人为出质人,债权人为质权人,移交的动产或权利为质物。质权是一种约定的担保物权,以转移占有为特征。

《民法典》第四百二十七条规定,设立质权,当事人应当采用书面形式订立质押合同。

(2)质押的分类。

质押可分为动产质押和权利质押。

动产质押是指债务人或者第三人将其动产移交债权人占有,将该动产作为债权的担保。能够用作质押的动产没有限制,但是法律、行政法规禁止转让的动产不得出质。

对于权利质押,《民法典》第四百四十条规定,债务人或者第三人有权处分的下列权利可以出质:

①汇票、本票、支票;

②债券、存款单;

③仓单、提单;

④可以转让的基金份额、股权;

⑤可以转让的注册商标专用权、专利权、著作权等知识产权中的财产权;

⑥现有的以及将有的应收账款;

⑦法律、行政法规规定可以出质的其他财产权利。

4. 留置

(1)留置的概念。

留置是指债务人不履行到期债务,债权人可以留置已经合法占有的债务人的动产,并有权就该动产优先受偿。留置权以债权人合法占有对方财产为前提,并且债务人的债务已经到了履行期。比如,在承揽合同中,定作方逾期不领取其定作物的,承揽方有权将该定作物折价、拍卖、变卖,并从中优先受偿。

《民法典》第四百四十八条规定,债权人留置的动产,应当与债权属于同一法律关系,但是企业之间留置的除外。

《民法典》第四百四十九条规定,法律规定或者当事人约定不得留置的动产,不得留置。

(2)留置权的实现。

首先,债权人在债务人届期不履行债务时继续占有其合法占有的债务人的一定动产;其次,债权人在继续占有债务人的一定动产以后应立即通知对方,声明如果对方不能在双方约定或法律规定的宽限期清偿债务或另行提供充分担保,将以留置物折价或以拍卖、变卖留置物的价款优先受偿。债权人行使留置权优先受偿后,多余的价款,应该还给债务人;不足时,可以继续向债务人追偿。

《民法典》第四百五十三条规定,留置权人与债务人应当约定留置财产后的债务履行期限;没有约定或者约定不明确的,留置权人应当给债务人六十日以上履行债务的期限,但是鲜活易腐等不易保管的动产除外。债务人逾期未履行的,留置权人可以与债务人协议以留置财产折价,也可以就拍卖、变卖留置财产所得的价款优先受偿。留置财产折价或者变卖的,应当参照市场价格。

《民法典》第四百五十六条规定,同一动产上已经设立抵押权或者质权,该动产又被留置的,留置权人优先受偿。

5.定金

定金是指合同当事人约定的,为了保证合同的履行,由一方预先向对方给付的一定数量的金钱。

《民法典》第五百八十六条规定,当事人可以约定一方向对方给付定金作为债权的担保。定金合同自实际交付定金时成立。定金的数额由当事人约定;但是,不得超过主合同标的额的百分之二十,超过部分不产生定金的效力。实际交付的定金数额多于或者少于约定数额的,视为变更约定的定金数额。

《民法典》第五百八十七条规定,债务人履行债务的,定金应当抵作价款或者收回。给付定金的一方不履行债务或者履行债务不符合约定,致使不能实现合同目的的,无权请求返还定金;收受定金的一方不履行债务或者履行债务不符合约定,致使不能实现合同目的的,应当双倍返还定金。

五、时效制度

时效制度是指一定的事实状态持续一定的时间之后即发生一定法律后果的制度。时效又分为取得时效与消灭时效。凡一定事实状态持续一定时期而取得权利,叫作取得时效;凡一定事实状态持续一定时期而失去权利,叫作消灭时效。

(一)诉讼时效的概念

诉讼时效是指权利人在法定期间不行使请求权,即依法丧失依诉讼程序强制义务人履行义务的权利的法律制度。享有民事权利的人在法定期间不行使权利,权利便不再受保护的制度。诉讼时效具有以下特征:

①诉讼时效属于消灭时效。在诉讼时效期间届满后,权利人即丧失了请求法院依诉讼程序强制义务人履行义务的权利。

②诉讼时效届满并不消灭客体权利。诉讼时效期间届满后,义务人如自愿履行义务,权利人仍有权受领,此时,义务人不得以不知时效期间届满为理由而要求返还。因为权利人的实体权利不因时效届满而消灭。

③诉讼时效必须由债务人主动提出,人民法院不得主动适用诉讼时效的规定。也就是说如果债务已经过了诉讼时效,但是债务人没有提出抗辩,则法院不能主动适用诉讼时效,应按照正常纠纷处理。

④诉讼时效属于强制性的规定。诉讼时效及其具体内容必须由国家法律作出规定,当事人必须遵守,如果当事人之间订有关于诉讼时效期间的缩短、延长,以及预先放弃时效利益的协议,则这种协议无效。这是因为时效制度具有强制性,当事人必须遵守。

(二)诉讼时效制度的作用

(1)有利于维护社会关系的稳定。

这是诉讼时效最主要的作用。因为发生侵权行为后,侵权涉及的社会关系处于不稳定状态。而诉讼时效期满会导致该社会关系重归稳定。因此,诉讼时效能够避免社会关系长期不稳定的状态。

(2)有利于督促当事人及时维护自己的合法权益。

被侵权后，当事人不及时主张自己的权益，对自己、对社会都有一定的危害。长期不主张自己权利会导致胜诉权的消灭，诉讼时效会促使当事人及时维护自己的合法权益。

(3)有利于人民法院对案件的审理。

影响人民法院审理案件度量的因素中，最关键的是证据。而侵权案件证据收集的难度，是随着时间的推移而增加的。诉讼时效有利于人民法院对案件的审理。

(三)诉讼时效期间

一般情况下，向人民法院请求保护民事权利的诉讼时效期间为三年。法律另有规定的，依照其规定。

1.诉讼时效期间的开始

诉讼时效期间的开始，就是诉讼时效期间的起算点，即从何时起开始计算诉讼时效期间。《民法典》规定，诉讼时效期间自权利人知道或者应当知道权利受到损害以及义务人之日起计算。法律另有规定的，依照其规定。但是自权利受到损害之日起超过二十年的，人民法院不予保护；有特殊情况的，人民法院可以根据权利人的申请决定延长。

关于诉讼时效期间的起算，因各种具体民事法律关系不同，诉讼时效开始时间也不一样。一般法律规定有期限的财产关系，从期限届满时开始计算；没有期限的财产关系，从财产关系发生之日开始计算；因侵权行为而发生的损害赔偿关系，一般从致人损害的事实发生之日起计算，如受害人当时不知道损害或者致害人时，应从其知道或者应当知道损害和致害人时开始计算。

《民法典》第一百八十九条规定，当事人约定同一债务分期履行的，诉讼时效期间自最后一期履行期限届满之日起计算。

2.诉讼时效的中止和中断

(1)诉讼时效的中止。

诉讼时效的中止是指在诉讼时效期间的最后六个月内，因一定法定事由的出现，阻碍权利人提起诉讼，法律规定暂时中止诉讼时效期间的计算。

《民法典》第一百九十四条规定，在诉讼时效期间的最后六个月内，因下列障碍，不能行使请求权的，诉讼时效中止：

①不可抗力；

②无民事行为能力人或者限制民事行为能力人没有法定代理人，或者法定代理人死亡、丧失民事行为能力、丧失代理权；

③继承开始后未确定继承人或者遗产管理人；

④权利人被义务人或者其他人控制；

⑤其他导致权利人不能行使请求权的障碍。

自中止时效的原因消除之日起满六个月，诉讼时效期间届满。

(2)诉讼时效的中断。

诉讼时效的中断是指在诉讼时效进行期间，因一定法定事由的出现，诉讼时效中断。

《民法典》第一百九十五条规定，有下列情形之一的，诉讼时效中断，从中断有关程序终结时起，诉讼时效期间重新计算：

①权利人向义务人提出履行请求；

②义务人同意履行义务；

③权利人提起诉讼或者申请仲裁；

④与提起诉讼或者申请仲裁具有同等效力的其他情形。

3. 诉讼时效的例外

一般的民事法律关系都适用诉讼时效，但有些法律关系具有特殊性，不能适用。《民法典》第一百九十六条规定，下列请求权不适用诉讼时效的规定：

①请求停止侵害、排除妨碍、消除危险；

②不动产物权和登记的动产物权的权利人请求返还财产；

③请求支付抚养费、赡养费或者扶养费；

④依法不适用诉讼时效的其他请求权。

【典型例题】

【例 1-1】 某大学为建设学生公寓与某建筑公司签订了一份建设工程合同，合同约定采用固定总价合同形式。工程的全部费用于验收合格后一次付清，学校不支付预付款，交付后如发生质量问题由承包人负责修复。一年后，该大学在竣工验收过程中发现工程底层的内承重墙墙体裂缝较多，要求建筑公司修复后再验收，该建筑公司认为不影响使用拒绝修复。因学生要入住，学校暂时接受了公寓并安排学生入住，使用 7 个月后公寓底层内承重墙倒塌，导致 1 人死亡，3 人受伤，受害者与该大学要求建筑公司赔偿损失，并修复倒塌工程。该公司以使用不当且过保修期为由拒绝赔偿。因此学校和受害者向法院起诉。法院组织专家鉴定发现，一楼墙体没有设计基础梁，审查施工图时，审查机关曾提出参考建议，设计单位没有采纳，回填土压实系数未达到设计要求，学校在未采取防水措施时在大楼周围 6 m 内种植草坪并漫灌式浇水。关于承重砖，施工单位称供应单位是学校指定的公司，施工单位无须承担责任。

试分析：本案例中的建筑市场主客体分别是什么？施工单位是否应该承担赔偿损失的责任？

答：本案中的建筑市场主体是某建筑公司和某大学，客体是学生公寓。按相关法律法规规定，主体结构工程保修期为设计文件规定的该工程的合理使用年限。承重墙属于主体结构组成部分，建筑公司以使用不当且已过保修期为由拒绝赔偿问题的处理拒绝赔偿理由不充分，事故受害者可以要求相关主管部门调解，也可以向仲裁委员会申请仲裁，该大学应与建筑公司共同承担事故责任。

【例 1-2】 S 省 N 市市民杨某骑自行车在本市新开街由南向北行驶时，经路口遇红色信号灯未停，闯红灯违章，被执勤交警发现，民警谢某对其违章行为予以纠正，并以 N 市交管局二大队名义，开具公安交通管理当场处罚决定书，对杨某罚款 100 元。杨某认为处罚过重，拒绝缴纳，并当场与交警发生争执，引起围观，交警遂将杨某的自行车扣留。杨某不服，向 N 市公安局提出复议申请，复议机关作出维持罚款的复议决定，杨某不服，遂向人民法院提出行政诉讼，请求法院依法判决撤销被告对原告罚款和扣留自行车的处罚决定。法院在审理中查明：被告交管局的处罚依据的是《N 市道路交通管理规定》第二十四条第四项、第五十三条，根据该规定对非机动车行驶违章处 100 元以下罚款或警告，该《N 市道路交通管理规定》是于 2019 年 8 月 11 日经 S 省第八届人民代表大会常务委员会第十六次会议的批准，于同年 10 月 2 日起正式施行的。

试分析：在本案中，交管局对被告的处罚行为是否合法？

答：根据《中华人民共和国道路交通安全法》（简称《道路交通安全法》）第八十九条的规定，行人、乘车人、非机动车驾驶人违反道路交通安全法律、法规关于道路通行规定的，处警告或者五元以上五十元以下罚款；非机动车驾驶人拒绝接受罚款处罚的，可以扣留其非机动车。而本案中原告杨某骑自行车闯红灯，违反了交通规章，事实清楚，被告依职权进行处理，其行为是合法的，但被告在适用法律上却有问题。交管局对杨某罚款100元，显然与此规定不符。虽然该局所依据的《N市道路交通管理规定》有罚款100元的规定，但依据“上位法优于下位法、后法优于前法”的原理，以及《立法法》的规定，《N市道路交通管理规定》与《道路交通安全法》中对同样违章行为的处罚标准不一致，下级法与上级法相抵触时，下级法无效。因此，交管局的处罚错误，其罚款数额不符合法定标准。对拒绝接受罚款处罚的非机动车驾驶人，可以扣留其非机动车。杨某毕竟有交通违法行为，不能不负法律责任，同时从本案情况看，交警是在其拒不接受处罚时扣其自行车的，扣车行为并不违法。

【例 1-3】 甲地甲公司向乙地乙公司购买钢材100 t，履行地点在丁地，价格100万元。乙公司要求甲公司提供担保，丙地丙公司应甲公司的要求为其债务提供连带保证责任。乙公司在丁地交付货物后，甲公司未能按约付款，丙公司也拒不承担保证责任。现乙公司向法院起诉要求甲公司承担责任。

试分析：乙公司应当向何地人民法院起诉？乙公司可以要求丙公司承担保证责任吗？

答：本案是一起因合同纠纷提起的诉讼，特殊之处在于本案还包含一个担保合同。依据《民事诉讼法》第二十四条规定，因合同纠纷提起的诉讼，由被告住所地或者合同履行地人民法院管辖。本案中，甲地是甲公司的住所地，丁地是合同约定的履行地点且乙公司已履行交货义务。因此：①乙公司起诉甲公司承担责任，可以向甲地（甲公司住所地）或者丁地（合同履行地点）人民法院起诉；②乙公司可以起诉丙公司承担责任。《民法典》第六百八十八条规定，当事人在保证合同中约定保证人和债务人对债务承担连带责任的，为连带责任保证。连带责任保证的债务人不履行到期债务或者发生当事人约定的情形时，债权人可以请求债务人履行债务，也可以请求保证人在其保证范围内承担保证责任。

【例 1-4】 2021年2月，甲公司因业务需要，将原圆形合同专用章更换成方形合同专用章。但由于工作疏忽，当时未登记收回或销毁，由李某保管。两个月后，李某辞职。不久前，甲公司收到一份法院送达的诉状副本，才知道李某用甲公司作废公章，同一家商场订立了购销合同，李某在收到商场30万元的定金后，下落不明。商场遂以违约为由，要甲公司双倍返还定金60万元。

试分析：此案应当如何判决？法律依据是什么？

答：《民法典》第一百七十二条规定，行为人没有代理权、超越代理权或者代理权终止后，仍然实施代理行为，相对人有理由相信行为人有代理权的，代理行为有效。表见代理合同构成要件：①代理人无代理权而从事代理行为；②相对人有合理的理由相信无权代理人有代理权；③相对人主观上是善意的、无过失的；④无代理权人的代理行为由被代理人承担。本案中，由于印签已在工商行政管理机关登记备案，甲公司在更换合同专用章后，却并未由工商行政管理机关登记收回或销毁原合同专用章，说明该合同专用章对外仍具有法律效力。加之甲公司对该印签未妥善保管，表明甲公司存在明显过错。而商场并不知内情，当然有理由相信手持仍具有法律效力的合同专用章的李某具有代理权，所订合同当然有效，故甲公司应承担返还定金的责任。

独立思考

1-1 建筑市场指什么？有哪些类型？

1-2 简述公共资源交易中心的性质及功能。

1-3 什么是建设工程招标投标？简述建设工程招标投标的意义。

1-4 建设工程招标投标有哪些类别？

1-5 与建设工程招标投标有关的法律法规有哪些？

1-6　建筑施工企业的资质如何划分?

1-7　《民法典》有什么作用?

1-8　简述仲裁的概念、特点和原则。

1-9　简述经济诉讼的概念和特点。

1-10　简述人民法院对经济纠纷案件的管辖。

1-11　简述代理的概念及特征。

1-12　债权产生的原因及种类有哪些?

1-13　简述担保的概念、方式及相关规定。

1-14　简述诉讼时效的概念及相关规定。

1-15　论述中国法治走向完善的历程及感想。

第二章　建设工程招标

引　言

“大道之行也，天下为公。”发展的目的是造福人民。要让发展更加平衡，让发展机会更加均等、发展成果人人共享，就要完善发展理念和模式，提升发展公平性、有效性、协同性。

——2017 年 1 月 17 日，习近平在世界经济论坛 2017 年年会开幕式上发表《共担时代责任，共促全球发展》主旨演讲

学习目标

知识目标：了解法律法规对工程招标范围和所需具备条件的规定，熟悉工程招标程序，掌握招标信息的发布、资格审查及招标文件的编制等内容。

能力目标：具备组织招标活动的基本技能。

素质目标：具备合作共赢、公正、平等、诚信等基本职业素养。明白合作共赢精神在其中发挥的作用，持有公正、平等、诚信的理念，形成科学、严谨、规范的工作素养。

第一节　建设工程招标的方式和范围

一、建设工程招标的方式

（一）公开招标和邀请招标

《招标投标法》第十条规定，招标分为公开招标和邀请招标。

1. 公开招标

公开招标又称无限竞争招标，是指招标人以招标公告的方式邀请不特定的法人或者其他组织投标。《招标投标法实施条例》第八条规定，国有资金占控股或者主导地位的依法必须进行招标的项目，应当公开招标。《招标投标法》第十六条规定，招标人采用公开招标方式的，应当发布招标公告。依法必须进行招标的项目的招标公告，应当通过国家指定的报刊、信息网络或者其他媒介发布。

因此，这种方式由招标人通过报刊、广播、电视等新闻媒体发布招标公告，有意向的承包商均可参加资格预审，合格的承包商都可参加投标。

公开招标的优缺点如下。

①优点：投标人众多，从而具有较强竞争性；招标流程规范、完整；招标人具有更大的选择余地，获得更低的报价，提高质量，缩短工期。

②缺点：投标人众多，招标工作组织复杂，难度较大；招标活动需要投入更多的人力物力，需要的时间比较长，费用高。

因此，公开招标适用于投资额度较大，专业性不强，竞争激烈的通用型工程建设项目。

2. 邀请招标

邀请招标又称有限竞争招标，是指招标人以投标邀请书的方式邀请特定的法人或者其他组织投标。邀请招标不需要发布招标公告，招标人根据自己的经验和掌握的信息，向有承建能力、资信良好的三个以上承包单位发出邀请，只有收到邀请书的单位有资格参加投标。一般来说，邀请三至十家企业参加投标最为适宜。

邀请招标的优缺点如下。

①优点：招标人可以有效控制投标人数量，且可以选择前期合作比较好的企业参加投标，降低违约风险；招标工作组织比较容易，工作量小，成本可控。

②缺点：投标人比较少，竞争力度不足，招标人选择的余地不大；招标人前期准备工作不足，可能排除某些在技术上或报价上有竞争力的承包商参与投标；合同价格较高。

因此，邀请招标适宜竞争激烈程度低、耗时短、费用低、对专业性要求较强、技术难度较大或者结构比较复杂的建设工程项目。

3. 公开招标与邀请招标的区别

公开招标与邀请招标的区别主要体现在以下几个方面。

①发布信息的方式不同。公开招标采用招标公告的形式发布，邀请招标采用投标邀请书的形式发布。

②选择的范围不同。公开招标使用招标公告的形式，针对的是不特定的、潜在的对招标项目感兴趣的法人或其他组织，招标人事先不能确定投标人的数量；而邀请招标针对的是已经了解的法人或其他组织，事先已经明确投标人的数量。

③竞争程度不同。公开招标面向社会不特定的潜在投标人，所有符合招标公告对潜在投标人所提出条件的法人或其他组织都有机会参加投标，竞争的范围较广，竞争性体现得比较充分，招标人拥有绝对的选择余地。邀请招标面向的是特定的投标人，数量有限，竞争范围有限，招标人的选择余地相对较小，有可能导致中标合同价较高，也有可能失去某些在技术上或报价上更有竞争力的承包商。

④公开的程度不同。公开招标中，所有招标投标活动都必须严格按照预先指定程序和标准公开进行，大大减少了违法违规的可能；相比而言，邀请招标的公开程度较低，产生不良行为的可能性会增大。

⑤时间和费用不同。公开招标程序复杂，需要经历发布招标公告，发售招标文件，投标、开标、评标、定标等程序，需要严格遵循现行法律法规规定的时间要求，并且需要准备更为完备的过程性文件，耗时较长，费用也比较高。邀请招标直接发出投标邀请书，招标投标时间大大缩短，费用也相应减少。

(二)其他招标方式

在招标投标工作实践中,还有两阶段招标方式,即将公开招标和邀请招标结合起来的招标方式。两阶段招标一般适用于工程项目投资额巨大,或者项目结构复杂,或者项目技术难度比较大的情形。招标人难以准确地确定和描述招标项目的性能、质量、规格、投资等指标和要求,需要将招标项目划分为两个阶段进行组织。其中,第一阶段,投标人按照招标公告或者投标邀请书的要求提交不带报价的技术建议,招标人根据投标人提交的技术建议确定技术标准和要求,编制招标文件。第二阶段,招标人向在第一阶段提交技术建议的投标人提供招标文件,投标人按照招标文件的要求提交包括最终技术方案和投标报价的投标文件。招标人要求投标人提交投标保证金的,应当在第二阶段提出。

除了《招标投标法》所规定的公开招标和邀请招标两种基本的招标方式以外,《政府采购法》还规定了竞争性谈判、单一来源采购、询价等方式。

在国际工程招标实践中,招标方式除公开招标、邀请招标外还有议标。

议标是一种特殊的招标方式,通常用于技术复杂或有特殊要求的工程项目。议标过程中,招标人和投标人可以进行谈判,最终达成协议。这种方式适用于无法通过公开招标或邀请招标找到合适承包人的情形。

我国现行的招标投标法律法规中,议标不作为法定的招标方式。

二、建设工程必须招标的范围

《招标投标法》第三条规定,在中华人民共和国境内进行下列工程项目建设,包括项目的勘察、设计、施工、监理以及与工程建设有关的重要设备、材料的采购,必须进行招标:

①大型基础设施、公用事业等关系社会公共利益、公众安全的项目;

②全部或者部分使用国有资金投资或者国家融资的项目;

③使用国际组织或者外国政府贷款、援助资金的项目。

前款所列项目的具体范围和规模标准,由国务院发展计划部门会同国务院有关部门制定,报国务院批准。法律或者国务院对必须进行招标的其他项目的范围有规定的,依照其规定。

但依据上述规定,在实践操作中,很难确定上述项目的具体范围和规模标准。

《招标投标法实施条例》第二条规定,《招标投标法》第三条所称工程建设项目,是指工程以及与工程建设有关的货物、服务。工程是指建设工程,包括建筑物和构筑物的新建、改建、扩建及其相关的装修、拆除、修缮等;与工程建设有关的货物是指构成工程不可分割的组成部分,且为实现工程基本功能所必需的设备、材料等;与工程建设有关的服务是指为完成工程所需的勘察、设计、监理等服务。

《招标投标法实施条例》第三条进一步规定,依法必须进行招标的工程建设项目的具体范围和规模标准,由国务院发展改革部门会同国务院有关部门制订,报国务院批准后公布施行。

经国务院批准,2018 年 3 月 27 日国家发展改革委令第 16 号公布了《必须招标的工程项目规定》,全部或者部分使用国有资金投资或者国家融资的项目包括:

①使用预算资金 200 万元人民币以上,并且该资金占投资额 10%以上的项目;

②使用国有企业事业单位资金,并且该资金占控股或者主导地位的项目。

使用国际组织或者外国政府贷款、援助资金的项目包括:

①使用世界银行、亚洲开发银行等国际组织贷款、援助资金的项目;

②使用外国政府及其机构贷款、援助资金的项目。

《必须招标的工程项目规定》第五条规定，本规定第二条至第四条规定范围内的项目，其勘察、设计、施工、监理以及与工程建设有关的重要设备、材料等的采购达到下列标准之一的，必须招标：

①施工单项合同估算价在400万元人民币以上；

②重要设备、材料等货物的采购，单项合同估算价在200万元人民币以上；

③勘察、设计、监理等服务的采购，单项合同估算价在100万元人民币以上。

同一项目中可以合并进行的勘察、设计、施工、监理以及与工程建设有关的重要设备、材料等的采购，合同估算价合计达到前款规定标准的，必须招标。

经国务院批准，2018年6月6日国家发展改革委发布《必须招标的基础设施和公用事业项目范围规定》(发改法规规〔2018〕843号)，明确指出大型基础设施、公用事业等关系社会公共利益、公众安全的项目，必须招标的具体范围包括：

①煤炭、石油、天然气、电力、新能源等能源基础设施项目；

②铁路、公路、管道、水运，以及公共航空和A1级通用机场等交通运输基础设施项目；

③电信枢纽、通信信息网络等通信基础设施项目；

④防洪、灌溉、排涝、引(供)水等水利基础设施项目；

⑤城市轨道交通等城建项目。

《招标投标法》规定，依法必须进行招标的项目，其招标投标活动不受地区或者部门的限制。任何单位和个人不得违法限制或者排斥本地区、本系统以外的法人或者其他组织参加投标，不得以任何方式非法干涉招标投标活动。

对于必须招标的工程项目，需要根据“必须进行招标的范围”和“必须进行招标的规模标准”两个条件来确定。即属于必须招标的范围，并且达到了必须进行招标的规模标准，同时满足两个条件的项目，才必须进行招标。只满足两个条件其中之一的，不属于依法必须进行招标的工程建设项目。

三、适合邀请招标的情形

关于适合邀请招标的情形，《招标投标法》第十一条规定，国务院发展计划部门确定的国家重点项目和省、自治区、直辖市人民政府确定的地方重点项目不适宜公开招标的，经国务院发展计划部门或者省、自治区、直辖市人民政府批准，可以进行邀请招标。但是该规定并没有具体说明不适宜公开招标的情形。

《招标投标法实施条例》第八条规定，国有资金占控股或者主导地位的依法必须进行招标的项目，应当公开招标；但有下列情形之一的，可以邀请招标：

①技术复杂、有特殊要求或者受自然环境限制，只有少量潜在投标人可供选择；

②采用公开招标方式的费用占项目合同金额的比例过大。

需要注意的是，并非满足上述两个条件就可以选择邀请招标的方式。《招标投标法实施条例》第七条规定，按照国家有关规定需要履行项目审批、核准手续的依法必须进行招标的项目，其招标范围、招标方式、招标组织形式应当报项目审批、核准部门审批、核准。

对于施工任务可以采取邀请招标的情形，《工程建设项目施工招标投标办法》第十一条规定，依法必须进行公开招标的项目，有下列情形之一的，可以邀请招标：

①项目技术复杂或有特殊要求，或者受自然地域环境限制，只有少量潜在投标人可供选择；

②涉及国家安全、国家秘密或者抢险救灾，适宜招标但不宜公开招标；

③采用公开招标方式的费用占项目合同金额的比例过大。

有前款第二项所列情形，属于本办法第十条规定的项目，由项目审批、核准部门在审批、核准项目时作出认定；其他项目由招标人申请有关行政监督部门作出认定。

全部使用国有资金投资或者国有资金投资占控股或者主导地位的并需要审批的工程建设项目的邀请招标，应当经项目审批部门批准，但项目审批部门只审批立项的，由有关行政监督部门批准。

对于勘察设计任务可以采取邀请招标的情形。《工程建设项目勘察设计招标投标办法》第十一条规定，依法必须进行公开招标的项目，在下列情况下可以进行邀请招标：

①技术复杂、有特殊要求或者受自然环境限制，只有少量潜在投标人可供选择；

②采用公开招标方式的费用占项目合同金额的比例过大。

有前款第二项所列情形，属于按照国家有关规定需要履行项目审批、核准手续的项目，由项目审批、核准部门在审批、核准项目时作出认定；其他项目由招标人申请有关行政监督部门作出认定。招标人采用邀请招标方式的，应保证有三个以上具备承担招标项目勘察设计的能力，并具有相应资质的特定法人或者其他组织参加投标。

对于工程建设项目货物可以采取邀请招标的情形，《工程建设项目货物招标投标办法》第十一条也做出了明确规定。

四、可以不进行招标的建设工程项目

在实际操作中，有些项目虽然属于强制招标的范围，但是由于时间、保密等限制性条件，也允许采用不进行招标的方式进行发包。《招标投标法》《招标投标法实施条例》《工程建设项目施工招标投标办法》等均对可以不进行招标的情形做出了明确的规定。

《招标投标法》第六十六条规定，涉及国家安全、国家秘密、抢险救灾或者属于利用扶贫资金实行以工代赈、需要使用农民工等特殊情况，不适宜进行招标的项目，按照国家有关规定可以不进行招标。

涉及国家安全、国家秘密不适宜招标的情况，比如有关国防科技、军事建设项目的选址、规划和建设等事宜，由于涉及严格的保密管理规定，除了适宜邀请符合保密要求的单位参加投标外，一般只能采用非招标的方式。

对于涉及抢险救灾的项目，比如地震、台风、泥石流、洪涝、火灾等异常灾害情况，需要立刻组织抢险救灾，无法按照规定的程序，也没有足够的时间组织招标，否则就会造成更大的损失。一般来说需要具备两个条件，其一是事态紧急，没有足够的招标时间；其二是如果不立刻投入抢险救灾将会造成更大的损失。

利用扶贫资金实行以工代赈、需要使用农民工不适宜招标的情形，《国家扶贫资金管理办法》（国办发〔1997〕24 号）第二条和第五条有明确规定。需要注意的是，技术复杂、投资规模大的工程，只有具备相应资质的企业才能承担，可以通过招标投标的方式确定承包人，将使用农民工作为工程施工招标的前提条件即可。

《招标投标法实施条例》第九条规定，除《招标投标法》第六十六条规定的可以不进行招标的特殊情况外，有下列情形之一的，可以不进行招标：

①需要采用不可替代的专利或者专有技术；

②采购人依法能够自行建设、生产或者提供；

③已通过招标方式选定的特许经营项目投资人依法能够自行建设、生产或者提供；

④需要向原中标人采购工程、货物或者服务，否则将影响施工或者功能配套要求；

⑤国家规定的其他特殊情形。

招标人为适用前款规定弄虚作假的，属于《招标投标法》第四条规定的规避招标的情形。

《工程建设项目施工招标投标办法》第十二条规定，依法必须进行施工招标的工程建设项目有下列情形之一的，可以不进行施工招标：

①涉及国家安全、国家秘密、抢险救灾或者属于利用扶贫资金实行以工代赈、需要使用农民工等特殊情况，不适宜进行招标；

②施工主要技术采用不可替代的专利或者专有技术；

③已通过招标方式选定的特许经营项目投资人依法能够自行建设；

④采购人依法能够自行建设；

⑤在建工程追加的附属小型工程或者主体加层工程，原中标人仍具备承包能力，并且其他人承担将影响施工或者功能配套要求；

⑥国家规定的其他情形。

《工程建设项目勘察设计招标投标办法》第四条规定，按照国家规定需要履行项目审批、核准手续的依法必须进行招标的项目，有下列情形之一的，经项目审批、核准部门审批、核准，项目的勘察设计可以不进行招标：

①涉及国家安全、国家秘密、抢险救灾或者属于利用扶贫资金实行以工代赈、需要使用农民工等特殊情况，不适宜进行招标；

②主要工艺、技术采用不可替代的专利或者专有技术，或者其建筑艺术造型有特殊要求；

③采购人依法能够自行勘察、设计；

④已通过招标方式选定的特许经营项目投资人依法能够自行勘察、设计；

⑤技术复杂或专业性强，能够满足条件的勘察设计单位少于三家，不能形成有效竞争；

⑥已建成项目需要改建、扩建或者技术改造，由其他单位进行设计影响项目功能配套性；

⑦国家规定其他特殊情形。

《政府采购法》第四条规定，政府采购工程进行招标投标的，适用《招标投标法》。

《政府采购法实施条例》第七条规定，政府采购工程以及与工程建设有关的货物、服务，采用招标方式采购的，适用《中华人民共和国招标投标法》及其实施条例；采用其他方式采购的，适用《政府采购法》及其实施条例。

《政府采购法实施条例》第二十五条规定，政府采购工程依法不进行招标的，应当依照《政府采购法》和本条例规定的竞争性谈判或者单一来源采购方式采购。

《国务院办公厅关于促进建筑业持续健康发展的意见》（国办发〔2017〕19 号）规定，民间投资的房屋建筑工程，探索由建设单位自主决定发包方式；对依法通过竞争性谈判或者单一来源方式确定供应商的政府采购工程，符合条件应颁发施工许可证。

第二节 建设工程招标的条件和程序

一、建设工程招标的条件

建设工程招标是招标投标活动中的首要环节，也是保证工程招标投标顺利进行的基础，为了规范招标行为,促进建筑市场的完善发展,《招标投标法》及相关法规对招标主体及招标项目本身所需具备的条件都作出了规定。

(一)招标主体应具备的条件

《招标投标法》第八条明确规定:"招标人是依照本法规定提出招标项目、进行招标的法人或者其他组织。"依照该规定,招标人应当是法人或其他组织,自然人不能作为工程项目招标人,若个人投资的项目拟采用招标的方式,可以成立项目公司作为招标人。

招标人是拟招标项目的所有者,是市场经济的主体,有自行办理招标或委托他人招标的自主权利。在建设工程实践中,建设单位既可以自己作为招标人,也可以委托依法成立的招标代理机构进行招标。而无论采用哪种方式,均需满足相应条件。

1. 招标人自行招标需具备的条件

《招标投标法》第十二条规定:"招标人具有编制招标文件和组织评标能力的,可以自行办理招标事宜。任何单位和个人不得强制其委托招标代理机构办理招标事宜。"

自行招标所要求的具有编制招标文件和组织评标能力,具体体现为以下几点:

①具有项目法人资格;

②具有与招标项目规模和复杂程度相适应的工程技术、概预算、财务和工程管理等方面专业技术力量;

③有从事同类工程建设项目招标的经验;

④拥有3名以上取得招标职业资格的专职招标业务人员;

⑤熟悉和掌握《招标投标法》及有关法规规章。

依法必须进行招标的项目,招标人自行办理招标事宜的,应当向有关行政监督部门备案。项目法人或组建中的项目法人应当在报送项目可行性研究报告、资金申请报告或者项目申请报告时,一并报送用以证明具有编制招标文件和组织评标能力的书面材料。招标人不按规定要求履行自行招标核准手续或者报送的书面材料有遗漏的,应按国家发展改革委要求补正;不及时补正的,视同不具备自行招标条件。

2. 招标代理机构需具备的条件

《招标投标法》第十三条规定,招标代理机构是依法设立、从事招标代理业务并提供相关服务的社会中介组织。招标代理机构应当具备下列条件:

①有从事招标代理业务的营业场所和相应资金;

②有能够编制招标文件和组织评标的相应专业力量。

《招标投标法实施条例》也规定:"招标代理机构应当拥有一定数量的具备编制招标文件、组织评标等相应能力的专业人员。"

招标人有权自行选择招标代理机构,委托其办理招标事宜,任何单位和个人不得以任何方式为招标人指定招标代理机构。招标代理机构在招标人委托的范围内开展招标代理业务,任何单位和个人不得非法干涉。招标代理机构与行政机关和其他国家机关不得存在隶属关系或者其他利益关系。招标代理机构不得在所代理的招标项目中投标或者代理投标,也不得为所代理的招标项目的投标人提供咨询。

住房和城乡建设部、商务部、国家发展改革委、工业和信息化部等部门应按照规定的职责分工对招标代理机构依法实施监督管理。为了深入推进工程建设领域"放管服"改革,加强工程建设项目招标代理机构事中事后监管,规范工程招标代理行为,2017 年《招标投标法》的修订删除了第十四条对于招标代理机构的资格认定。自 2017 年 12 月 28 日起,各级住房和城乡建设部门不再受理招标代理机构资格认定申请,停止招标代理机构资格审批。

改革实施后,需要充分发挥市场竞争、信用约束及行业自律等方面对于招标代理机构的规范和监管作用。通过建筑市场监管一体化工作平台建设,推进信息共享共用,强化信用对招标代理机构的约束作用,促进招标代理工作有序开展。

(二)招标项目应具备的条件

《招标投标法》第九条规定:“招标项目按照国家有关规定需要履行项目审批手续的,应当先履行审批手续,取得批准。招标人应当有进行招标项目的相应资金或者资金来源已经落实,并应当在招标文件中如实载明。”该规定表明,招标人在项目招标程序开始前,应完成的准备工作和应满足的有关条件主要有两项:一是履行项目审批手续,二是落实资金。

法律法规规定的必须招标的项目,大多需要经过国务院或省市有关部门的审批,只有经过规定部门审核批准,并且建设资金或资金来源已经落实,才能进行招标。项目需要进行审批而未经审批,就擅自招标的,属于违法行为。需要注意的是,并不是所有招标项目都需要审批,只有那些“按照国家有关规定需要履行审批手续的”,才应当先履行审批手续,取得批准。

招标人应当有进行招标项目的相应资金或者资金来源已经落实,并在招标文件中如实载明。这是指进行某一单项建设项目、货物或服务采购所需的资金已经到位,或者尽管资金没有到位,但是来源已经落实。在招标文件中如实载明,是为了投标人了解掌握这方面的真实情况,作为其是否参加投标的决策依据。

对于施工招标而言,《工程建设项目施工招标投标办法》第八条规定,依法必须招标的工程建设项目,应当具备下列条件才能进行施工招标:

①招标人已经依法成立;

②初步设计及概算应当履行审批手续的,已经批准;

③有相应资金或资金来源已经落实;

④有招标所需的设计图纸及技术资料。

按照国家有关规定需要履行项目审批、核准手续的依法必须进行施工招标的工程建设项目,其招标范围、招标方式、招标组织形式应当报项目审批部门审批、核准。

二、建设工程招标的程序

建设工程招标的程序主要是指招标工作在时间和空间上应遵循的先后顺序,以采用资格预审且公开招标为例,建设工程招标的一般工作流程如图 2-1 所示。

1. 建设工程项目报建

《招标投标法实施条例》第七条规定,按照国家有关规定需要履行项目审批、核准手续的依法必须进行招标的项目,其招标范围、招标方式、招标组织形式应当报项目审批、核准部门审批、核准。

2. 审查招标人招标资格

招标人可以自行组织招标或委托招标代理机构代理招标。招标人自行招标时,需满足招标人自行招标需具备的条件,并向有关行政监督部门备案。招标人委托招标代理机构招标时,需审查招标代理机构是否具备所应具备的条件。

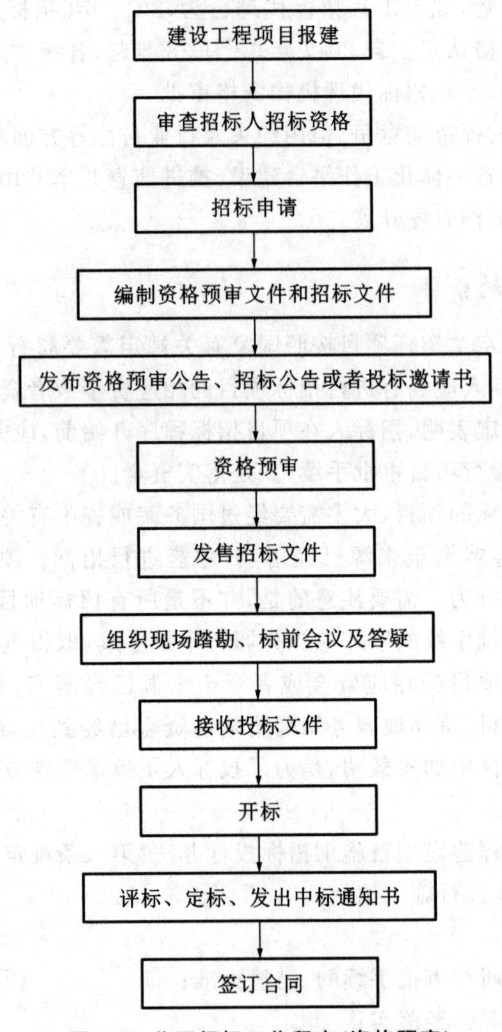

图 2-1　公开招标工作程序(资格预审)

3. 招标申请

当招标人自己组织招标或委托招标代理机构代理招标确定后,应向其行政监管机关提出招标申请,获批准后才可进行招标。

招标申请的内容一般包括项目名称、建设地点、项目批准机关及文号、投资额、单位负责人、代理人、建设前期准备工作情况、工程范围、工期要求、技术质量要求、招标方式和范围、招标日期等。

4. 编制资格预审文件和招标文件

《招标投标法》第十八条规定,招标人可以根据招标项目本身的要求,在招标公告或者投标邀请书中,要求潜在投标人提供有关资质证明文件和业绩情况,并对潜在投标人进行资格审查;国家对投标人的资格条件有规定的,依照其规定。

招标申请被批准后,招标人即可编制资格预审文件和招标文件。

《工程建设项目施工招标投标办法》第十七条规定,资格审查分为资格预审和资格后审。进行资格预审的,一般不再进行资格后审,但招标文件另有规定的除外。

资格预审是指在发售招标文件前,招标人先对潜在投标人进行资质条件、业绩、技术、资金等方面的审查；资格后审是指在开标后评标前对投标人进行的资格审查。资格预审方式比较适合于技术难度较大或投标文件编制费用较高，且潜在投标人数量较多的招标项目。

资格预审文件主要包括资格预审公告、申请人须知、资格审查办法、资格预审申请文件格式、项目建设概况，以及对资格预审文件的澄清或修改。当资格预审文件、资格预审文件的澄清或修改等在同一内容的表述上不一致时，以最后发出的书面文件为准。

若选择资格后审的审查方式，一般仅需编制招标文件，在发布招标公告后，直接发售招标文件。

5. 发布资格预审公告、招标公告或者投标邀请书

《招标投标法实施条例》第十五条第二款规定，招标人采用资格预审办法对潜在投标人进行资格审查的，应当发布资格预审公告、编制资格预审文件。

资格预审公告的内容包括招标条件、项目概况与招标范围、投标人资格要求、招标文件的获取方式、投标文件的递交方式等。

《招标投标法实施条例》第十五条第一款规定，公开招标的项目，应当依照《招标投标法》和本条例的规定发布招标公告，编制招标文件。

招标公告的作用是让潜在投标人获得招标信息，以便进行项目筛选，确定是否参与竞争。招标公告或投标邀请函的具体格式可由招标人自定，内容一般包括：招标人名称；建设项目资金来源；工程项目概况和本次招标工作范围的简要介绍；购买资格预审文件的地点、时间和价格等有关事项。

依法必须进行招标的项目的资格预审公告和招标公告，应当在国务院发展改革部门依法指定的媒介发布。在不同媒介发布的同一招标项目的资格预审公告或者招标公告的内容应当一致。

《招标投标法实施条例》第十六条规定，招标人应当按照资格预审公告、招标公告或者投标邀请书规定的时间、地点发售资格预审文件或招标文件。资格预审文件或招标文件的发售期不得少于5日。

《招标投标法实施条例》第十七条规定，招标人应当合理确定提交资格预审申请文件的时间。依法必须进行招标的项目提交资格预审申请文件的时间，自资格预审文件停止发售之日起不得少于5日。

6. 资格预审

资格预审办法有合格制和有限数量制两种。合格制是指凡符合规定审查标准的申请人均通过资格预审，不限制人数。有限数量制是审查委员会依据规定的审查标准和程序，对申请人进行初步审查和详细审查，通过资格预审的申请人不得超过资格审查办法前附表规定的数量。如果超过事先规定数量的，应对通过详细审查的申请人进行评分，按照资格预审文件事先规定数量，按得分排序、由高到低确定规定数量的资格预审合格人。

资格预审可以减少评标阶段的工作量、缩短评标时间、减少评审费用、避免不合格投标人浪费不必要的投标费用，但因设置了招标资格预审环节，而延长了招标投标的过程，增加了招标投标双方资格预审的费用。

7. 发售招标文件

招标人应按规定的时间和地点向经审查合格的投标人发售招标文件及有关资料。《招标投标法实施条例》第十六条规定，招标文件的发售期不得少于5日。发售招标文件收取的费用应当限于补偿印刷、邮寄的成本支出，不得以营利为目的。

招标文件或者资格预审文件售出后，不予退还。对于所附的图纸等设计文件，招标人可以向投标人酌情收取押金，对于开标后投标人退还设计文件的，招标人应当向投标人退还押金。

招标文件发出后需进行必要的澄清、修改或补充的，应当在招标文件规定的投标截止时间至少15日前，以书面形式通知所有获得招标文件的潜在投标人。如果澄清或修改发出的时间距投标截止时间不足15日的，应相应延长投标截止时间。该澄清、修改或补充的内容是招标文件的组成部分。

8. 组织现场踏勘、标前会议及答疑

招标文件发放后，招标人可以在招标文件规定的时间内，组织投标人踏勘现场，并对招标文件进行答疑。《招标投标法实施条例》第二十八条规定，招标人不得组织单个或者部分潜在投标人踏勘项目现场。

投标人进行现场踏勘的目的在于了解工程现场和周围环境情况，获取对投标有帮助的信息，并据此做出关于投标策略和投标报价的决定，通过现场踏勘详细核对招标文件中的有关规定和数据。如现场实际情况与招标文件不符，可向招标人质疑。投标人对招标文件或现场踏勘中存在的疑问或不清楚的问题，应当用书面的形式向招标人提出，招标人应当给予解释和答复。招标人的答疑可以根据情况采用以下方式进行：

①以信函的方式书面解答。解答内容应同时送达所有获得招标文件的投标人。

②通过召开投标预备会进行解答。以会议记录形式将解答内容送达所有获得招标文件的投标人。

投标预备会又称为标前会议，召开投标预备会的目的是澄清招标文件中的疑问，解答投标人对招标文件和踏勘现场提出的问题，以及对图纸进行交底和解释，具体过程如下。

①投标预备会在招标管理机构监督下，由招标人组织并主持召开，参加会议的人员包括招标人、投标人、代理机构、招标文件的编制人员、招标管理机构的管理人员等。所有参加投标预备会的投标人应签到登记，以证明出席投标预备会。

②在投标预备会上对招标文件和现场情况做介绍或解释，并解答投标人提出的疑问，包括书面和口头提出的询问。在投标预备会上还应对图纸进行交底和解释。

③投标预备会结束后，由招标人整理会议记录和解答内容，报招标管理机构核准同意后，尽快以书面形式将问题及解答同时发送到所有获得招标文件的投标人。

④为了使投标人在编写投标文件时，充分考虑招标人对招标文件的修改或补充内容，以及投标预备会会议记录内容，招标人可根据情况延长投标截止时间。

9. 接收投标文件

投标文件是招标人判断投标人是否愿意参加投标的依据，也是评标组织评审的对象，中标的投标文件和招标文件一起成为招标投标双方订立合同的法定依据。因此，投标文件同样是招标活动中最重要的文件之一。

依照《招标投标法》规定，投标人应当在招标文件要求提交投标文件的截止时间前，将投标文件送达投标地点。招标人收到投标文件后，应当签收保存，不得开启。投标人少于3个的，招标人应当依法重新招标。在招标文件要求提交投标文件的截止时间后送达的投标文件，招标人应当拒收。投标人在招标文件要求提交投标文件的截止时间前，可以补充、修改或者撤回已提交的投标文件，并书面通知招标人。补充、修改的内容为投标文件的组成部分。在投标截止时间前，招标人在接收投标文件时应注意核对投标文件是否按招标文件的规定进行密封和加写标志。在开标前，应妥善保管好投标文件、修改和撤回通知等投标资料；由招标人管理的投标文件须经招标管理机构密封或送招标管理机构统一保管。

10. 开标

应在招标文件规定的时间、地点进行公开开标。开标一般在当地公共资源交易中心进行，时间为招标文件确定的提交投标文件截止时间的同一时间。开标会议由招标人或招标代理机构组织并主持，邀请所有投标人参加，招标管理机构到场监督。招标人在招标文件要求提交投标文件的截止时间前收到的所有投标文件，开标时都应当当众予以拆封、宣读。

11. 评标、定标、发出中标通知书

开标过程结束后，进入评标阶段。评标是对各投标书优劣的比较，以便最终确定中标人，由评标委员会负责评标工作。

(1)评标。

①评标委员会。《招标投标法》规定，评标由招标人依法组建的评标委员会负责。依法必须进行招标的项目，其评标委员会由招标人的代表和有关技术、经济等方面的专家组成，成员人数为5人以上单数，其中技术、经济等方面的专家不得少于成员总数的三分之二。专家人选应于国务院有关部门或省、自治区、直辖市政府有关部门提供的专家名册中以随机抽取方式确定。与投标人有利害关系的人不得进入相关项目的评标委员会，评标委员会成员的名单在中标结果确定之前应当保密。

②评标工作程序。根据《评标委员会和评标方法暂行规定》的内容，投标文件评审包括评标的准备、初步评审、详细评审、提交评标报告和推荐中标候选人。

评标委员会完成评标后，应当向招标人提供书面评标报告，并抄送有关行政监督部门。

(2)定标。

①确定中标人。在评标结束后，招标人以评标委员会提供的评标报告为依据，对评标委员会所推荐的中标候选人进行比较并确定中标人，招标人也可以授权评标委员会直接确定中标人。

《招标投标法》规定依法必须进行招标的项目，招标人应当确定排名第一的中标候选人为中标人。排名第一的中标候选人放弃中标、因不可抗力提出不能履行合同，或者招标文件规定应当提交履约保证金而在规定的期限内未能提交的，招标人可以确定排名第二的中标候选人为中标人。

②中标条件。《招标投标法》规定，中标人的投标应当符合下列条件之一。

a. 能够最大限度地满足招标文件中规定的各项综合评价标准。

b. 能够满足招标文件的实质性要求，并且经评审的投标价格最低；但是投标价格低于成本的除外。

评标委员会经评审，认为所有投标都不符合招标文件要求的，可以否决所有投标。依法必须进行招标的项目的所有投标被否决的，招标人应当依照本法重新招标。确定中标人前，招标人不得与投标人就投标价格、投标方案等实质性内容进行谈判。

(3)发出中标通知书。

确定中标人后，招标人应当向中标人发出中标通知书，并同时将中标结果通知所有未中标的投标人。中标通知书对招标人和中标人具有法律约束效力。中标通知书发出后，招标人改变中标结果的，或者中标人放弃中标项目的，应承担法律责任。

12. 签订合同

招标人和中标人应当自中标通知书发出之日起30日内，按照招标文件和中标人的投标文件订立书面合同。

《招标投标法实施条例》第五十七条规定，招标人和中标人应当依照《招标投标法》和本条例的规定签订书面合同，合同的标的、价款、质量、履行期限等主要条款应当与招标文件和中标人的投标文件的内容一致。招标人和中标人不得再行订立背离合同实质性内容的其他协议。招标人最迟应当在书面合同签订后 5 日内向中标人和未中标的投标人退还投标保证金及银行同期存款利息。

《招标投标法》规定，依法必须进行招标的项目，招标人应当自确定中标人之日起 15 日内，向有关行政监督部门提交招标投标报告。这是国家对招标投标活动所进行的监督活动之一，对于保护国家利益、社会公共利益及公众安全，具有特别重要的意义。

第三节　工程招标文件的编制

招标文件是指由招标人或招标人委托招标代理机构编制的，向潜在投标人发售的明确资格条件、合同条款、评标方法和投标文件相应格式的文件。招标文件是招标投标活动中最重要的法律文件，它规定了完整的招标程序和拟定合同的主要内容，提出了各项具体的技术标准和交易条件，是投标人编制投标文件、评标委员会评标的依据，也是招标人与中标人签订工程承包合同的基础。建设工程招标文件在性质上属于要约邀请。招标文件中的各项要求，对整个招标工作乃至承包、发包双方都有约束力。

一、建设工程招标文件示范文本

为规范招标文件的内容和格式，节约招标文件编写的时间，提高招标文件的质量，国家有关部门分别编制了建设工程招标文件范本。2007 年，国家发展改革委、财政部、建设部、铁道部等部门联合发布了《中华人民共和国标准施工招标资格预审文件（2007 年版）》（简称《标准施工招标资格预审文件》）、《中华人民共和国标准施工招标文件（2007 年版）》（简称《标准施工招标文件》），在政府投资工程建设项目的招标投标活动中试点使用。《标准施工招标文件》适用于一定规模以上，且设计和施工不是由同一承包商承担的工程施工招标。招标人可以结合工程项目具体情况，对《标准施工招标文件》进行调整和修改。2010 年，为了规范房屋建筑和市政工程施工招标资格预审文件、招标文件编制活动，促进房屋建筑和市政工程招标投标公开、公平和公正，根据《〈标准施工招标资格预审文件〉和〈标准施工招标文件〉试行规定》（国家发展改革委、财政部等九部委令第 56 号），住房和城乡建设部制定了《中华人民共和国房屋建筑和市政工程标准施工招标资格预审文件（2010 年版）》和《中华人民共和国房屋建筑和市政工程标准施工招标文件（2010 年版）》（简称《房屋建筑和市政工程标准施工招标文件》）。2012 年，颁布《中华人民共和国简明标准施工招标文件（2012 年版）》（简称《简明标准施工招标文件》）。2013 年，为了规范施工招标资格预审文件、招标文件编制活动，提高资格预审文件、招标文件编制质量，促进招标投标活动的公开、公平和公正，国家发展改革委、财政部、住房城乡建设部、铁道部、交通运输部、工业和信息化部、水利部、民航局、广电总局联合发布了《关于废止和修改部分招标投标规章和规范性文件的决定》，对相关规章和规范性文件予以废止或修改。

这些示范文本在推进我国招标投标工作中起到重要作用，在使用示范文本编制具体工程项目的招标文件中，行业标准施工招标文件和招标人编制的施工招标资格预审文件、施工招标文件，可以参考引用《中华人民共和国标准施工招标资格预审文件（2007 年版）》（简称《标准施工招标资格预审文件》）中的“申请人须知”（申请人须知前附表除外）、“资格审查办法”（资格审查办法前附表除外），以及《标准施工招标文件》中的“投标人须知”（投标人须知前附表和其他附表除外）、“评标办法”(评标办法前附表除外)、“通用合同条款”。根据招标工程的具体情况,对投标人须知前附表、专用条款、技术规范、工程量清单、投标书附录等部分的内容重新进行编写,加上招标图纸即可构成一套完整的招标文件。

二、招标文件内容与编制

招标人根据招标项目特点和需要编制招标文件,它是投标人编制投标文件和报价的依据,因此招标文件应当包括招标项目的技术要求、对投标人资格审查的标准、投标报价要求和评标标准等所有实质性要求和条件以及签订合同的主要条款。《招标投标法》和《招标投标法实施条例》对招标文件的内容作了一些原则性规定。

《工程建设项目施工招标投标办法》第二十四条规定,招标文件一般应包括下列内容:

①招标公告或投标邀请书;

②投标人须知;

③合同主要条款;

④投标文件格式;

⑤采用工程量清单招标的,应当提供工程量清单;

⑥技术条款;

⑦设计图纸;

⑧评标标准和方法;

⑨投标辅助材料。

招标人应当在招标文件中规定实质性要求和条件,并用醒目的方式标明。

根据《房屋建筑和市政工程标准施工招标文件》和《标准施工招标文件》的要求,一份完整的招标文件一般可分为四卷:第一卷主要包括招标公告或投标邀请书、投标人须知、评标办法、合同条款及格式、工程量清单等;第二卷主要是图纸;第三卷主要是技术标准和要求;第四卷为投标文件格式。具体章节和卷的划分,由招标人自行确定。

(一)《标准施工招标文件》内容

《标准施工招标文件》主要包括以下内容。

①封面格式。封面格式包括项目名称、标段名称(如有)、标识出“招标文件”这 4 个字、招标人名称和单位印章、时间。

②招标公告与投标邀请书。

对于未进行资格预审的公开招标项目,招标文件应包括招标公告;对于邀请招标项目,招标文件应包括投标邀请书;对于已经进行资格预审的项目,招标文件也应包括投标邀请书(代资格预审通过通知书)。

③投标人须知。投标人须知主要包括投标人须知前附表、总则、招标文件、投标文件、投标、开标、评标、授予合同、重新招标和不再招标。

④评标办法和评标程序。评标办法主要包括选择评标方法、确定评审因素和标准以及评标程序 3 个方面的内容。评标方法一般包括经评审的最低价投标价法、综合评估法和法律、行政法规允许的其他评标方法;评标程序一般包括初步评审、详细评审、投标文件的澄清、说明及评标结果等具体程序。

⑤合同条款及格式。《标准施工招标文件》的合同条款包括一般约定、发包人义务、工程质量、

价格调整原则、争议的解决等共24条,合同附件格式包括合同协议格式、履约担保格式、预付款担保格式等。为提高效率,招标人可以采用《标准施工招标文件》提供的合同条款及格式,或者结合行业合同示范文本的合同条款编制招标项目的合同条款。

⑥工程量清单。工程量清单是表现拟建工程实体性项目和非实体性项目名称和相应数量的明细清单,以满足工程建设项目具体量化和计量支付的需要。工程量清单是投标人投标报价、签订合同协议书和确定合同价格的唯一载体。

⑦设计图纸。设计图纸是合同文件的重要组成部分,是编制工程量清单以及投标报价的重要依据,也是进行施工及验收的依据。

⑧技术标准和要求。技术标准的内容主要包括各项工艺指标、施工要求、材料检验标准,以及各分部、分项工程施工成型后的检验手段和验收标准等。

⑨投标文件格式。投标文件格式的主要作用是为投标人编制投标文件提供固定的格式和编排顺序,以规范投标文件的编制,同时便于评标委员会评标。

(二)招标文件编写的注意事项

①招标文件应体现工程建设项目的特点和要求。编制招标文件时必须认真阅读研究有关设计与技术文件,与招标人充分沟通,了解招标项目的特点和需求,包括项目概况、性质、审批或核准情况、标段划分计划、资格审查方式、评标办法、承包模式、合同计价类型、进度时间节点要求等,并充分反映在招标文件中。

②对于投标价格,一般结构不太复杂或工期在12个月以内的工程,可以采用不调整价格,考虑一定的风险系数。结构较复杂或大型工程,工期在12个月以上的,应采用调整价格。价格的调整方法及调整范围应在招标文件中明确。

③招标文件必须明确投标人实质性响应的内容。招标文件中需要投标人作出实质性响应的所有内容,如招标范围、工期、投标有效期、质量要求、技术标准和要求等应具体、清晰、无争议,且宜以醒目的方式提示。

④质量标准必须达到国家施工验收规范合格标准,对于要求质量达到获奖标准时,应计取补偿费用,补偿费用的计算方法应按国家或地方有关文件规定执行,并在招标文件中明确。

⑤招标文件中的建设工期应参照国家或地方颁发的工期定额来确定,如果要求的工期比工期定额缩短20%以上(含20%)的,应计算赶工措施费。赶工措施费如何计取应在招标文件中明确。由于施工单位原因造成不能按合同工期竣工时,计取赶工措施费的须扣除,同时还应赔偿由于误工给建设单位带来的损失。其损失费用的计算方法或规定应在招标文件中明确。

⑥如果建设单位要求按合同工期提前竣工交付使用,应考虑计取提前工期奖,提前工期奖的计算办法应在招标文件中明确。

⑦防范招标文件中的违法、歧视性条款。严格防范招标文件中出现违法、歧视、倾向条款限制、排斥或保护潜在投标人,并要求公平合理划分招标人和投标人的风险责任。只有招标文件客观与公正才能确保整个招标活动的客观与公正。

⑧中标人应按规定向招标人提交履约担保,履约担保可采用银行保函或履约担保书。

⑨材料或设备采购、运输、保管的责任应在招标文件中明确,如建设单位提供材料或设备,应列明材料或设备名称、品种或型号、数量,以及提供日期和交货地点等;还应在招标文件中明确招标人提供的材料或设备计价和结算退款的方法。

⑩关于工程量清单,招标人按国家颁布的统一工程项目划分,统一计量单位和统一工程量计算

规则，根据施工图纸计算工程量，提供给投标人作为投标报价的基础。结算拨付工程款时以实际工程量为依据。

⑪保证招标文件格式、合同条款的规范一致。招标文件合同条款部分如采用通用合同条款和专用合同条款形式编写的，正确的合同条款编写方式为：“通用合同条款”应全文引用，不得删改；“专用合同条款”则应按其条款编号和内容，根据工程实际情况进行修改和补充。

⑫招标文件语言要规范、简练。编制、审核招标文件应一丝不苟、认真仔细。招标文件语言文字要规范、严谨、准确、精炼、通顺，要认真推敲，避免使用含义模糊或容易产生歧义的词语。

（三）招标文件其他有关内容

1. 投标有效期

投标有效期是针对投标保证金或投标保函的有效期间所作的规定，投标有效期从提交投标文件截止日起计算，一般到签订承包合同为止。招标文件应当载明投标有效期。

《评标委员会和评标方法暂行规定》第四十条规定，评标和定标应当在投标有效期内完成。不能在投标有效期内完成评标和定标的，招标人应当通知所有投标人延长投标有效期。拒绝延长投标有效期的投标人有权收回投标保证金。同意延长投标有效期的投标人应当相应延长其投标担保的有效期，但不得修改投标文件的实质性内容。因延长投标有效期造成投标人损失的，招标人应当给予补偿，但因不可抗力需延长投标有效期的除外。招标文件应当载明投标有效期。投标有效期从提交投标文件截止日起计算。

2. 投标保证金

投标保证金是指投标人保证其在投标有效期内对其投标书中规定的责任不得撤销或者反悔。否则，招标人将对投标保证金予以没收。

投标保证金不得超过招标项目估算价的2%。投标保证金有效期应当与投标有效期一致。

投标人不按招标文件要求提交投标保证金的，该投标文件将被拒绝，作废标处理。

投标保证金交纳的形式可以是现金、支票、银行汇票、不可撤销信用证、银行保函、由保险公司或者担保公司出具的投标保证书等。

3. 履约保证金

履约保证金，也称为履约担保，是指发包人在招标文件中规定的要求承包人提交的保证履行合同义务的担保。

履约担保一般有三种形式：银行保函、履约担保书、质量保证金。

履约保证金一般不超过合同金额的10%。

第四节 工程标底和招标控制价的编制

一、建设工程标底的编制

1. 标底的概念

工程标底是指招标人或其委托的咨询机构按照相关规则对拟招标工程计算编制的工程价格。它是招标项目的底价，是招标人采购工程、货物或服务项目的预算期望值。

标底是衡量工程投标报价合理性的尺度，是发包工程财务准备的依据，也是评标的参考之一。标底一般由招标人组织专业人员封闭编制，要求在招标文件发出之前完成。标底在开标前要严格保密，不许泄漏。

2. 标底的作用及编制依据

(1)标底的作用。

①标底是招标工程的预期价格，能反映拟建工程的资金额度，以明确招标人在财务上应承担的义务。按规定，我国国内工程施工招标的标底，应在批准的工程概算或修正概算以内，招标人用它来控制工程造价。这样，项目业主就能掌握控制造价的主动权。标底的使用可以相对降低工程造价。

②标底是衡量投标人报价的准绳，有了标底参考，能正确判断投标报价的合理性和可靠性，作为防止投标人恶意投标的参考依据；

③标底是评标、定标的重要依据之一，主要用于评标时分析投标报价合理性、平衡性、偏离性，分析各投标报价差异情况。但是，标底不能作为评定投标报价有效性和合理性的唯一和直接依据。招标文件中不得规定投标报价最接近标底的投标人为中标人，也不得规定超出标底价格上下允许浮动范围的投标报价直接作废标处理。

(2)标底的编制依据。

标底的编制一般依据工程招标文件的发包内容和工程量清单，参照现行有关工程消耗定额和人工、材料、机械等要素的市场平均价格，结合常规施工组织设计方案编制。各类工程建设项目标底编制的主要强制性、指导性或参考性依据有：

①各行业建设工程工程量清单计价规范；

②国家或省级行业建设主管部门颁发的计价定额和计价办法；

③建设工程设计文件及相关资料；

④招标文件的工程量清单及有关要求；

⑤工程建设项目相关标准、规范、技术资料；

⑥工程造价管理机构或物价部门发布的工程造价信息或市场价格信息；

⑦其他相关资料。

3. 标底的编制方法

根据自 2014 年 2 月 1 日起施行的《建筑工程施工发包与承包计价管理办法》第六条规定，全部使用国有资金投资或者以国有资金投资为主的建筑工程，应当采用工程量清单计价；非国有资金投资的建筑工程，鼓励采用工程量清单计价。第九条规定，招标标底应当依据工程计价有关规定和市场价格信息等编制。

在工程实践中，常用的编制方法有下列三种：

(1)按平方米造价或其他概算指标方法编制。

以平方米造价包干为基础的标底，主要适用于标准或通用住宅工程。例如开发商所建多层住宅项目就是以单方造价为基础编制的标底。即把每个单位工程的单方造价都计算出来，以单方造价乘以工程量的总费用编制标底；或对同标准的住宅项目单方造价进行核算，再考虑市场价格变化因素，以单方造价乘以建筑面积来确定标底。

(2)按施工图预算方法编制。

除按步骤计算施工图预算外，还应提供准确的主要材料用量、施工措施费、材料市场价格等信息，以控制投资。以施工图预算为基础，进行施工图预算审核，首先对比招标文件，确定拟招标的工程范围，把招标文件中未列入招标范围的内容从预算中剔除，把预算中未列入的部分加进去。其次，要对施工图纸进行审核，对未列入施工图预算而又在招标范围之内的项目，要按照图纸及定额规定计算工程费用，计入标底。

(3)按工程量清单方法编制。

应按《建设工程工程量清单计价规范》(GB/T 50500—2024)[该国家标准自 2025 年 9 月 1 日起实施，《建设工程工程量清单计价规范》(GB 50500—2013)同时废止]完成整体工程价格计算，其中分部分项工程量清单费用及措施项目费用的单价综合考虑了完成单位工程量或完成具体措施项目的人工费、材料费、机械使用费、管理费和利润，并考虑一定风险因素。规费和税金按有关规定计算。

4. 编制标底应注意的问题

标底的编制一般应注意以下几点：

①根据设计图纸及有关资料，参照国家规定的技术、经济标准定额及规范，确定工程量和设定标底；

②标底应由成本、利润和税金组成，一般应控制在批准的建设项目总概算及投资包干的限额内；

③标底作为招标人的期望价，应力求与市场的实际变化相吻合，要有利于竞争和保证工程质量；

④标底应考虑人工、材料、机械台班等价格变动因素，还应包括施工不可预见费、包干费和措施费等。工程要求优良的，还应增加相应费用；

⑤一个工程只能编制一个标底，招标人对标底的保密要从编制时开始，到开标后结束。

二、招标控制价的编制

1. 招标控制价的概念

招标控制价是《建设工程工程量清单计价规范》(GB/T 50500—2024)中的专业术语，它是建设市场发展过程中对传统标底的重新界定。自 2003 年实行工程量清单招标后，出现了“无标底招标”，而新问题也随之出现，为了避免投标人串标、哄抬标价等，我国多个省市先后出台了控制最高限价的规定，但名称不尽相同，为了规范使用，该规范首次提出“招标控制价”这一概念，并作了统一规定。

2. 招标控制价的作用及编制依据

(1)招标控制价的作用。

①招标人有效控制项目投资，防止恶性投标带来的投资风险；

②增强招标过程的透明度，有利于正常评标；

③利于引导投标方投标报价，避免无标底情况下投标方的无序竞争；

④招标控制价反映的是社会平均水平，为招标人判断最低投标价是否低于成本提供参考依据；

⑤可为工程变更新增项目确定单价提供计算依据；

⑥作为评标的参考依据，避免出现较大偏离；

⑦投标人根据自己的企业实力、施工方案等报价，不必揣测招标人的标底，提高了市场交易效率；

⑧招标人把工程投资控制在招标控制价范围内，提高了交易成功的可能性。

(2)招标控制价的编制依据。

①《建设工程工程量清单计价规范》(GB/T 50500—2024)及国家其他相关的计量规范；

②国家或省级、行业建设主管部门颁发的计价定额和计价办法；

③建设工程设计文件及相关资料；

④拟定的招标文件及招标工程量清单；

⑤施工现场情况、工程特点及常规施工方案；

⑥工程造价管理机构发布的工程造价信息，当工程造价信息没有发布时，参照市场价；

⑦其他的相关资料。

3. 编制招标控制价应注意的问题

①国有资金投资的建设工程招标，招标人必须编制招标控制价。国有资金投资的工程实行工程量清单招标，为了客观、合理地评审投标报价和避免哄抬标价，避免造成国有资产流失，招标人必须编制招标控制价，规定最高投标限价。

②招标控制价应由具有编制能力的招标人或受其委托具有相应资质的工程造价咨询人编制和复核。

③工程造价咨询人接受招标人委托编制招标控制价，不得再就同一工程接受投标人委托编制投标报价。

④招标控制价应按照相关规定编制，不应上浮或下调。根据《建设工程质量管理条例》第十条“建设工程发包单位不得迫使承包方以低于成本的价格竞标”的规定，招标人应在招标文件中如实公布招标控制价，不得对所编制的招标控制价进行上浮或下调。

⑤当招标控制价超过批准的概算时，招标人应报原概算审批部门审核。因为我国对国有资金投资项目的投资控制实行的是投资概算控制制度，项目投资原则上不能超过批准的投资概算。因此，在工程招标发包时，当编制的招标控制价超过批准的概算，招标人应当将其报原概算审批部门重新审核。

⑥招标人应在发布招标文件时公布招标控制价，同时应将招标控制价及有关资料报送工程所在地或有该工程管辖权的行业管理部门工程造价管理机构备查。招标控制价的公开性决定了招标控制价不同于标底，无需保密。招标人设有最高投标限价的，应当在招标时公布最高投标限价的总价，以及各单位工程的分部分项工程费、措施项目费、其他项目费、规费和税金。

⑦投标人经复核认为招标人公布的招标控制价未按照计价规范的规定进行编制的，应在招标控制价公布后 5 天内向招标投标监督机构和工程造价管理机构投诉。工程造价管理机构在接到投诉书后应在 2 个工作日内进行审查。当招标控制价及复查结论与原公布的招标控制价误差超过±3%时，应当责成招标人改正。

三、招标控制价与标底的区别

招标控制价与标底相比有明显的区别。

①招标控制价是事先公布的最高限价。投标价不能高于招标控制价。标底是严格保密的，开标唱标后公布，不是最高限价。投标价、中标价都有可能突破标底。

②招标控制价只起到最高限价的作用，投标人的报价都要低于该价，而且招标控制价不参与评分，也不在评标中占有权重，只是作为对具体建设项目工程造价的参考。但标底在评标过程中一般参与评标，在评标过程中占有权重，所以标底能影响中标人的人选。

③评标时，投标报价不能够超过招标控制价，否则废标。标底是招标人期望的中标价，投标价格越接近这个价格越容易中标。当所有的竞标价格过分低于标底价格或者过分高出标底价格时，发包人可以宣布流标而不承担责任。

【典型例题】

【例 2-1】 2020 年 8 月某市城市主干道改造工程项目总投资 3000 万元，其中财政预算资金投入 330 万元。

试分析：该项目是否必须招标？

答：该工程预算资金 330 万元，超过了 200 万元，项目总投资额为 3000 万元，预算资金占总投资额的 10%以上，属于必须招标的项目。

【例 2-2】 已知 A、B、C 3 家企业成立股份公司 D，其中国有企业 A 占股 25%，国有企业 B 占股 26%，私有企业 C 占股 49%，现 D 公司投资 20 000 万元新建 1 栋商品住宅楼。

试分析：该项目是否必须招标？

答：商品住宅楼从项目性质上看，不属于必须招标项目，是否必须招标关键看国有资金是否处于控股地位。D 公司中，私有企业 C 占股 49%，属于最大的股东，但由于 A、B 都属于国有企业，国有资金的比例应当是项目资金来源中所有国有资金之和，A 与 B 共占股 51%，则属于国有资金控股，因此，该项目必须公开招标。

【例 2-3】 某大型工程经当地招标投标办公室批准，实行公开招标，共有 10 家施工单位申请投标。建设单位向 10 家施工单位发出了招标文件及设计资料，并组织了现场踏勘。10 家施工企业均在规定的投标截止时间前递交了投标文件。在开标前，招标人要求对投标人进行资格审查。在审查中，建设单位对 A 企业提出疑问，A 企业提交的资质材料种类和份数齐全，有单位盖的公章，有项目负责人签字。

试分析：(1)上述招标程序是否符合规定？为什么？

(2)A 企业的投标文件是否有效？为什么？

答：(1)招标程序不符合规定。原因是，公开招标采用资格预审时，只有资格预审合格的施工单位才能参加投标；若不采用资格预审，则应进行资格后审，即在开标后进行资格审查。本案例中，没有采用资格预审的方式，则应该在开标后进行资格后审，而不是在开标前进行审查。

(2)A 企业的投标无效。因为投标文件应由企业法定代表人或其授权代表签字，不能仅由项目负责人签字。

独立思考

2-1　请简述招标的两种主要方式、区别。

2-2　公开招标主要适合哪些项目类型？

2-3　可以进行邀请招标和可以不招标的项目类别有哪些？

2-4　请简述招标主体应具备的条件。

2-5　请简述招标的工程流程。

2-6　请简述招标文件的主要内容。

2-7　请简述标底的概念、作用和编制依据。

2-8　请简述招标控制价的概念、作用和编制依据。

第三章　建设工程投标

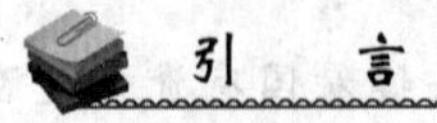

引　言

习近平总书记在党的二十大报告中指出，要构建高水平社会主义市场经济体制，着力推动高质量发展。深化招标投标制度改革是构建高水平社会主义市场经济体制的重要组成部分，对于充分发挥市场在资源配置中的决定性作用，更好发挥政府作用具有重要意义。

——安徽省发展和改革委员会《深化招标投标交易担保制度改革　助力构建高水平社会主义市场经济体制——〈国家发展改革委等部门关于完善招标投标交易担保制度进一步降低招标投标交易成本的通知〉解读之四》

学习目标

知识目标：掌握投标的程序和工作内容，掌握投标文件的编制方法，熟悉建设工程投标决策和投标技巧，掌握投标文件的组成，了解投标报价的相关内容。

能力目标：具备组织工程项目投标活动的基本技能。

素质目标：具备团队合作与沟通协调等基本职业素养，具有规则意识和契约精神。

第一节　建设工程投标人

一、建设工程投标人资格要求

投标人是指响应招标并购买招标文件，参加投标竞争的法人或者其他组织。建设工程投标人必须是法人或者其他组织，不包括自然人，通常情况下主要是指工程总承包单位、勘察设计单位、施工单位、材料设备供应单位、监理单位、造价咨询单位等。投标人应当具备两个基本条件：其一是承担招标项目的能力；其二是国家相关规定对投标人资格条件或者招标文件对投标人规定的资格条件。对于建设工程投标来讲，这里所说的资格条件实质上也包括对投标人资质等级的要求。

一般来说，建设工程投标人应具备以下条件：

①具有符合招标文件要求的资质证书，并且是独立的法人实体；

②财产状况良好，具备与招标文件要求相适应的人力、物力和财力；

③承担过类似建设项目的相关工作，具有良好的工作业绩和履约记录证明；

④最近三年没有骗取中标和严重违约及重大工程质量问题；

⑤近几年有较好的安全生产记录，投标当年内没有发生重大质量和特大安全事故；

⑥符合法律、法规规定的其他要求。

投标人参加依法必须进行招标项目的投标，不受地区或者部门的限制，任何单位和个人不得非法干涉。招标人不得以不合理的条件限制、排斥投标人或者潜在投标人。与招标人存在利害关系可能影响招标公正性的法人、其他组织或者个人，不得参加投标。单位负责人为同一人或者存在控股、管理关系的不同单位，不得参加同一标段投标或者未划分标段的同一招标项目投标。

建设工程投标人的投标资质，是指建设工程投标人参加投标所必须具备的条件和素质，包括企业资质水平、项目业绩、人员素质、管理水平、财务能力、技术水平、社会信誉等。其中，对建设工程投标人的投标资质管理，主要是由政府建设行政主管部门对建设工程投标人的投标资质提出认定和划分标准，确定具体的资质等级，发放相应的资质等级证书，并对资质等级证书的使用进行定期的监督检查。建设工程招标投标管理中，需要验证投标人是否具有相应的资质等级证书，以确定其是否具有招标文件所要求的资质条件。2020 年 11 月，《建设工程企业资质管理制度改革方案》正式发布。改革后，我国建筑业企业的主要资质类型包括工程勘察资质、工程设计资质、施工资质和工程监理资质，从事勘察、设计、施工、监理等项目的企业必须取得相应的等级资质证书，在其资质等级许可的范围内从事相应的工程建设活动，无相应资质的企业禁止进入建筑工程市场。

二、建设工程投标人权利与义务

建设工程投标人自愿参与建设工程招标投标活动，在建设工程招标投标中享有下列权利。

(1)有权平等获得和利用招标信息。

投标人获得招标信息的途径主要包括通过招标人发布的招标公告和政府主管机构公布的工程建设项目报建登记。保证投标人平等地获得招标信息，是招标人和政府主管机构的义务。

(2)有权按照招标文件的要求自主投标或者组成联合体投标。

投标人有权利自主决定是否参与投标活动。在工程建设招标投标过程中，几个法人或组织可以组成联合体进行投标。投标人可以根据招标文件的要求，决定是否组成投标联合体。

(3)有权要求招标人或者招标代理机构对招标文件中的有关问题进行答疑。

在投标过程中，投标人有权利要求招标方对提出的问题进行解答，并有权要求获得比较满意的答复。

(4)有权自主确定投标报价。

招标投标活动是一种市场竞争行为，必须严格遵循市场的交易制度。由投标人依法自主确定投标报价，任何单位和个人不得非法干预。

(5)有权自主决定参与投标竞争或者放弃参与投标竞争。

在市场经济条件下，就投标人来说，是否参加投标，是否全程参加投标，完全是自愿的行为。任何单位和个人不能强制、胁迫投标人参加投标，更不能强迫或者变相强迫投标人陪标，也不能阻止投标人中途放弃投标。

(6)有权要求优质优价。

为了保证工程安全和质量，必须实行优质优价，以防止和克服为了获得项目而恶意降价的现象，避免投标人之间的恶性竞争。

投标人或者其他利害关系人认为招标投标活动不符合法律、行政法规规定的，可以自知道或者应当知道之日起 10 日内向有关行政监督部门投诉。

建设工程投标人在建设工程招标投标活动中，应当履行以下义务：

①遵守现行法律、法规、规章和方针政策；

②接受招标投标管理机构的监督管理；

③保证所提供的投标文件的真实性，按照招标文件的要求，提供投标保证金或者其他形式的担保；

④按照招标人或者招标代理人的要求对投标文件的有关问题进行澄清、说明和答疑；

⑤中标后与招标人签订承包合同并履行合同，未经招标人同意不得转包合同和分包合同；

⑥中标后，招标人要求提供履约担保的，应当提供；

⑦履行依法约定的其他各项义务。

第二节　建设工程投标的一般程序

建设工程投标是工程招标投标活动中投标人的一项重要活动，也是建筑企业承接工程项目的主要途径。建设工程投标程序应当与招标程序相配合、相适应。图 3-1 所示为建设工程投标程序流程图。

建设工程投标工作主要包括了投标前期工作、参加资格预审、购买和分析招标文件、收集资料和准备投标、编制投标文件、递交投标文件和保证金、参加开标会、中标并签订合同等阶段。

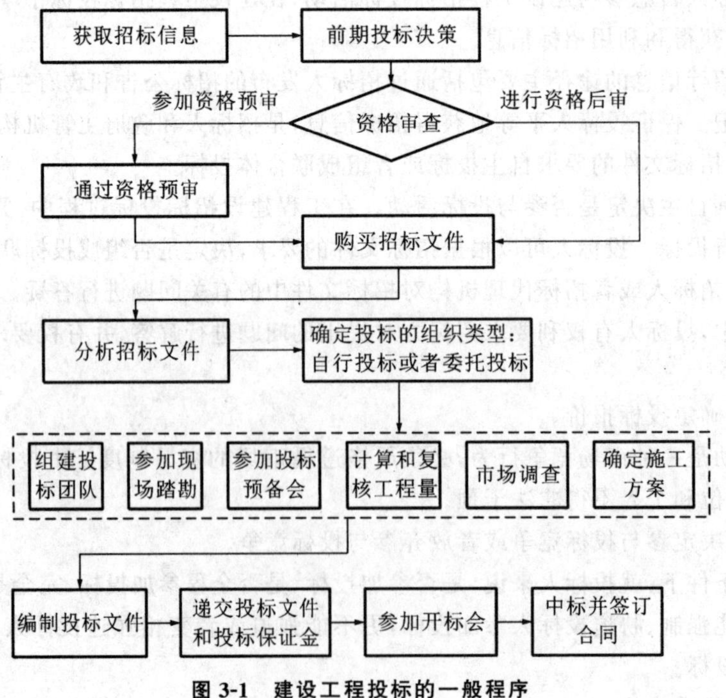

图 3-1　建设工程投标的一般程序

1. 投标前期工作

投标的前期阶段主要包括获取招标信息和前期投标决策两项内容，即通过信息搜集，锁定投标对象，并进行初步判断，是否参与项目投标。

(1)获取招标信息。

目前获取招标信息最普遍的方式是通过大众媒体所发布的招标公告获取招标信息。投标人应认真分析并验证所获得信息的真实性和可靠性。其中，依法必须招标项目的招标公告和公示信息应当在“中国招标投标公共服务平台”或者项目所在地省级电子招标投标公共服务平台发布；同时，省级电子招标投标公共服务平台应当与“中国招标投标公共服务平台”对接，按规定同步交互招标公告和公示信息。上述发布平台和公共资源交易平台需要对依法必须招标项目的招标公告和公示信息实现信息共享。投标人可以到相关平台或者发布媒介获取项目信息。

(2)前期投标决策。

投标人获得招标信息后，需要对招标人信誉、项目落实情况、资金支付能力等方面进行考察，然后根据招标公告的要求，做出是否参加投标的决策。

2. 资格审查

建设工程招标人在组织工程项目招标时，对投标人的资格审查可以采取资格预审和资格后审等方式。资格预审是投标人按照招标公告或者资格预审公告的要求，通过直接报送，或者采用信函、电报、电传或者传真的方式向招标人提出投标申请。申请投标或者争取投标资格的关键环节是通过招标人组织的资格审查。

资格预审一般按照招标人所编制的资格预审文件所要求的资格条件进行审查。资格预审文件中一般规定需要递交一份资格预审申请文件原件和若干份副本，并分别密封，在封皮上写明资格预审的工程名称，以及申请人的名称和住址等内容。

编写资格预审申请书应针对招标工程的特点，表明企业具备承担类似工程的施工经验、施工水平和施工组织能力。资格预审申请书必须在招标人规定的截止时间之前递交到招标人指定的地点。资格预审结束后，招标人将会发出资格预审结果通知书，通知潜在投标人获悉购买招标文件的时间、地点和方法，进入后续的投标准备工作。没有通过资格预审的潜在投标人不具备投标资格，不能参与后续投标工作。

资格后审通常是在开标后，由评标委员会根据招标文件规定的投标资格条件对投标文件中的有关投标人资格条件的内容进行评审，资格审查合格的投标文件进入后续的详细评审环节。

3. 购买和分析招标文件

投标人收到招标人的投标邀请书或者资格预审合格通知书，就获得了参加项目投标的资格。如果投标人决定参加投标，就可以在招标人规定的时间内在规定的地点购买招标文件。

招标文件是投标和报价的主要依据，也是承包商正确分析判断是否进行投标和如何成功中标的关键。购买到招标文件之后，投标人应组织设计、施工、管理、经济方面的专业人员认真研究招标文件中的所有条款，注意招标活动规定的时间节点、投标报价、工期、质量等具体要求。分析招标文件的重点应放在投标人须知、合同条款、设计图纸、工程范围及工程量表等方面，同时关注项目是否有特殊的技术规范要求。投标人只有全面认真地研究招标文件，才能选择正确的投标策略，采取合适的投标报价技巧。

4. 收集资料和准备投标

购买招标文件后，投标人需要确定是自行投标还是委托招标投标代理机构进行投标。如果自行投标，则需要组建投标团队、参加现场踏勘，计算和复核招标文件提供的工程量，参加投标预备会，了解市场行情等。

(1)组建投标团队。

投标团队一般应包括三类人员：①经营管理类人员；②专业技术类人员；③商务金融类人员。投标团队的成员所应具备的素质包括：熟悉招标文件，包括合同条款，具备拟订合同文本的能力，在投标、合同谈判和合同签订等方面有丰富经验；熟悉《民法典》关于合同的相关规定、《招标投标法》等相关法律法规。

(2)参加现场踏勘。

参加现场踏勘之前，投标人应通过研究招标文件，对招标文件中的工作范围、通用条款、专用条款、设计图纸和说明等内容进行充分的研究，拟定调研提纲，确定需要重点解决的问题。

现场踏勘应从以下方面进行：工程的性质以及与其他工程之间的关系；投标人所投标的工程与其他承包人或分包商之间的关系；工地地貌、地质、气候、交通、电力、水源、障碍物等情况；工地附近有无住宿条件、料场开采条件、其他加工条件、设备维修条件等；工地附近治安情况；等等。

(3)参加投标预备会。

投标预备会，也称为标前会议或者招标文件交底会，是招标人按投标须知规定的时间和地点召开的会议，也是招标投标前非常重要的一次会议，一般由参加现场踏勘的人员参加标前会议，其目的是解答投标人对招标文件的疑问和在现场所提出的各种问题，并对图纸进行交底和解释。

研究招标文件后及在现场踏勘后对招标项目和招标文件仍存在疑问，参加现场踏勘的人员应以书面形式在投标预备会上提出质询，招标人将以书面形式答复。投标预备会的书面答复同招标文件一样具有法律效力。

参加现场踏勘和投标预备会后，投标人可以着手编制投标文件。

(4)计算和复核工程量。

工程量将直接影响工程计价和中标的机会，无论招标文件是否提供工程量清单，投标人都应该认真按照图纸重新计算工程量。工程量的计算包括两种情况：其一，招标文件中给定了工程量，而且规定工程量不得增减。此种情况下，投标人只需要根据图纸资料对给定工程量的准确性进行复核，为投标报价提供依据，也为采取不平衡报价提供依据。其二，招标人不给出具体的工程量清单，只给出相应工程的图纸。这种情况下，应根据给定的施工图纸，结合工程量计算规则自行计算工程量。

对于单价合同，虽然是以实测工程量结算工程款，但投标人仍应根据图纸仔细核算工程量，当发现相差较大时，投标人应向招标人要求澄清，同时决定是否采取不平衡报价等投标技巧。

对于固定总价合同，工程量计算错误往往会带来巨大的经济损失，对施工方极为不利。

(5)市场调查。

编制投标文件时，为了能够准确地确定投标报价，投标人必须认真调查工程所在地的工资标准、材料来源和价格、运输方式、机械设备租赁价格等与投标报价有关的市场信息，为投标报价提供准确依据。

(6)确定施工方案。

施工方案是招标人了解投标人的施工技术、管理水平、机械设备的主要途径。

施工方案的主要内容包括：施工方法，施工进度计划，施工机械、材料、设备、劳动力计划。

5. 编制投标文件

经过前期的投标准备工作，投标人开始编制投标文件。投标人编制投标文件，应该严格按照招标文件的内容、格式和顺序要求进行。一般不能带有任何附加条件，否则可能导致投标文件被否决或者作废。

6. 递交投标文件和保证金

《招标投标法》第二十八条规定，投标人应当在招标文件要求提交投标文件的截止时间前，将投标文件送达投标地点。招标人收到投标文件后，应当签收保存，不得开启。投标人少于 3 个的，招标人应当依法重新招标。在招标文件要求提交投标文件的截止时间后送达的投标文件，招标人应当拒收。《招标投标法》第二十九条规定，投标人在招标文件要求提交投标文件的截止时间前，可以补充、修改或者撤回已提交的投标文件，并书面通知招标人。补充、修改的内容为投标文件的组成部分。在投标截止时间前，招标单位在接收投标文件时应注意核对投标文件是否按招标文件的规定进行密封和加写标志。在开标前，应妥善保管好投标文件、修改和撤回通知等投标资料；由招标单位管理的投标文件须经招标管理机构密封或送招标管理机构统一保管。

投标人在递交投标文件的同时，应按规定的金额、担保形式和投标保证金格式递交投标保证金，这是投标文件的组成部分。以联合体形式参与投标的，其投标保证金由牵头人递交，并应符合规定。投标保证金除现金外，可以是银行出具的银行保函、保兑支票、银行汇票或现金支票。投标人不按要求提交投标保证金的，其投标文件作废标处理。

7. 参加开标会

当招标人采取公开方式开标时，投标人应按照招标文件的要求按时参加开标会议。

开标会可以由投标人的法定代表人或其委托代理人参加。如果是法定代表人参加开标会议，一般应持有法定代表人资格证明书；如果是委托代理人参加开标会议，一般应持有授权委托书。

8. 中标并签订合同

评标后如果投标人被确定为中标人，会收到招标人发出的中标通知书。中标人在收到中标通知书后，应在规定的时间和地点与招标人签订承包合同。

《招标投标法》第四十六条规定，招标人和中标人应当自中标通知书发出之日起三十日内，按照招标文件和中标人的投标文件订立书面合同。招标人和中标人不得再行订立背离合同实质性内容的其他协议。招标文件要求中标人提交履约保证金的，中标人应当提交。

《招标投标法》第六十条规定，中标人不履行与招标人订立的合同的，履约保证金不予退还，给招标人造成的损失超过履约保证金数额的，还应当对超过部分予以赔偿；没有提交履约保证金的，应当对招标人的损失承担赔偿责任。

第三节 建设工程投标决策和策略

一、投标决策的含义及内容

招标投标方式是建筑市场中承包人获取项目的主要途径之一。在建筑市场的激烈竞争中，作为投标人，既要中标承揽工程，又要能够从所承揽的工程中获利，因此投标人必须认真研究投标决策问题。

投标决策是指投标人选择并确定投标项目和制订投标行动方案的过程。投标决策正确与否，关系到能否中标和中标后的经济效益，关系到投标人的可持续发展。

投标决策的主要内容可以概括为三个方面：

①针对项目招标是否投标；

②如果准备投标，采取什么样的投标策略；

③投标过程中如何采用以精准响应、扬长避短的投标技巧。

二、影响投标决策的因素

工程投标决策需要从主观和客观两个方面进行综合考虑，既要从投标人自身的综合实力进行分析，也要对建筑市场中潜在竞争对手进行分析，同时考虑中标后的合作方等问题。

(1)影响投标决策的主观因素。

投标人投标或者弃标，首先取决于投标人的实力，也就是投标人的主观条件。影响投标人决策的主观因素包括：

①技术方面的实力。投标人是否有熟悉拟投标项目的经济管理人员、专业技术人员和商务经济人员组成的投标团队。投标人是否拥有工程设计、施工专长，能解决各类工程施工中的技术难题的能力。投标人是否拥有与招标项目同类型工程的施工经验，有一定数量稳定的合作伙伴等。

②经济方面的实力。投标人在中标后，是否具有一定的固定资产和机具设备及所需的资金，是否拥有一定的资金垫付能力、支付担保能力、聘请专业人士的支付能力，是否具有承担不可抗力风险的能力。

③管理方面的实力。投标人是否具备较强的项目管理能力，拥有良好的成本管控能力，能通过管理提高经济效益。投标人是否可以通过缩短工期，进行定额管理，辅以奖罚办法，减少管理人员，工人一专多能，节约材料，采用先进的施工方法不断提高技术水平等，同时是否具备重质量、重合同的意识，采取相应的切实可行的措施。

④信誉方面的实力。投标人是否有良好的业绩和信誉，能认真履约，保证工程的施工安全、工期和质量。

(2)影响投标决策的客观因素。

影响投标决策的客观因素主要体现在以下几个方面：

①招标人和监理工程师的情况。如招标人是否合法，是否具备工程款支付能力，是否具备良好的履约情况，监理工程师执业时是否公平、公正等。

②竞争对手和竞争形势。投标人是否投标，应注意竞争对手的数量、实力及竞争对手与招标人的合作情况。了解竞争对手的优势和劣势，分析自身投标的机会和威胁，可以有效地帮助投标人作出准确的判断。

③法律法规的情况。投标人应当了解拟投标项目所适用的法律法规情况，确保投标行为合法，中标后在合同执行过程中减少法律风险。如果是国际工程则需要注意工程所适用的法律，对工程所在地国家法律以及工程所在国合作伙伴进行综合分析。

④风险因素。投标过程中需要考虑的各种风险，包括政治、经济、自然等方面的不可预见因素，这些风险因素对投标决策有着直接影响。国内工程相对于国际工程来说，投标风险较小。

投标人在进行投标决策时，需要综合考虑上述客观因素，通过广泛深入的调查研究，系统地收集资料，并作出全面的分析，以确保投标决策的正确性和有效性。

三、建设工程投标策略

对投标人而言，投标报价策略是投标取胜的重要方式和手段。投标报价策略可分为基本策略和报价技巧两个层面。

1. 基本策略

投标报价的基本策略主要是指投标人应根据招标项目的不同特点，并考虑自身的优势和劣势，选择不同的报价策略。

(1)高报价策略。

投标人遇到下列情形时，其报价可高一些：施工条件差的工程(如条件艰苦、场地狭小或地处交通要道等)；专业要求高的技术密集型工程，且投标人在这方面有专长，声望也较高；总价低的小工程，以及投标人不愿做而被邀请投标，又不便不投标的工程；特殊工程，如港口码头、地下开挖工程等；投标对手少的工程；工期要求紧的工程；支付条件不理想的工程。

(2)低报价策略。

投标人遇下列情形时，其报价可低一些：施工条件好的工程，工作简单、工程量大而其他投标人都可以做的工程(如大量土方工程、一般房屋建筑工程等)；投标人急于打入某一市场、某一地区，或虽已在某一地区经营多年，但即将面临没有工程的情况，机械设备无工地转移时；附近有工程而本项目可利用该工程的设备、劳务或有条件短期内突击完成的工程；投标对手多，竞争激烈的工程；非急需工程；支付条件好的工程。

2. 报价技巧

报价技巧是指投标中具体采用的对策和方法，常用的技巧有不平衡报价法、多方案报价法、无利润报价法和突然降价法等。此外，计日工、暂定金额、可供选择项目等也有相应的报价技巧。

(1)不平衡报价法。

不平衡报价法是指在不影响工程总报价的前提下，通过调整内部各个项目的报价，以达到既不提高总报价、不影响中标，又能在结算时得到更理想的经济效益的报价方法。不平衡报价法适用于以下几种情况：

①能够早日结算的项目(如前期措施费、基础工程、土石方工程等)可以适当提高报价，以促进资金周转，提高资金时间价值。后期工程项目(如设备安装、装饰工程等)的报价可适当降低。

②对于经过工程量核算，预计今后工程量会增加的项目，适当提高单价，这样在最终结算时可多盈利；而对于将来工程量有可能减少的项目，适当降低单价，这样在工程结算时不会有太大损失。

③设计图纸不明确、估计修改后工程量要增加的，可以提高单价；而工程内容说明不清楚的，则可适当降低单价，在工程实施阶段通过索赔寻求提高单价的机会。

④暂定项目。因这一类项目要在开工后由建设单位研究决定是否实施，以及由哪一家承包单位实施。如果工程不分标，不会由另一家承包单位施工，则其中肯定要施工的单价可报高些，不一定要施工的则报价低些。如果工程分标，该暂定项目也可能由其他承包单位施工时，则不宜报高价，以免抬高总报价。

⑤单价与包干混合制合同中，招标人要求有些项目采用包干报价时，宜报高价。一则这类项目多半有风险，二则这类项目在完成后可全部按报价结算。对于其余单价项目，则可适当降低报价。

⑥有时招标文件要求投标人对工程量大的项目报“综合单价分析表”，投标时可将单价分析表中的人工费及机械设备费报得高一些，而将材料费报得低一些。这主要是为了在今后补充项目报价时，可以参考选用“综合单价分析表”中较高的人工费和机械费，而材料则往往采用市场价，因而可获得较高的收益。

(2)多方案报价法。

多方案报价法是指在投标文件中报两个价：一个是按招标文件的条件确定的报价；另一个是加

注解的报价,即如果某条款做某些改动,报价可降低多少。这样,可降低总报价,吸引招标人。多方案报价法适用于招标文件中的工程范围不明确,条款不清楚或不公正,或技术规范要求过于苛刻的工程。采用多方案报价法,可降低投标风险,但投标工作量较大。

(3)无利润报价法。

对于缺乏竞争优势的承包单位,在不得已时可采用不考虑利润的报价方法,以获得中标机会。无利润报价法通常在下列情形时采用:

①有可能在中标后,将大部分工程分包给索价较低的一些分包商。

②对于分期建设的工程项目,先以低价获得首期工程,而后赢得机会创造第二期工程中的竞争优势,并在以后的工程实施中获得盈利。

③较长时期内,投标人没有在建工程项目,如果再不中标,就难以维持生存。因此,虽然本工程无利可图,但只要能获得一定的管理费维持公司的正常运转,就可设法暂时渡过难关,以待将来东山再起。

(4)突然降价法。

突然降价法是指先按一般情况报价或表现出自己对该工程兴趣不大,等快到投标截止时间时,再突然降价。采用突然降价法,可以迷惑对手,提高中标概率。但对投标人的分析判断和决策能力要求很高,要求投标人能全面掌握和分析信息,做出正确判断。

(5)其他报价技巧。

①计日工单价的报价。如果是单纯报计日工单价,且不计入总报价中,则可报高些,以便在建设单位额外用工或使用施工机械时多盈利。但如果计日工单价要计入总报价,则需具体分析是否报高价,以免抬高总报价。总之,要分析建设单位在开工后可能使用的计日工数量,再来确定报价策略。

②暂定金额的报价。暂定金额的报价有以下三种情形。

a.招标人规定了暂定金额的分项内容和暂定总价款,并规定所有投标人都必须在总报价中加入这笔固定金额,但由于分项工程量不准确,允许将来按投标人所报单价和实际完成的工程量付款。这种情况下,由于暂定总价款是固定的,对各投标人的总报价水平竞争力没有任何影响。因此,投标时应适当提高暂定金额的单价。

b.招标人列出了暂定金额的项目和数量,但并没有限制这些工程量的估算总价,要求投标人既列出单价,也应按暂定项目的数量计算总价,将来结算付款时可按实际完成的工程量和所报单价支付。这种情况下,投标人必须慎重考虑。如果单价定得高,与其他工程量计价一样,将会提高总报价,影响投标报价的竞争力;如果单价定得低,将来工程量增大,会影响收益。一般来说,这类工程量可以采用正常价格。如果投标人估计今后实际工程量一般会增大,则可适当提高单价,以便将来增加额外收益。

c.只有暂定金额的固定总金额,将来这笔金额的用处由招标人确定。这种情况对投标竞争没有实际意义,按招标文件要求将规定的暂定金额列入总报价即可。

③可供选择项目的报价。有些工程项目的分项工程,招标人可能要求按某一方案报价,而后再提供几种可供选择方案的比较报价。但是,所谓"可供选择项目",是由招标人进行选择,并非由投标人任意选择。因此,虽然适当提高可供选择项目的报价,并不意味着肯定可以取得较高的利润,这种做法只是提供了一种可能性,只有招标人今后选用,投标人才可得到额外利益。

④增加建议方案。招标文件中有时规定,可提出一个建议方案,即可以修改原设计方案,提出投标人的方案。这时,投标人应抓住机会,组织一批有经验的设计和施工工程师,仔细研究招标文

件中的设计和施工方案，提出更为合理的方案以吸引建设单位，促成自己的方案中标。这种新建议方案可以降低总造价或缩短工期，或使工程实施方案更为合理。但要注意，对原招标方案也一定要报价。建议方案不要写得太具体，要保留方案的技术关键，防止泄露。同时要强调的是，建议方案一定要比较成熟，具有较强的可操作性。

⑤采用分包商的报价。总承包商通常应在投标前先取得分包商的报价，并增加总承包商摊入的管理费，将其作为自己投标总价的一个组成部分一并列入报价单中。应当注意，分包商在投标前可能同意接受总承包商压低其报价的要求，但等总承包商中标后，他们常以种种理由要求提高分包价格，这将使总承包商处于十分被动的地位。为此，总承包商应在投标前找几家分包商分别报价，然后选择其中一家信誉较好、实力较强和报价合理的分包商签订协议，同意该分包商作为分包工程的唯一合作者，并将分包商的姓名列到投标文件中，但要求该分包商相应地提交投标保函。如果该分包商认为总承包商确实有可能中标，也许愿意接受这一条件。这种将分包商的利益与投标人捆在一起的做法，不但可以防止分包商事后反悔和涨价，还可能迫使分包商报出较合理的价格，以便共同争取中标。

⑥许诺优惠条件。投标报价中附带优惠条件是一种行之有效的手段。招标人在评标时，除了主要考虑报价和技术方案外，还要分析其他条件，如工期、支付条件等。因此，在投标时主动提出提前竣工、低息贷款、赠予施工设备、免费转让新技术或某种技术专利、免费技术协作、代为培训人员等，均是吸引招标人、利于中标的辅助手段。

在招标投标活动中，投标的策略与技巧越来越被人们重视。面对经济和技术实力都优于自己的竞争对手，投标人应针对工程的实际情况，凭借自己的实力，并正确运用投标报价的策略与技巧来达到中标的目的，从而给企业带来较好的经济效益和社会效益。

四、联合体投标

在工程建设招标投标过程中，几个法人或组织可以组成联合体进行投标。《建筑法》《招标投标法》及其他相关的法律法规和规章中对联合体投标均有规定，这些规定的内容都是一致的。

联合体投标是指两个以上法人或者其他组织组成一个联合体，以一个投标人的身份共同投标的行为。组成联合体投标，联合体各方均应具备承担招标项目的相应能力和相应资质条件，并按照共同投标协议的约定，就中标项目向招标人承担连带责任。

对于联合体投标应当从以下几个角度来理解：

①联合体的各方均应为法人或者法人之外的其他组织。具体形式可以是两个以上法人组成的联合体、两个以上非法人组织组成的联合体、法人与其他组织组成的联合体。

②联合体是一个临时性的组织，不具有法人资格。组成联合体的目的是增强投标竞争能力，分散联合体各方的投标风险，弥补有关各方技术力量的相对不足，提高共同承担的项目完工的可靠性。联合体各方在中标后应当共同与招标人签订合同，就中标项目向招标人承担连带责任。

③是否组成联合体由联合体各方自己决定，联合体的组成属于各方自愿的、共同的、一致的法律行为。招标人不得强制投标人组成联合体共同投标，不得限制投标人之间的竞争。

④联合体对外“以一个投标人的身份共同投标”。也就是说，联合体虽然不是一个法人组织，但是对外投标应以组成联合体各方的共同的名义进行，不能以其中一个主体或者某几个主体的名义进行。联合体内部之间权利、义务、责任的承担等问题需要联合体协议为依据。联合体各方签订共同投标协议后，不得再以自己名义单独投标，也不得组成新的联合体或参加其他联合体在同一项目中投标。

⑤联合体中的任何一方均应具有承担工程项目的能力。根据《招标投标法》第三十一条的规定，联合体各方均应具备承担招标项目的相应能力；国家有关规定或者招标文件对投标人资格条件有规定的，联合体各方均应当具备规定的相应资格条件。由同一专业的单位组成的联合体，按照资质等级较低的单位确定资质等级。联合体各方应当签订共同投标协议，明确约定各方拟承担的工作和责任，并将共同投标协议连同投标文件一并提交招标人。

⑥联合体需要指定牵头人。联合体各方应当指定牵头人，授权其代表所有联合体成员负责投标和合同实施阶段的主办、协调工作，并应当向招标人提交由所有联合体成员法定代表人签署的授权书。以联合体各方或者联合体中牵头人的名义提交投标保证金。以联合体中牵头人名义提交的投标保证金，对联合体各成员均具有约束力。联合体的牵头人通常也和其他成员方一样，承担招标工程项目的分工。在此意义上，包括牵头单位在内的投标联合体的各成员方既分工明确，又密切合作。

成为联合体牵头单位存在以下几种情况：一是相对于投标联合体其他各成员而言在财务实力、技术装备力量等方面具有明显优势的法人或其他组织，一般情况下，此牵头单位承担招标工程项目的主体部分或关键部分；二是在投标联合体各成员方人力、物力和财力相差不多的情况下，牵头单位可能是承担招标工程项目较大部分的法人或其他组织；三是牵头单位为发起或召集单位。

⑦联合体成员组成不得随意变更。招标人接受联合体投标并进行资格预审的，联合体应当在提交资格预审申请文件前组成。资格预审后联合体增减、更换成员的，其投标无效。

⑧联合体投标一般适用于大型建设项目和结构复杂的建设项目。随着社会经济的发展，工程建设项目规模越来越大，对专业技术水平的要求也越来越高，数家企业组成联合体，以联合体的名义参与工程项目招标，可以提高企业竞争力，分散降低企业经营风险。联合体中标可以防止中标人因履约能力差而转包采购项目，损害招标人的利益。

五、投标的禁止性行为

投标的禁止性行为主要包括串通投标，以低于成本的投标报价竞标和弄虚作假骗取中标等情形。

1. 串通投标

串通投标，是指招标人与投标人之间或者投标人与投标人之间采用不正当手段，对招标投标事项进行串通，以排挤竞争对手或者损害招标人利益的行为。串通投标实质上是一种无序竞争、恶意竞争行为，扰乱了正常的招标投标秩序，妨碍了竞争机制应有功能的充分发挥，往往使中标结果在很大程度上操纵在少数几家企业手中，而使有优势、有实力中标的潜在中标人被淘汰。

《招标投标法》第三十二条规定，投标人不得相互串通投标报价，不得排挤其他投标人的公平竞争，损害招标人或者其他投标人的合法权益。投标人不得与招标人串通投标，损害国家利益、社会公共利益或者他人的合法权益。禁止投标人以向招标人或者评标委员会成员行贿的手段谋取中标。在《招标投标法实施条例》中详细规定了属于串通投标的具体情形。

第三十九条规定，禁止投标人相互串通投标。有下列情形之一的，属于投标人相互串通投标：

①投标人之间协商投标报价等投标文件的实质性内容；

②投标人之间约定中标人；

③投标人之间约定部分投标人放弃投标或者中标；

④属于同一集团、协会、商会等组织成员的投标人按照该组织要求协同投标；

⑤投标人之间为谋取中标或者排斥特定投标人而采取的其他联合行动。

第四十条规定，有下列情形之一的，视为投标人相互串通投标：

①不同投标人的投标文件由同一单位或者个人编制；

②不同投标人委托同一单位或者个人办理投标事宜；

③不同投标人的投标文件载明的项目管理成员为同一人；

④不同投标人的投标文件异常一致或者投标报价呈规律性差异；

⑤不同投标人的投标文件相互混装；

⑥不同投标人的投标保证金从同一单位或者个人的账户转出。

第四十一条规定，禁止招标人与投标人串通投标。有下列情形之一的，属于招标人与投标人串通投标：

①招标人在开标前开启投标文件并将有关信息泄露给其他投标人；

②招标人直接或者间接向投标人泄露标底、评标委员会成员等信息；

③招标人明示或者暗示投标人压低或者抬高投标报价；

④招标人授意投标人撤换、修改投标文件；

⑤招标人明示或者暗示投标人为特定投标人中标提供方便；

⑥招标人与投标人为谋求特定投标人中标而采取的其他串通行为。

2. 低于成本的投标报价竞标

《招标投标法》第三十三条规定，投标人不得以低于成本的报价竞标。

需要注意的是，低于成本的报价是指低于投标人自身的个别成本，而非低于行业平均成本，评标时认定低于成本报价需要慎重。

3. 弄虚作假骗取中标

《招标投标法》第三十三条规定，投标人也不得以他人名义投标或者以其他方式弄虚作假，骗取中标。使用通过受让或者租借等方式获取的资格、资质证书投标的，属于以他人名义投标。《招标投标法实施条例》中第四十二条详细规定了弄虚作假的行为。

投标人有下列情形之一的，属于《招标投标法》第三十三条规定的以其他方式弄虚作假的行为：

①使用伪造、变造的许可证件；

②提供虚假的财务状况或者业绩；

③提供虚假的项目负责人或者主要技术人员简历、劳动关系证明；

④提供虚假的信用状况；

⑤其他弄虚作假的行为。

六、其他规定

1. 投标保证金

投标保证金是指在招标投标活动中，投标人随投标文件一同递交给招标人的一定形式、一定金额的投标责任担保。其主要保证投标人在递交投标文件后不得随意撤销投标文件，中标后不得在无正当理由的情况下不与招标人订立合同，在签订合同时不得向招标人提出附加条件或者不按照招标文件要求提交履约保证金，否则，招标人有权不予返还其递交的投标保证金。

投标人应提供不少于投标须知前附表中规定的投标保证金，此投标保证金是投标文件的组成部分。

依据《招标投标法实施条例》第二十六条的规定，招标人在招标文件中要求投标人提交投标保证金的，投标保证金不得超过招标项目估算价的2%。投标保证金有效期应当与投标有效期一致。依法必须进行招标的项目的境内投标人，以现金或者支票形式提交的投标保证金应当从其基本账户转出。招标人不得挪用投标保证金。

《工程建设项目施工招标投标办法》第三十七条规定，投标保证金不得超过项目估算价的百分之二，但最高不得超过八十万元人民币。投标保证金有效期应当与投标有效期一致。

《招标投标法实施条例》第三十一条规定，招标人终止招标的，应当及时发布公告，或者以书面形式通知被邀请的或者已经获取资格预审文件、招标文件的潜在投标人。已经发售资格预审文件、招标文件或者已经收取投标保证金的，招标人应当及时退还所收取的资格预审文件、招标文件的费用，以及所收取的投标保证金及银行同期存款利息。

《招标投标法实施条例》第三十五条规定，投标人撤回已提交的投标文件，应当在投标截止时间前书面通知招标人。招标人已收取投标保证金的，应当自收到投标人书面撤回通知之日起5日内退还。投标截止后投标人撤销投标文件的，招标人可以不退还投标保证金。

《招标投标法实施条例》第五十七条、《工程建设项目施工招标投标办法》第六十三条规定，当招标人与中标人签订了书面合同之后，招标人最迟应当在书面合同签订后5日内向中标人和未中标的投标人退还投标保证金及银行同期存款利息。中标人无正当理由不与招标人订立合同，在签订合同时向招标人提出附加条件，或者不按照招标文件要求提交履约保证金的，取消其中标资格，投标保证金不予退还。

2. 履约担保

履约担保是指发包人在招标文件中规定的要求承包人提交的保证履行合同义务的担保，用于防止承包人在合同执行过程中违反合同规定或违约，以及弥补给发包人造成的经济损失。

投标保证金是工程项目在招标投标阶段的履约担保。

依照《招标投标法实施条例》第五十八条的规定，招标文件要求中标人提交履约保证金的，中标人应当按照招标文件的要求提交。履约保证金不得超过中标合同金额的10%。

依据《工程建设项目施工招标投标办法》第八十四、八十五条的规定，中标人不履行与招标人订立的合同的，履约保证金不予退还，给招标人造成的损失超过履约保证金数额的，还应当对超过部分予以赔偿；没有提交履约保证金的，应当对招标人的损失承担赔偿责任。招标人不履行与中标人订立的合同的，应当返还中标人的履约保证金，并承担相应的赔偿责任；没有提交履约保证金的，应当对中标人的损失承担赔偿责任。

如果是因为不可抗力原因而无法签订合同，则不执行上述两条的规定。

3. 投标有效期

投标有效期是指为保证招标人有足够的时间在开标后完成评标、定标、合同签订等工作而要求投标人提交的投标文件在一定时间内保持有效的期限，该期限由招标人在招标文件中载明，从提交投标文件的截止之日起算。

按照《民法典》的有关规定，作为要约人的投标人提交的投标文件属于要约。要约通过开标生效后，投标人就不能再行撤回。一旦作为受要约人的招标人作出承诺，并送达要约人，合同即告成立，要约人不得拒绝。在投标有效期截止前，投标人必须对自己提交的投标文件承担相应法律责任。

《工程建设项目施工招标投标办法》第二十九条规定，招标文件应当规定一个适当的投标有效期，以保证招标人有足够的时间完成评标和与中标人签订合同。投标有效期从投标人提交投标文件截止之日起计算。在原投标有效期结束前，出现特殊情况的，招标人可以书面形式要求所有投标人延长投标有效期。投标人同意延长的，不得要求或被允许修改其投标文件的实质性内容，但应当相应延长其投标保证金的有效期；投标人拒绝延长的，其投标失效，但投标人有权收回其投标保证金。因延长投标有效期造成投标人损失的，招标人应当给予补偿，但因不可抗力需要延长投标有效期的除外。

《招标投标法实施条例》第二十六条规定，投标保证金有效期应当与投标有效期一致。

4. 投标相关时间节点

(1)投标文件递交。

投标人应当在投标须知前附表规定的日期内，将投标文件递送给招标人。招标人也可以按照投标须知前附表规定的方式，酌情延长递交投标文件的截止日期。

在上述情况下，招标人与投标人在投标截止时间之前的全部权利、义务和责任，将适用于延长后的投标截止时间。

招标人在投标截止时间以后收到的投标文件，将原封不动地退还给投标人。

(2)投标文件编制。

依据《招标投标法》第二十四条的规定，招标人应当确定投标人编制投标文件所需要的合理时间，但是依法必须进行招标的项目，自招标文件开始发出之日起，至投标人提交投标文件截止之日止，最短不得少于二十日。

(3)招标文件的澄清或修改。

依据《招标投标法实施条例》第二十一条规定，招标人可以对已发出的资格预审文件或者招标文件进行必要的澄清或者修改。澄清或者修改的内容可能影响资格预审申请文件或者投标文件编制的，招标人应当在提交资格预审申请文件截止时间至少3日前，或者投标截止时间至少15日前，以书面形式通知所有获取资格预审文件或者招标文件的潜在投标人；不足3日或者15日的，招标人应当顺延提交资格预审申请文件或者投标文件的截止时间。

(4)投标人对招标文件的异议。

依据《招标投标法实施条例》第二十二条规定，潜在投标人或者其他利害关系人对资格预审文件有异议的，应当在提交资格预审申请文件截止时间2日前提出；对招标文件有异议的，应当在投标截止时间10日前提出。招标人应当自收到异议之日起3日内作出答复；作出答复前，应当暂停招标投标活动。

第四节　投标文件的编制

投标文件是投标人对招标文件提出的实质性内容和条件做出的响应，是投标人参加投标竞争的重要凭证，是评标委员会评审投标人和最终确定中标人的重要依据。中标人的投标文件和招标人的招标文件一起作为招标人和中标人订立合同的法定依据。

投标文件的编制是指投标人按照招标人的要求，参加各项投标活动，逐一完成投标人须知中的各项内容，并将完成的内容按照招标文件要求的数据装订成册的过程。

一、投标文件的组成

《招标投标法》第二十七条规定，招标项目属于建设施工的，投标文件的内容应当包括拟派出的项目负责人与主要技术人员的简历、业绩和拟用于完成招标项目的机械设备等。

投标文件一般来说包含了商务、技术和报价等书面资料。商务部分主要包括投标人的企业资质、企业简介、企业业绩、各类证件、资质证书、报告等内容。技术部分主要包括工程概况、施工组织设计、人员配置、施工图纸、技术标准和技术规范等内容。报价部分主要包括投标报价说明、投标报价文件、主要材料价格表等内容。

以《简明标准施工招标文件》为例,投标文件一般包括以下几个部分:

①投标函及投标函附录;

②法定代表人身份证明或授权委托书;

③联合体协议书(联合体投标才有);

④投标保证金;

⑤已标价的工程量清单;

⑥施工组织设计;

⑦项目管理机构;

⑧拟分包的项目情况表;

⑨资格审查资料;

⑩投标须知规定的应填报的其他材料。

《房屋建筑和市政工程标准施工招标文件》中的"投标文件格式"部分,也明确给出了投标文件的组成和格式。

需要注意的是,投标文件必须严格按照招标文件的格式要求进行准备。在实际编制投标文件时,一定要注意招标文件的详细规定,不要遗漏招标文件要求的内容。在实践中,可以适当地增减相应的内容,以满足招标文件的要求。

二、投标文件的编制过程和注意事项

《招标投标法》第二十七条规定,投标人应当按照招标文件的要求编制投标文件,投标文件应当对招标文件提出的实质性要求和条件作出响应。

响应招标文件的要求是投标文件编制的基本前提。凡是不能满足任何一项实质性要求的投标文件将被拒绝。

投标文件的编制主要包括以下几个步骤:

①研究招标文件。重点是研究投标须知、合同条件、技术规范、工程量清单和图纸。

②参加招标人组织的施工现场踏勘和投标预备会。如发现需要招标人解释澄清的问题,及时组织讨论,以书面形式向招标人询问,要求澄清,并把来往文件存档备案。

③收集现行预算定额、取费标准、各类标准图集、政策性调价文件、材料设备价格清单,了解工程所在地材料设备供应情况等。

④编制并填写实质性回应条款,包括对合同主要条款、资质证明等回应。

⑤依据招标文件和工程技术规范要求,并根据施工现场踏勘情况,编制施工方案或者施工组织设计。

⑥按照招标文件规定的各种因素和依据,计算填写并核对各子项目的报价,确保准确,并在此过程中运用各种报价技巧和策略,做出合理的报价决策。

⑦填写各类投标表格。

⑧投标文件签字、盖章、封装、递送。将编写完成之后的投标文件,严格按照招标文件要求进行

复核,检查无误后按照招标文件的要求封装成册、密封和加写标志之后递送至招标文件规定的地点。

投标文件编制过程中,投标人应注意下述细节问题:

①投标人编制投标文件必须使用招标文件提供的表格格式或者其指定的表格样式。填写表格时,所有的空格均应填写,不得出现空白表格,否则会被认为放弃该项要求。重要的项目或数字(如工期、质量、投标报价等)未填写,将会被作为无效标书处理。

②所有投标文件均应当由投标人的法定代表人或者其授权代理人签字并加盖法人单位公章。

③投标文件包括正本一份,副本若干份,具体要求严格按照招标文件的份数要求。投标文件的正本和副本均应装订成册,并编制目录,具体要求参照招标文件格式要求。正本和副本封面上必须清楚地标识"正本"和"副本"字样。当正本和副本不一致时,以正本为准。

④投标文件应使用不褪色的材料书写或者打印,要求字迹清晰、整洁、美观。

⑤填报的投标文件应反复校核,确保分项和汇总计算准确无误。

⑥所有投标文件应当无删改和行间插字,除非这些改动是招标人要求的,或是投标人造成的必须改动的错误,修改处均应由投标文件签字人签字证明并加盖印章。

⑦如招标文件要求提交投标保证金为合同总价的某一百分比时,投标人不要过早投标,以免泄露自己的报价,但是有的投标人故意采取迷惑对手的投标策略,提前开出并加大投标保证金金额的情况也是存在的。

⑧认真对待招标文件中关于废标的条款,以免投标文件被判定为无效标书而失去中标机会。

⑨投标文件必须严格按照招标文件的规定编写,严禁修改招标文件或者提出保留意见。如果确实发现招标文件存在问题并对投标人不利的,应及时向招标人质疑,要求其澄清说明;凡是对投标人有利的,一般会加以利用,采取合适的投标技巧。

⑩投标文件应严格按照招标文件的要求进行装订、包装、标识、密封。装订时一定要注意文件是否齐备,顺序是否正确,签字是否完整,打印是否美观。装订时,注意合理地分册并标识。

三、投标报价

1. 投标报价的概念

投标报价是指承包人对所承包的工程所列的工程总造价。它是投标人在以投标方式承接工程项目,以招标文件提供的图纸、工程量清单、技术规范、投标人须知所规定的价格条件为基础,结合自己在对该工程项目的市场调查、现场考察所获得的情况,根据本企业的施工定额、现行取费标准、价格资料计算并确定该项工程的全部费用,是投标人希望达成的工程承包交易的期望价格。投标价应由投标人或受其委托具有相应资质的工程造价咨询人编制。投标报价是整个建设工程投标活动的核心环节,是投标文件的核心组成部分,也是招标人与中标人就工程造价进行谈判的基础,它直接影响投标人能否中标和中标后能否获利。

2. 投标报价的原则

投标报价编制和确定的最根本特征是投标人自主报价,这体现了建筑市场通过市场竞争形成产品价格。投标人自主决定投标报价应遵循以下原则:

①投标人的投标报价不得低于成本,不得高于最高投标限价。投标报价低于工程成本或者高于最高投标限价总价的,评标委员会应当否决投标人的投标。

②投标报价要以招标文件中设定的承发包双方责任划分作为考虑投标报价费用项目和费用计

算的基础。

③投标人要充分发挥自身优势。以施工方案、技术措施等作为投标报价计算的基本条件；以反映企业技术和管理水平的企业定额作为计算人工、材料和机械台班消耗量的基本依据；充分利用现场考察、调研成果、市场价格信息和行情资料，编制基础标价。

3. 投标报价的依据

投标报价应根据招标文件中的计价要求，按照下列依据编制和复核：

①《建设工程工程量清单计价规范》(GB/T 50500—2024)；

②国家或省级、行业建设主管部门颁发的计价办法；

③企业定额，国家或省级、行业建设主管部门颁发的计价定额；

④招标文件、工程量清单及其补充通知、答疑纪要；

⑤建设工程设计文件及相关资料；

⑥施工现场情况、工程特点及拟定的投标施工组织设计或施工方案；

⑦与建设项目相关的标准、规范等技术资料；

⑧市场价格信息或工程造价管理机构发布的工程造价信息；

⑨其他的相关资料。

4. 工程量清单投标报价的编制方法和内容

(1)编制方法。

《建设工程工程量清单计价规范》(GB/T 50500—2024)规定工程量清单报价法采用综合单价法进行报价，包括人工费、材料费、机械费、企业管理费、利润和一定范围内的风险费用。

(2)计算过程。

投标报价的编制过程，应首先根据招标人提供的工程量清单编制分部分项工程和措施项目清单与计价表，其他项目清单与计价表，规费、税金项目计价表。编制完成后，汇总得到单位工程投标报价汇总表，再逐级汇总，分别得出单项工程投标报价汇总表和建设项目投标报价汇总表，得到投标总价。

①分部分项工程费计算。分部分项工程费应根据计价规范规定的综合单价组成内容，按照招标文件中提供的分部分项工程量清单项目的特征描述并结合项目的具体情况，分别确定分部分项工程的综合单价。

分部分项工程费一般是按照下列步骤进行计算。

a. 计算施工方案工程量。按照计价规范进行投标报价的编制，招标人提供的分部分项工程量是根据国家清单计价规范的计算规则或者按照当地的规定，按照施工图纸的数据计算得到工程量。而不同的施工企业由于采用的施工方案不同，依据的定额不同，所计算的工程造价也不尽相同，因此施工企业需要结合自身情况重新计算施工工程量。

b. 人、材、机耗用量测算。投标人应依据反映企业自身水平的企业定额，或者参照国家、省级或者行业建设行政主管部门颁发的计价定额确定人工、材料和机械台班的耗用量。

c. 市场调查。根据工程项目的具体情况和市场价格信息，考虑市场资源的供求情况，到项目实地进行调查，以市场价格为主要依据，参考工程造价管理机构发布的工程造价信息，并考虑一定的调价系数，确定人工、材料、机械台班的单价。

d. 计算清单项目分部分项工程的直接工程费单价。按确定的分部分项人工、材料和机械台班的消耗量，企业定额及询价获得人工单价，材料预算价格和机械台班单价，计算出对应的分部分项工程单位数量的人工费、材料费和施工机械台班使用费。

e.计算综合单价。综合单价是指完成一个规定计量单位的分部分项工程和措施清单项目所需的人工费、材料和工程设备费、施工机械台班使用费和企业管理费、利润以及一定范围内的风险费用。

f.计算分部分项工程费。分部分项工程费按分部分项工程量和相应综合单价进行计算。

②措施项目费计算。措施项目一般为非实体项目,措施项目清单费应根据招标文件中的措施项目清单及投标时拟定的施工组织设计或者施工方案,按照计价规范的规定自主确定。其中安全文明施工费不得作为竞争性费用。

措施项目计价分两种情况:对于可以计算工程量的措施项目,按照分部分项工程量清单报价的方式采用综合单价计价;对于不能计算工程量的措施项目,则以“项”为计量单位列出,确定其金额。

③其他项目费计算。其他项目清单应按照下列内容列项:暂列金额,暂估价(包括材料暂估单价、工程设备暂估单价、专业工程暂估价),计日工,总承包服务费。

a.暂列金额应根据工程特点,按有关计价规定估算。投标人应严格按照招标人列出的金额或者计算方法进行报价,不得变动。

b.暂估价中的材料、工程设备暂估价应根据工程造价信息或参照市场价格估算,一般投标人应按照招标人列出的单价计入综合单价;专业工程暂估价应分不同专业,按有关计价规定估算,投标人应按招标人列出的金额填写,不得变动。

c.计日工应列出项目和数量。由投标人自主确定综合单价并计算计日工费用。

d.总承包服务费按照招标人提出的要求,由投标人自主确定。

④规费和税金项目费计算。规费和税金应按国家或省级、行业建设主管部门的规定计算,不得作为竞争性费用。这是由于规费和税金的计取标准是依据有关法律、法规和政策规定制定的,具有强制性。

⑤投标报价汇总计算。投标人的投标总价应当与组成工程量清单的分部分项工程费、措施项目费、其他项目费和规费、税金的合计金额相一致,即投标人在进行工程量清单招标的投标报价时,不能进行投标总价优惠(或降价、让利),投标人对投标报价的任何优惠(或降价、让利)均应反映在相应清单项目的综合单价中。

【典型例题】

【例 3-1】 某甲与某乙从事建筑装饰装修业务,某市一办公楼项目装饰装修工程公开招标,上述 2 人均希望取得该工程,但是 2 人均不具备相应专业的资质证书。某甲和某乙分别以缴纳高额管理费的形式借用 A 公司和 B 公司的资质证书并以其名义参加投标。为了确保中标,他们联合另一家资质等级较低的企业,让其以较高价格报价,而某甲让 A 公司报低价。在只有上述 3 家企业参加投标的情况下,某甲顺利通过 A 企业获得该工程。

试分析:(1)某甲和某乙存在哪些违法行为?

(2)上述违法行为应当受到何种处罚?

答:(1)上述 2 人存在两项违法行为。

①弄虚作假、以他人名义投标。《招标投标法》第三十三条规定,投标人不得以低于成本的报价竞标,也不得以他人名义投标或者以其他方式弄虚作假,骗取中标。

《招标投标法实施条例》第四十二条规定,使用通过受让或者租借等方式获取的资格、资质证书投标的,属于《招标投标法》第三十三条规定的以他人名义投标。

②串通投标。《招标投标法》第三十二条规定,投标人不得相互串通投标报价,不得排挤其他投标人的公平竞争,损害招标人或者其他投标人的合法权益。

《招标投标法实施条例》第三十九条规定，禁止投标人相互串通投标。

(2)处罚措施如下。

①对于弄虚作假、以他人名义投标的违法行为。《招标投标法》第五十四条规定，投标人以他人名义投标或者以其他方式弄虚作假，骗取中标的，中标无效，给招标人造成损失的，依法承担赔偿责任；构成犯罪的，依法追究刑事责任。依法必须进行招标的项目的投标人有前款所列行为尚未构成犯罪的，处中标项目金额千分之五以上千分之十以下的罚款，对单位直接负责的主管人员和其他直接责任人员处单位罚款数额百分之五以上百分之十以下的罚款；有违法所得的，并处没收违法所得；情节严重的，取消其一年至三年内参加依法必须进行招标的项目的投标资格并予以公告，直至由工商行政管理机关吊销营业执照。

《招标投标法实施条例》第六十八条规定，投标人以他人名义投标或者以其他方式弄虚作假骗取中标的，中标无效；构成犯罪的，依法追究刑事责任；尚不构成犯罪的，依照招标投标法第五十四条的规定处罚。依法必须进行招标的项目的投标人未中标的，对单位的罚款金额按照招标项目合同金额依照招标投标法规定的比例计算。

②对于串通投标的违法行为。《招标投标法》第五十三条规定，投标人相互串通投标或者与招标人串通投标的，投标人以向招标人或者评标委员会成员行贿的手段谋取中标的，中标无效，处中标项目金额千分之五以上千分之十以下的罚款，对单位直接负责的主管人员和其他直接责任人员处单位罚款数额百分之五以上百分之十以下的罚款；有违法所得的，并处没收违法所得；情节严重的，取消其一年至二年内参加依法必须进行招标的项目的投标资格并予以公告，直至由工商行政管理机关吊销营业执照；构成犯罪的，依法追究刑事责任。给他人造成损失的，依法承担赔偿责任。

《招标投标法实施条例》第六十七条规定，投标人相互串通投标或者与招标人串通投标的，投标人向招标人或者评标委员会成员行贿谋取中标的，中标无效；构成犯罪的，依法追究刑事责任；尚不构成犯罪的，依照《招标投标法》第五十三条的规定处罚。投标人未中标的，对单位的罚款金额按照招标项目合同金额依照《招标投标法》规定的比例计算。

《中华人民共和国刑法》第二百二十三条规定，投标人相互串通投标报价，损害招标人或者其他投标人利益，情节严重的，处三年以下有期徒刑或者拘役，并处或者单处罚金。

独立思考

3-1　请简述投标人的资格要求。

3-2　请简述建设工程投标人权利与义务。

3-3　请简述建设工程投标的一般程序。

3-4　请简述资格预审和资格后审的区别。

3-5　请简述影响投标决策的主观因素。

3-6　请简述建设工程投标的主要策略。

3-7　请简述不平衡报价法的定义和主要做法。

3-8　请简述其他的投标技巧和主要做法。

3-9　请简述联合体投标的定义。

3-10　请简述投标文件的组成。

3-11　请简述工程量清单投标报价的编制方法和内容。

第四章 建设工程开标、评标和定标

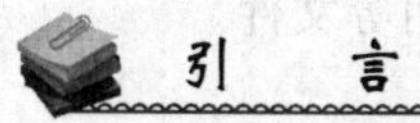

引 言

坚决整治权力集中、资金密集、资源富集领域腐败。深化拓展金融、国有企业、能源、烟草、医药、体育、基建工程和招标投标等重点领域反腐，严肃查处政商勾连腐败。……着重抓好金融、国有企业、能源、消防、烟草、医药、高校、体育、开发区、工程建设和招标投标等权力集中、资金密集、资源富集领域系统整治，持续深化政商“旋转门”“逃逸式辞职”治理。

——2025 年 1 月 6 日，李希在中国共产党第二十届中央纪律检查委员会第四次全体会议上作《深入推进党风廉政建设和反腐败斗争 以全面从严治党新成效为推进中国式现代化提供坚强保障》工作报告

学习目标

知识目标：掌握建设工程开标、评标和定标的相关内容，掌握建设工程开标的程序和注意事项，掌握评标方法、评标组织和评标内容的相关内容，掌握定标的相关知识点；了解投标偏差及相关规定。

能力目标：具备负责组织工程项目开标、评标和定标的基本技能，掌握综合评估法、经评审的最低投标价法等常见评标方法。

素质目标：具备相应的职业素养和道德规范，正确理解“公平”“公正”“诚实信用”的内涵，培养保持诚信、杜绝不正当竞争的职业道德内核。

第一节 建设工程开标

建设工程开标是指招标文件确定的投标截止时间的同一时间，招标人依据招标文件规定的地点，开启投标人提交的投标文件，并公开宣布投标人的名称、投标报价等主要内容的活动。开标时间应当在提供给每一个投标人的招标文件中确定，以使每一个投标人都能事先知道开标的准确时间，以便届时参加，确保开标过程的公开、透明。

一、开标准备工作

开标的前期准备工作主要包括两方面:一方面是招标人申请和主持的工作,即选择开标地点、申请开标监督、选取评标专家等;另一方面是投标文件的接收和运送。

一般情况下,开标地点可以选择在招标人单位、招标代理机构、有形建筑市场专设的开标会议室或者采取网上开标(不见面开标)等形式,应在招标文件中明确。开标会应当在招标投标管理机构的监督下进行,开标前应向当地招标办公室申请监督。

在公开招标开标前,一般项目的评标专家应该在当地的评标专家库中随机抽取,评标委员会成员名单在中标结果确定前应当保密。技术特别复杂、专业性要求特别高或者国家有特殊要求的招标项目,采取随机抽取方式确定的专家难以胜任的,可以由招标人在相关专家名单中直接确定。

招标人应当按照招标文件规定的时间、地点接受投标人提交的投标文件。如果使用电子投标文件,招标人需要指定电子交易平台,并提供相关的服务指南和常见问题说明等文件。

投标文件有下列情形之一的,招标人应当拒收:

①逾期送达;

②未按招标文件要求密封;

③未通过资格预审的申请人提交的投标文件。

招标人应保证受理的投标文件的完整性、保密性,并组织工作人员将投标截止时间前受理的投标文件运送至开标地点,准备好开标的相关资料,包括开标记录一览表、投标文件接收登记表等,做好开标现场的准备工作。

二、开标程序

《招标投标法》第三十五条规定:“开标由招标人主持,邀请所有投标人参加。”

开标由招标人主持,也可以委托招标代理机构主持。招标人邀请所有投标人参加开标是法定的义务,投标人自主决定是否参加开标会是法定的权利。在实际的招标投标活动中,招标人经常邀请行政监督部门、纪检监察机关等参加开标,对开标程序进行监督。开标的参加人包括招标人或其代表、招标代理人、投标人法定代表人或其代表、招标投标管理机构的监管人员、招标人自愿邀请的公证人员等。

开标时,由投标人或者其推选的代表检查投标文件的密封情况,也可以由招标人委托的公证机构检查并公证;经确认无误后,由工作人员当众拆封,宣读投标人名称、投标报价和投标文件的其他主要内容。

开标的主要程序如下:

①主持人宣布开标会议开始;

②宣读招标人法定代表人资格证明书和授权委托书;

③介绍参加开标会议的单位和人员名单;

④宣布公证、唱标、记录人员名单;

⑤宣布评标规则和评标办法;

⑥检验投标人提交的投标文件及补充资料,并宣读核查结果;

⑦唱标;

⑧宣布评标期间的有关事项;

⑨宣布开标会结束,进入评标阶段。

三、开标注意事项

1. 开标的相关规定

《招标投标法》《招标投标法实施条例》以及《工程建设项目施工招标投标办法》的相关规定：

①开标以会议的形式进行，开标的主持人为招标人或者招标代理机构，并负责开标全过程工作；

②应当记录开标过程，并存档备查；

③开标应该在招标投标管理机构的监督下进行；

④投标人对开标有异议的，应当在开标现场提出，招标人应当当场作出答复，并制作记录；

⑤投标人少于 3 个的，不得开标，招标人应当重新招标；

⑥唱标顺序一般应按照各投标人报送投标文件的先后逆序进行，当众宣读有效标书的投标人名称、投标报价、工期、修改或者撤回通知、投标保证金、优惠条件以及招标人认为有必要的内容；

⑦开标会开始后，招标人应依据招标文件的规定，核查投标人提交的证件和资料，并审查投标文件的完整性、文件的签署情况、投标担保等。

2. 开标时无效投标的处理

在招标文件要求提交投标文件的截止时间前收到的所有投标文件，招标人在开标时都应当当众予以拆封、宣读。须从形式上对投标文件是否有效进行确认。

在开标时，投标文件出现下列情形之一的，应当作为无效投标文件，不得进入评标：

①逾期送达或者未送达指定地点的；

②未按招标文件要求标识、密封的；

③无单位盖章并无法定代表人或法定代表人授权代理人签字或盖章的；

④投标人名称或组织结构与资格预审时不一致的；

⑤投标人未按时参加开标会议的；

⑥提交合格的撤回通知的；

⑦未按招标文件要求提交投标保证金的；

⑧投标人递交两份或多份内容不同的投标文件，或一份投标文件中对同一招标项目有两个或多个报价，且未声明哪一个有效的（按招标文件规定提交备选投标方案的除外）；

⑨联合体投标未附联合体各方共同投标协议的。

在实践中，如投标文件在启封前被确认为无效，如逾期送达的或者提交撤回申请的，可以不予启封。在启封后唱标前被确认为无效的，可以不予宣读。在开标时确认投标文件是否无效，一般应当由参加会议的招标人或其代表进行，确认结果投标人无异议的，经招标投标管理机构认可后宣布。如果投标人有异议，留待评标时由评标委员会评审确定。

第二节 建设工程评标

建设工程评标工作是由招标人负责依法组建的评标委员会按照相关法律规定、招标文件中的评标方法和评标标准，对开标中所有拆封并唱标的投标文件进行评审，并根据评审结果编写评审报告，向招标人提供中标候选人名单，或根据招标人的授权直接确定中标人的过程。评标工作是招标投标活动的重要环节，必须严格按照评标标准进行，也必须经过政府主管部门的审核、备案和监督，使整个评标过程公平、公正、科学，以实现择优选择的目标。

一、评标原则

(1)评标活动遵循公平、公正、科学、择优的原则。

《评标委员会和评标方法暂行规定》第三条规定："评标活动遵循公平、公正、科学、择优的原则。"第十七条规定："招标文件中规定的评标标准和评标方法应当合理，不得含有倾向或者排斥潜在投标人的内容，不得妨碍或者限制投标人之间的竞争。"招标人和招标代理机构应在制作招标文件时，依法选择科学的评标方法和标准；招标人应依法组建合格的评标委员会；评标委员会应依法评审所有投标文件，择优推荐中标候选人。

(2)评标活动依法进行，任何单位和个人不得非法干预或者影响评标的过程和结果。

《招标投标法》第三十八条规定："任何单位和个人不得非法干预、影响评标的过程和结果。"评标是评标委员会受招标人的委托，由评标委员会成员依法运用其知识和技能，根据法律规定和招标文件的要求，独立地对所有投标文件进行评审和比较。不论是招标人，还是主管部门，均不得非法干预、影响或者改变评标的过程和结果。

(3)招标人应当采取必要的措施，保证评标活动在严格保密的情况下进行。

《招标投标法》第三十八条规定："招标人应当采取必要的措施，保证评标在严格保密的情况下进行。"例如，在评标过程中，评标地点保密；评标委员会成员的名单在中标结果确定之前保密；评标委员会成员在封闭状态下开展评标工作，评标期间不得与外界接触，对评标情况承担保密义务；招标人、招标代理机构或者相关主管部门等参与评标现场工作的人员，均应承担保密义务。

(4)严格遵守关于评标方法的规定。

《招标投标法》第四十条规定："评标委员会应当按照招标文件确定的评标标准和方法，对投标文件进行评审和比较；设有标底的，应当参考标底。"《评标委员会和评标方法暂行规定》第十七条规定："评标委员会应当根据招标文件规定的评标标准和方法，对投标文件进行系统地评审和比较。招标文件中没有规定的标准和方法不得作为评标的依据。"

二、评标组织

评标由招标人依法组建的评标委员会负责。依法必须进行招标的项目，其评标委员会由招标人的代表和有关技术、经济等方面的专家组成，成员人数为五人以上单数，其中技术、经济等方面的专家不得少于成员总数的三分之二。

评标委员会成员名单一般应于开标前确定，并应在中标结果确定前保密。专家应当从事相关领域工作满八年并具有高级职称或者具有同等专业水平，由招标人从国务院有关部门或者省、自治区、直辖市人民政府有关部门提供的专家名册或者招标代理机构的专家库内的相关专业的专家名单中确定；一般招标项目可以采取随机抽取方式，特殊招标项目可以由招标人直接确定。

与投标人有利害关系的人不得进入相关项目的评标委员会；评标委员会成员与投标人有利害关系的，应当主动回避；已经进入的应当更换。

评标过程中，评标委员会成员有回避事由、擅离职守或者因健康等原因不能继续评标的，应当及时更换。被更换的评标委员会成员作出的评审结论无效，由更换后的评标委员会成员重新进行评审。

评标委员会成员应当依照《招标投标法》和《招标投标法实施条例》的规定，按照招标文件规定的评标标准和方法，客观、公正地对投标文件提出评审意见。招标文件没有规定的评标标准和方法不得作为评标的依据。

评标委员会成员不得私下接触投标人，不得收受投标人给予的财物或者其他好处，不得向招标人征询确定中标人的意向，不得接受任何单位或者个人明示或者暗示提出的倾向或者排斥特定投标人的要求，不得有其他不客观、不公正履行职务的行为。

三、评标程序及方法

从评标工作的内容来看，评标程序主要包括“两段三审”：“两段”是指初步评审和详细评审两个评审阶段；“三审”是指符合性评审、技术性评审和商务性评审。在此主要介绍初步评审和详细评审。

1.初步评审

根据《标准施工招标文件》，初步评审属于对投标文件的合格性审查，包括以下四个方面。

(1)投标文件的形式审查。

①提交的营业执照、资质证书、安全生产许可证是否与投标人的名称一致。

②投标函是否经法定代表人或其委托代理人签字并加盖单位章。

③投标文件的格式是否符合招标文件的要求。

④联合体投标人是否提交了联合体协议书，联合体的成员组成与资格预审的成员组成有无变化，联合体协议书的内容是否与招标文件要求一致。

⑤报价的唯一性。不允许投标人以优惠的方式，作出如果中标可将合同报价降低多少的承诺。

(2)投标人的资格审查。

对于未进行资格预审的，需要进行资格后审，资格审查的内容和方法与资格预审相同，包括：营业执照、资质证书、安全生产许可证等资格证明文件的有效性；企业财务状况；类似项目业绩；信誉；正在施工和承接的项目情况；近年发生的诉讼及仲裁情况；联合体投标的申请人提交联合体协议书的情况；等等。

(3)投标文件对招标文件的响应性审查。

①投标内容是否与投标人须知中的工程或标段一致，不允许只投招标范围内的部分专业工程或单位工程的施工。

②投标工期应满足投标人须知中的要求，承诺的工期可以比招标工期短，但不得超过要求的时间。

③工程质量的承诺和质量管理体系应满足要求。

④提交的投标保证金形式和金额是否符合投标须知的规定。

⑤投标人是否完全接受招标文件中的合同条款，如果有修改建议的话，不得对双方的权利、义务有实质性背离且是否为招标人所接受。

⑥核查已标价的工程量清单。如果有计算错误，单价金额小数点有明显错误的除外，总价金额与依据单价计算出的结果不一致时，以单价金额为准修正总价；若是书写错误，当投标文件中的大写金额与小写金额不一致时，以大写金额为准。评标委员会对投标报价的错误予以修正后，请投标人书面确认，作为投标报价的金额。投标人不接受修正价格的，其投标作废标处理。

⑦投标文件是否对招标文件中的技术标准和要求提出不同意见。

(4)施工组织设计和项目管理机构设置的合理性审查。

①施工组织的合理性。包括施工方案与技术措施；质量管理体系与措施；安全生产管理体系与

措施;环境保护管理体系与措施等的合理性和有效性。

②施工进度计划的合理性。包括总体工程进度计划和关键部位里程碑工期的合理性及施工措施的可靠性;机械和人力资源配备计划的有效性及均衡施工程度。

③项目组织机构的合理性。包括技术负责人的经验和组织管理能力;其他主要人员的配置及技术和管理能力是否满足实施招标工程的需要。

④拟投入施工的机械和设备。包括施工设备的数量、型号能否满足施工的需要;试验、检测仪器设备是否能够满足招标文件的要求。

初步评审内容中,投标文件有一项不符合规定的评审标准时,即作废标处理。评标委员会可以以书面方式要求投标人对投标文件中含意不明确的内容做必要的澄清、说明或补正,但是澄清、说明或补正不得超出投标文件的范围或者改变投标文件的实质性内容。

投标人资格条件不符合国家有关规定和招标文件要求的,或者拒不按照要求对投标文件进行澄清、说明或者补正的,评标委员会可以否决其投标。

评标委员会发现投标人的报价明显低于其他投标报价或者在设有标底时明显低于标底,使得其投标报价可能低于其个别成本的,应当要求该投标人作出书面说明并提供相关证明材料。投标人不能合理说明或者不能提供相关证明材料的,由评标委员会认定该投标人以低于成本报价竞标,其投标应作废标处理。

2. 详细评审

经初步评审合格的投标文件,评标委员会应根据招标文件确定的评标标准和方法,对其技术部分和商务部分做进一步评审。通常情况下,评标方法有两种,即经评审的最低投标价法和综合评估法。

(1)经评审的最低投标价法。

经评审的最低投标价法,即投标文件能够满足招标文件的实质性要求,并且经评审的投标价格最低的投标人为中标候选人的评标办法;但是投标价格低于成本可能影响合同履行的异常低价的除外。经评审的最低投标价法仅适用于具有通用的技术、性能标准或者招标人对其技术、性能没有特殊要求的项目。能够满足招标文件的实质性要求,并经评审的最低投标价的投标,应当推荐为中标候选人。

采用经评审的最低投标价法时,评标委员会应根据招标文件中规定的量化因素和标准进行价格折算,对所有投标人的投标报价以及投标文件的商务部分做必要的价格调整,主要的量化因素包括单价遗漏和付款条件等,招标人可根据工程项目的具体特点和实际需要,进一步删减、补充或细化量化因素和标准。所有的这些修正因素都应在招标文件中有明确规定。对同时投多个标段的评标修正,一般的做法是,如果投标人在某一个标段已中标,则在其他标段的评标中按照招标文件规定的百分比(通常为4%)乘以总报价后,在评标价中扣减此值。

根据经评审的最低投标价法完成详细评审后,评标委员会应当拟定一份“价格比较一览表”,连同书面评标报告提交招标人。“价格比较一览表”应当载明投标人的投标报价、对商务偏差的价格调整和说明以及已评审的最终投标价。

评标委员会按照经评审的投标价推荐中标候选人,或根据招标人授权直接确定中标人。经评审的投标价相等时,投标报价低的优先;投标报价也相等的,由招标人自行确定。

(2)综合评估法。

不宜采用经评审的最低投标价法的招标项目,一般应当采取综合评估法进行评审。综合评估法适用于较复杂工程项目的评标,由于工程投资额大、工期长、技术复杂、涉及专业面广,施工过程中存在较多的不确定因素，因此，对投标文件评审的主导思想是选择价格功能比最好的投标人，而不过分偏重于投标价格的高低。

综合评估法是指将各个评审因素（包括技术部分和商务部分）以折算为货币或打分的方法进行量化，并在招标文件中明确规定需量化的因素及其权重，然后由评标委员会计算出每一投标的综合评估价或综合评估分，并将最大限度地满足招标文件中规定的各项综合评价标准的投标，推荐为中标候选人。

采用打分法时，评标委员会按规定的评分标准进行打分，并推荐中标候选人，或根据招标人授权直接确定中标人。综合评分相等时，以投标报价低的优先；投标报价也相等的，由招标人自行确定。

根据综合评估法完成评标后，评标委员会应当拟定一份“综合评估比较表”，连同书面评标报告提交招标人。“综合评估比较表”应当载明投标人的投标报价、所做的任何修正、对商务偏差的调整、对技术偏差的调整、对各评审因素的评估以及对每一投标的最终评审结果。

中标人的投标应当符合下列条件之一：

①能够最大限度地满足招标文件中规定的各项综合评价标准；

②能够满足招标文件的实质性要求，并且经评审的投标价格最低，但是投标价格低于行业平均成本的除外。

国家鼓励招标人将全生命周期成本纳入价格评审因素，并在同等条件下优先选择全生命周期内能源资源消耗最低、环境影响最小的投标。

评标委员会应当按照招标文件确定的评标标准和方法，集体研究并分别独立对投标文件进行评审和比较；设有标底的，应当参考标底。评标委员会完成评标后，应当向招标人提出书面评标报告，推荐不超过三个合格的中标候选人，并对每个中标候选人的优势、风险等评审情况进行说明；除招标文件明确要求排序外，推荐中标候选人不标明排序。

招标人根据评标委员会提出的书面评标报告和推荐的中标候选人，按照招标文件规定的定标方法，结合对中标候选人合同履行能力和风险进行复核的情况，自收到评标报告之日起二十日内自主确定中标人。定标方法应当科学、规范、透明。招标人也可以授权评标委员会直接确定中标人。国务院对特定招标项目的评标有特别规定的，从其规定。

评标委员会经评审，认为所有投标都不符合招标文件要求的，可以否决所有投标，主要包括以下几种情形：

①投标人过少，缺乏有效的竞争性；

②最低评标价大大超过标底或者合同底价；

③所有投标文件均未实质性响应招标文件或因其他原因未被接受。

依法必须进行招标的项目的所有投标被否决的，招标人应当分析招标失败的原因，必要时采取对招标文件设定的投标人资格条件等进行修改或者其他相应措施后，依照《招标投标法》和《招标投标法实施条例》重新招标。重新招标后，投标人少于三个的，可以开标、评标，或者依法以其他方式从现有投标人中确定中标人，并向有关行政监督部门备案；所有投标再次被否决的，可以不再进行招标，并向有关行政监督部门备案。

四、投标偏差及相关规定

评标委员会应当根据招标文件，审查并逐项列出投标文件的全部投标偏差。投标偏差分为重大偏差和细微偏差。

(1)重大偏差。

下列情况属于重大偏差：

①没有按照招标文件要求提供投标担保或者所提供的投标担保有瑕疵；

②投标文件没有投标人授权代表签字和加盖公章；

③投标文件载明的招标项目完成期限超过招标文件规定的期限；

④明显不符合技术规格、技术标准的要求；

⑤投标文件载明的货物包装方式、检验标准和方法等不符合招标文件的要求；

⑥投标文件附有招标人不能接受的条件；

⑦不符合招标文件中规定的其他实质性要求。

投标文件有上述情形之一的，为未能对招标文件作出实质性响应，除招标文件对重大偏差另有规定外，应作废标处理。

(2)细微偏差。

细微偏差是指投标文件在实质上响应招标文件要求，但在个别地方存在漏项或者提供了不完整的技术信息等情况，并且补正这些遗漏或者不完整不会对其他投标人造成不公平的结果。细微偏差不影响投标文件的有效性。

评标委员会应当书面要求投标存在细微偏差的投标人在评标结束前予以补正。拒不补正的，在详细评审时可以对细微偏差作不利于该投标人的量化，量化标准应在招标文件中规定。

五、评标报告

除招标人授权直接确定中标人外，评标委员会完成评标后，应当向招标人提交书面评标报告，并抄送有关行政监督部门。评标报告应如实记载以下内容：

①基本情况和数据表；

②评标委员会成员名单；

③开标记录；

④符合要求的投标一览表；

⑤废标情况说明；

⑥评标标准、评标方法或者评标因素一览表；

⑦经评审的价格或者评分比较一览表；

⑧经评审的投标人排序；

⑨推荐的中标候选人名单与签订合同前要处理的事宜；

⑩澄清、说明、补正事项纪要。

评标报告应由评标委员会全体成员签字。对评标结果有不同意见的评标委员会成员应以书面形式说明其不同意见和理由，评标报告应注明该不同意见。评标委员会成员拒绝在评标报告上签字且不书面说明其不同意见和理由的，视为同意评标结果。

第三节　建设工程定标

定标是指招标人根据评标结果确定中标人。

定标可以采用两种方式：评标委员会如果获得招标人的授权，可以直接确定中标人；评标委员会没有获得招标人授权，则由评标委员会向招标人推荐中标候选人，由招标人确定中标人。

一、确定中标人

依法必须进行招标的项目，招标人应当自收到评标报告之日起 3 日内公示中标候选人，公示期不得少于 3 日。投标人或者其他利害关系人对依法必须进行招标的项目的评标结果有异议的，应当在中标候选人公示期间提出。招标人应当自收到异议之日起 3 日内作出答复；作出答复前，应当暂停招标投标活动。公示期满后，可以根据约定的定标方式，确定中标人。在确定中标人之前，招标人不得与投标人就投标价格、投标方案等实质性内容进行谈判。

对使用国有资金投资或者国家融资的项目，招标人应确定排名第一的中标候选人为中标人。排名第一的中标候选人放弃中标、因不可抗力提出不能履行合同，或者招标文件规定应当提交履约保证金而在规定的期限内未能提交的，招标人可确定排名第二的中标候选人为中标人。排名第二的中标候选人因上述同样原因不能签订合同的，招标人可以确定排名第三的中标候选人为中标人。

中标人确定后，招标人应向中标人发出中标通知书，并同时将中标结果通知所有未中标的投标人。中标通知书指招标人在确定中标人后，通知中标人中标发出的书面凭证。中标通知书对招标人和中标人具有法律效力。中标通知书发出后，招标人改变中标结果，或者中标人放弃中标项目的，应当依法承担法律责任。

依法必须进行施工招标的项目，招标人应当自发出中标通知书之日起 15 日内，向有关行政监督部门提交招标投标情况的书面报告。

书面报告至少应包括下列内容：

①招标范围；

②招标方式和发布招标公告的媒介；

③招标文件中投标人须知、技术条款、评标标准和方法、合同主要条款等内容；

④评标委员会的组成和评标报告；

⑤中标结果。

二、签订合同

在签订合同前，中标人以及联合体中标人应按招标文件规定的金额、担保形式和履约担保格式，向招标人提交履约担保。履约担保一般采用银行保函和履约担保书的形式，履约担保金额一般为中标价的 10%。中标人不能按要求提交履约担保的，视为放弃中标，其投标保证金不予退还，给招标人造成的损失超过投标保证金数额的，中标人还应对超过部分予以赔偿。中标后的承包商应保证其履约担保在建设单位颁发工程接收证书前一直有效。建设单位应在工程接收证书颁发后 28 天内将履约担保退还给承包商。

招标人与中标人应自中标通知书发出之日起 30 天内，根据招标文件和中标人的投标文件订立书面合同。一般情况下，中标价就是合同价。招标人与中标人不得再行订立背离合同实质性内容的其他协议。

中标人无正当理由拒签合同的，招标人取消其中标资格，其投标保证金不予退还；给招标人造成的损失超过投标保证金数额的，中标人还应对超过部分予以赔偿。

发出中标通知书后，招标人无正当理由拒签合同的，招标人向中标人退还投标保证金；给中标人造成损失的，还应当赔偿损失。招标人与中标人签订合同后 5 个工作日内，应当向中标人和未中标的投标人退还投标保证金。

【典型例题】

【例 4-1】 某省重点工程项目工程复杂、技术难度高，一般施工队伍难以胜任，建设单位便自行决定采取邀请招标方式，于 9 月 28 日向通过资格预审的 A、B、C、D、E 等 5 家施工企业发出了投标邀请书。这 5 家施工企业均接受了邀请，并于规定时间购买了招标文件。按照招标文件的规定，10 月 18 日下午 4 时为提交投标文件的截止时间，10 月 21 日下午 2 时在建设单位办公大楼第 2 会议室开标。A、B、C、D 施工企业均在此截止时间之前提交了投标文件，但 E 施工企业却因中途堵车，于 10 月 18 日下午 5 时才将投标文件送达。10 月 21 日下午 2 时，当地招标投标监管机构在该建设单位办公大楼第 2 会议室主持了开标。

试分析：(1) 该建设单位自行决定采取邀请招标的做法是否合法？为什么？

(2) 建设单位是否可以接受 E 施工企业的投标文件？为什么？

(3) 开标应当由谁主持？

答：(1) 不合法。《招标投标法》第十一条规定："国务院发展计划部门确定的国家重点项目和省、自治区、直辖市人民政府确定的地方重点项目不适宜公开招标的，经国务院发展计划部门或者省、自治区、直辖市人民政府批准，可以进行邀请招标。"因此，本案中的建设单位擅自决定对省重点工程项目采取邀请招标的做法，违法了《招标投标法》的有关规定，是不合法的。

(2) 不能接收。《招标投标法》第二十八条第二款规定："在招标文件要求提交投标文件的截止时间后送达的投标文件，招标人应当拒收。"《招标投标法实施条例》第三十六条第一款规定："未通过资格预审的申请人提交的投标文件，以及逾期送达或者不按照招标文件要求密封的投标文件，招标人应当拒收。"据此，建设单位应当对 E 施工企业逾期送达的投标文件予以拒收。如果未依法而接受的，按照《招标投标法实施条例》第六十四条的规定："招标人有下列情形之一的，由有关行政监督部门责令改正，可以处 10 万元以下的罚款：……(四) 接受应当拒收的投标文件。招标人有前款……第四项所列行为之一的，对单位直接负责的主管人员和其他直接责任人员依法给予处分。"

(3) 本案中由当地招标投标监管机构主持开标是不合法的。《招标投标法》第三十五条规定："开标由招标人主持，邀请所有投标人参加。"

独立思考

4-1 请简述开标的程序。

4-2 请简述评标的原则。

4-3 请说明评标组织的组成。

4-4 请简述评标过程中的初步评审和详细评审。

4-5 请简述两种主要的评标办法的概念和做法。

4-6 请说明细微偏差的概念。

第五章　合同法通则

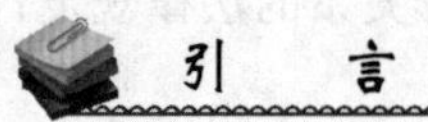

引　言

“人而无信，不知其可也”，穿越千年，诚信守信文化在新时代依然绽放着璀璨之光。习近平总书记强调，法治意识、契约精神、守约观念是现代经济活动的重要意识规范，也是信用经济、法治经济的重要要求。

——《守信互信　共践共行——二〇二〇年中国网络诚信大会综述》，《人民日报》2020 年 12 月 8 日

学习目标

知识目标：识记合同的概念、合同的分类、合同法原则、合同当事人的主体资格、合同的形式；识记要约、要约邀请、承诺及合同成立的概念，理解其构成要件；识记并理解合同效力的含义，合同生效的时间，有效合同、效力待定合同、无效合同、可撤销合同、附条件和附期限合同；理解合同履行的概念、原则；识记合同内容约定不明确时的履行规则、涉及第三人时的规则、当事人一方发生变更时的规则、合同提前履行规则、合同的抗辩权及合同保全制度。识记合同的变更规定，债权转让、债务转移的相关规定；识记合同的权利义务终止的概念，理解合同的权利义务终止的效力和情形，违约责任的划分；识记违约责任的种类，违约责任的免责事由。熟悉合同的特征；熟悉合同当事人的主体资格、合同的一般条款；熟悉合同被撤销或确认无效后的处理；熟悉违约责任的概念及归责原则。了解合同法律的概念和发展历史。

能力目标：能够区别要约邀请、要约和承诺；判断合同的成立；分析合同订立、成立案例、合同的一般条款；区分有效合同和无效合同、可撤销合同、效力待定合同；通过案例分析合同无效的后果；能够运用合同的抗辩权和保全制度保护合同的履行；能够区分合同的变更和转让的区别；能够区分后合同义务、先合同义务和合同义务；能够区分法定解除和约定解除；能够划分违约责任；能够区分法定和约定的免责事由。

素质目标：能够理解诚信在合同订立过程中的作用；能够分析合同履行纠纷的案例，进行合同管理；能够理解契约精神在合同变更及转让中的作用；能够分析合同的权利义务终止的案例；能够分析违约责任的案例。能够理解“自由”“平等”“公正”“诚信”“文明”“法治”，并在学习、生活中践行社会主义核心价值观。

第一节　合同与合同法

一、合同的概念和法律特征

（一）合同的概念

合同制度是人类社会最为古老的法律制度之一。在市场经济条件下，合同是保障市场交易得以实现的法律形式。

合同又称“契约”，《民法典》第四百六十四条规定：“合同是民事主体之间设立、变更、终止民事法律关系的协议。婚姻、收养、监护等有关身份关系的协议，适用有关该身份关系的法律规定；没有规定的，可以根据其性质参照适用本编规定。”

（二）合同的法律特征

合同具有以下法律特征。

①当事人地位的平等性。合同是平等主体之间的民事法律关系，合同双方当事人处于平等地位，不允许任何一方对他方进行限制或强迫。

②主体的广泛性。合同的主体是广泛的，任何人都可以签订合同。

③缔约的自愿性。合同是双方当事人基于自愿意志表示而产生的民事法律行为。

④意思表示的一致性。合同是一种双方的法律行为，并以意思表示一致为条件。

⑤法律约束性。合同是具有相应法律效力的协议，合同不能是违法行为，如果合同是违法的，就会导致合同无效，当事人甚至要受到法律追究和制裁。依法成立的合同，对当事人具有法律约束力，受法律保护。

二、合同的种类

合同依据不同的划分标准有不同的分类，各类划分标准都揭示出合同本身具有的特点。

(1)有名合同与无名合同。

这是按照合同名称的不同划分的。有名合同，又称“典型合同”，是指法律上已经确认了一定的名称及规则的合同。《民法典》合同编规定了买卖合同，供用电、水、气、热力合同，赠与合同，借款合同，保证合同，租赁合同，融资租赁合同，保理合同，承揽合同，建设工程合同，运输合同，技术合同，保管合同，仓储合同，委托合同，物业服务合同，行纪合同，中介合同，合伙合同等19类有名合同。无名合同，又称“非典型合同”，是指法律上尚未确定一定名称与规则的合同。根据合同自愿原则，只要不违背法律的禁止性规范和社会公共利益，当事人可以自由订立无名合同。对于无名合同，《民法典》合同编第四百六十七条规定：“本法或者其他法律没有明文规定的合同，适用本编通则的规定，并可以参照适用本编或者其他法律最相类似合同的规定。”

(2)要式合同与不要式合同。

这是按照合同成立是否需要特定的形式和手续划分的。要式合同是指必须依据法律规定的方式而成立的合同，如《民法典》第一百三十五条规定：“民事法律行为可以采用书面形式、口头形式或者其他形式；法律、行政法规规定或者当事人约定采用特定形式的，应当采用特定形式。”目前，非自然人之间的贷款合同、租赁期限在 6 个月以上的租赁合同、融资租赁合同、建设工程合同、技术开发合同、技术转让合同等都是法定要式合同。不要式合同是指当事人订立的合同依法并不需要采取特定形式的合同。除了法律有特别规定的合同以外,其余均为不要式合同。

(3)诺成合同与实践合同。

这是按照合同成立要求的不同划分的。诺成合同,又称"不要物合同",是指当事人意思表示一致,就合同的主要条款达成协议,即能成立的合同,如买卖合同、租赁合同等。实践合同,又称"要物合同",是指除合同当事人意思表示一致达成协议外,还须交付标的物才能成立的合同。实践合同当事人的承诺,属于预约,如赠与合同、保管合同等。

(4)双务合同与单务合同。

这是按照合同当事人之间的权利义务关系的不同划分的。双务合同是指当事人双方互负对待给付义务的合同,即一方当事人所享有的权利是另一方当事人所负有的义务;反之亦然。如买卖、租赁、承揽、运输等合同均为双务合同。而单务合同则是合同当事人中一方负有义务,另一方不负有相对义务的合同,呈现出一方享有权利、另一方负担相应义务的构架。例如,一般的赠与合同为典型的单务合同。

(5)格式合同与非格式合同。

这是按照合同条款的产生方式的不同划分的。格式条款是当事人为了重复使用而预先拟定,并在订立合同时未与对方协商的条款。采用格式条款订立的合同就是格式合同,如保险公司与投保人订立的保险合同。订立合同时,条款经双方协商一致的合同是非格式合同。现实生活中的大量合同都是非格式合同。在对合同条款的理解有分歧时,如果属于格式合同,则应当作出不利于提供格式条款一方的解释,以体现法律的公正和公平。

(6)主合同与从合同。

这是按照合同主从关系划分的。主合同是指能够独立存在的合同,如买卖合同、借贷合同等。从合同是指以其他合同的存在为前提的合同,如保证合同、抵押合同等担保合同。主合同的变更和终止,会引起从合同的变更和终止的后果,应明确从合同的从属性及其履行的条件性。

三、合同法的概念与基本原则

(一)合同法的概念

合同法是调整合同关系的法律规范的总称。合同法也有狭义与广义之分。狭义合同法即合同法典,在我国就是指《民法典》中的合同编。广义合同法还包括其他各种法律规定之中的合同规范。《民法典》自 2021 年 1 月 1 日起施行,《中华人民共和国合同法》同时废止。

(二)合同法的基本原则

合同法的基本原则是指贯穿合同法始终,立法、司法与当事人在合同活动中均应遵守的体现合同法宗旨的原则,主要包括以下内容。

1. 平等、自愿原则

《民法典》第四条规定,民事主体在民事活动中的法律地位一律平等。合同法的平等原则指的是当事人的民事法律地位平等,在订立和履行合同两个方面,一方不得将自己的意志强加给另一方。平等原则是民事法律的基本原则,是区别行政法律、刑事法律的重要特征,也是合同法其他原则赖以存在的基础。

《民法典》第五条规定，民事主体从事民事活动，应当遵循自愿原则，按照自己的意思设立、变更、终止民事法律关系。合同法的自愿原则，既表现在当事人之间，因一方欺诈、胁迫订立的合同无效或者可以撤销，也表现在合同当事人与其他人之间，任何单位和个人不得非法干预。自愿原则的具体内容体现在：第一，自愿缔结合同。也就是说，当事人有权决定是否与他人订立合同。第二，自愿选择合同相对人。第三，自愿协商决定合同内容。在不违背法律、尊重社会公德、不损害社会公共利益原则的前提下，当事人可以在自愿的基础上通过平等协商决定合同的内容。任何一方都不得将自己的意志强加给对方，合同以外的任何单位和个人也不得干预当事人对双方权利、义务的约定。第四，自愿变更和解除合同。第五，自愿选择合同的形式。当然，法律、行政法规对合同形式作出明确规定的除外。第六，自愿约定违约责任。

2. 公平、诚实信用原则

《民法典》第六条规定，民事主体从事民事活动，应当遵循公平原则，合理确定各方的权利和义务。这里讲的公平，既表现在订立合同时的公平，显失公平的合同可以撤销，也表现在发生合同纠纷时进行公平处理；既要切实保护守约方的合法利益，也不能使违约方因较小的过失承担过重的责任；还表现在极个别的情况下，因客观情势发生异常变化，履行合同使当事人之间的利益重大失衡，公平地调整当事人之间的利益。

《民法典》第七条规定，民事主体从事民事活动，应当遵循诚信原则，秉持诚实，恪守承诺。诚实信用原则是合同法的一项极为重要的原则，常常被称为是债法中的最高指导原则，或称为"帝王规则"。诚实信用原则是指民事主体在从事民事活动时，应诚实守信，以善意的方式履行其义务，不得滥用权利，规避法律规定的或合同约定的义务。诚实信用主要包括三层含义：一是诚实，要表里如一，因欺诈订立的合同无效或者可以撤销；二是守信，按照合同约定的时间、地点、方式等履行合同；三是在协商订立合同过程中，当事人应当履行相互协助、通知、保密等义务。

3. 遵守法律、不得损害社会公共利益原则

《民法典》第八条规定，民事主体从事民事活动，不得违反法律，不得违背公序良俗。包括两个方面，一是守法，二是遵守社会公德。尽管合同是当事人自愿协商订立的，但是，合同自由并不是绝对的、无任何限制的，当事人应当遵守法律、行政法规，也不得违反社会公德，不得损害社会公共利益。

自愿原则是法律赋予的，同时也受到其他法律规定的限制，是在法律规定范围内的"自愿"。法律的限制主要有两方面：一是实体法的规定。有的法律规定某些物品不得买卖，比如毒品；《民法典》明确规定损害社会公共利益的合同无效，对此当事人不能"自愿"认为有效；国家根据需要下达指令性任务或者国家订货任务的，有关法人、其他组织之间应当依照有关法律、行政法规规定的权利和义务订立合同，不能"自愿"不订立。这里讲的实体法，都是法律的强制性规定，涉及社会公共秩序。二是程序法的规定。有的法律规定当事人订立某类合同，需经批准；转移某类财产，主要是不动产，应当办理登记手续。那么，当事人依照有关法律规定，应当办理批准、登记等手续，不能"自愿"地不去办理。

4. 合同具有法律约束力的原则

《民法典》第一百一十九条规定，依法成立的合同，对当事人具有法律约束力。订立合同实行自愿原则，但是依法成立的合同，对当事人具有法律约束力，受法律保护。当事人订立合同后，应当按照合同的约定履行自己的义务，非依法律规定或者取得相对当事人的同意，不得擅自变更或者解除合同；如果违反约定，应当承担违约责任或者受到法律制裁。

第二节　合同的订立和成立

一、合同当事人的主体资格

合同当事人主体合格，是合同得以有效成立的前提条件之一。合同当事人的主体资格主要表现在民事权利能力和民事行为能力两个方面。民事权利能力是法律赋予主体享有民事权利和承担民事义务的资格或者法律地位。具有民事权利能力，是实施民事行为的前提。民事行为能力，就是民事主体通过自己的行为，取得民事权利和承担民事义务的能力或者资格。当事人订立合同，应当具有相应的民事权利能力和民事行为能力。当事人可以亲自订立合同，也可以依法委托代理人订立合同。

二、合同的形式和内容

（一）合同的形式

《民法典》第四百六十九条规定，当事人订立合同，可以采用书面形式、口头形式或者其他形式。书面形式是合同书、信件、传真等可以有形地表现所载内容的形式。以电子数据交换、电子邮件等方式能够有形地表现所载内容，并可以随时调取查用的数据电文，视为书面形式。《民法典》第一百三十五条规定，民事法律行为可以采用书面形式、口头形式或者其他形式；法律、行政法规规定或者当事人约定采用特定形式的，应当采用特定形式。《民法典》第七百八十九条规定，建设工程合同应当采用书面形式。

（二）合同的内容

合同的内容是通过合同的条款来表达的，合同的订立也主要是围绕合同的条款展开的。根据自愿订立合同的原则，合同的内容由当事人约定。为了指导和规范合同的订立和履行，保障合同当事人的正当权益，《民法典》第四百七十条规定，合同的内容由当事人约定，一般包括下列条款：

①当事人的姓名或者名称和住所；

②标的；

③数量；

④质量；

⑤价款或者报酬；

⑥履行期限、地点和方式；

⑦违约责任；

⑧解决争议的方法。

当事人可以参照各类合同的示范文本订立合同。

三、合同的订立

合同的订立又称“缔约”，是当事人为设立、变更、终止民事权利义务关系而进行协商、建立合同关系的过程。

（一）合同订立的方式

《民法典》第四百七十一条规定，当事人订立合同，可以采取要约、承诺或者其他方式。

1.要约

（1）要约的概念。

《民法典》第四百七十二条规定，要约是希望与他人订立合同的意思表示，该意思表示应当符合下列条件：

①内容具体确定；

②表明经受要约人承诺，要约人即受该意思表示约束。

由于要约一经受要约人承诺，合同即为成立，所以要约必须是能够决定合同主要内容的意思表示。要约的内容首先应当确定，不能含糊不清；其次还应当完整和具体，应包含合同得以成立的必要条款。要约人在要约有效期间受自己要约的约束，并负有与作出承诺的受要约人签订合同的义务。一旦要约经要约人发出，并经受要约人承诺，合同即告成立。

（2）要约邀请。

要约邀请不同于要约。《民法典》第四百七十三条规定，要约邀请是希望他人向自己发出要约的表示。拍卖公告、招标公告、招股说明书、债券募集办法、基金招募说明书、商业广告和宣传、寄送的价目表等为要约邀请。商业广告和宣传的内容符合要约条件的，构成要约。

（3）要约的生效时间。

关于要约的生效时间，《民法典》第一百三十七条规定，以对话方式作出的意思表示，相对人知道其内容时生效。以非对话方式作出的意思表示，到达相对人时生效。以非对话方式作出的采用数据电文形式的意思表示，相对人指定特定系统接收数据电文的，该数据电文进入该特定系统时生效；未指定特定系统的，相对人知道或者应当知道该数据电文进入其系统时生效。当事人对采用数据电文形式的意思表示的生效时间另有约定的，按照其约定。

（4）要约的撤回与撤销。

《民法典》第四百七十五条规定，要约可以撤回。第一百四十一条规定，行为人可以撤回意思表示。撤回意思表示的通知应当在意思表示到达相对人前或者与意思表示同时到达相对人。

同时，要约可以撤销，要约因被撤销而不再生效，即在被撤销之后，要约不再对要约人有约束力。《民法典》第四百七十六条规定，要约可以撤销，但是有下列情形之一的除外：

①要约人以确定承诺期限或者其他形式明示要约不可撤销；

②受要约人有理由认为要约是不可撤销的，并已经为履行合同做了合理准备工作。

《民法典》第四百七十七条规定，撤销要约的意思表示以对话方式作出的，该意思表示的内容应当在受要约人作出承诺之前为受要约人所知道；撤销要约的意思表示以非对话方式作出的，应当在受要约人作出承诺之前到达受要约人。

（5）要约失效。

要约仅仅是订立合同的第一个有法律意义的阶段，而且要约并不一定导致合同订立行为的继续，更不一定导致合同的成立。《民法典》第四百七十八条规定，有下列情形之一的，要约失效：

①要约被拒绝；

②要约被依法撤销；

③承诺期限届满，受要约人未作出承诺；

④受要约人对要约的内容作出实质性变更。

2. 承诺

(1)承诺的概念。

《民法典》第四百七十九条规定,承诺是指受要约人同意要约的意思表示。承诺的构成要件包括:第一,承诺必须由受要约人作出。如果要约是向特定人发出的,特定的受要约人具有承诺资格;如果要约是向不特定的人发出的,不特定的人为受要约人,具有承诺资格。实践中,除了作为受要约人的自然人、法人或者其他组织以及其授权的代理人之外,其他任何人对要约人作出"承诺"的意思表示,对要约人和受要约人均不产生效力,也不可能产生合同成立的后果,只能作为要约。第二,承诺的内容应当与要约的内容一致。《民法典》第四百八十八条规定,承诺的内容应当与要约的内容一致。受要约人对要约的内容作出实质性变更的,为新要约。有关合同标的、数量、质量、价款或者报酬、履行期限、履行地点和方式、违约责任和解决争议方法等的变更,是对要约内容的实质性变更。《民法典》第四百八十九条规定,承诺对要约的内容作出非实质性变更的,除要约人及时表示反对或者要约表明承诺不得对要约的内容作出任何变更外,该承诺有效,合同的内容以承诺的内容为准。

(2)承诺的方式。

承诺的方式是指受要约人将承诺的意思送达要约人所采用的方式。承诺应当以明示的方式作出,缄默或者不行为不视为承诺。《民法典》第四百八十条规定,承诺应当以通知的方式作出;但是,根据交易习惯或者要约表明可以通过行为作出承诺的除外。

(3)承诺期限。

承诺期限实际上是受要约人资格的存续期限,在该期限内受要约人具有承诺资格,可以向要约人发出具有约束力的承诺。《民法典》第四百八十一条规定,承诺应当在要约确定的期限内到达要约人。要约没有确定承诺期限的,承诺应当依照下列规定到达:

①要约以对话方式作出的,应当即时作出承诺;

②要约以非对话方式作出的,承诺应当在合理期限内到达。

《民法典》第四百八十二条规定,要约以信件或者电报作出的,承诺期限自信件载明的日期或者电报交发之日开始计算。信件未载明日期的,自投寄该信件的邮戳日期开始计算。要约以电话、传真、电子邮件等快速通讯方式作出的,承诺期限自要约到达受要约人时开始计算。

《民法典》第四百八十四条规定,以通知方式作出的承诺,生效的时间适用《民法典》第一百三十七条的规定。承诺不需要通知的,根据交易习惯或者要约的要求作出承诺的行为时生效。

对于迟到的承诺,《民法典》第四百八十六条规定,受要约人超过承诺期限发出承诺,或者在承诺期限内发出承诺,按照通常情形不能及时到达要约人的,为新要约;但是,要约人及时通知受要约人该承诺有效的除外。

对于迟延的承诺,《民法典》第四百八十七条规定,受要约人在承诺期限内发出承诺,按照通常情形能够及时到达要约人,但是因其他原因致使承诺到达要约人时超过承诺期限的,除要约人及时通知受要约人因承诺超过期限不接受该承诺外,该承诺有效。

(4)承诺的撤回。

承诺的撤回是指在发出承诺之后,承诺生效之前,宣告收回发出的承诺,取消其效力的行为。《民法典》第四百八十五条规定,承诺可以撤回。承诺的撤回适用《民法典》第一百四十一条的规定。第一百四十一条规定,行为人可以撤回意思表示。撤回意思表示的通知应当在意思表示到达相对人前或者与意思表示同时到达相对人。但是,承诺不得撤销。这是因为承诺生效之后合同即成立,如果允许撤销承诺,无异于允许撕毁合同,因此,承诺不得撤销。

（二）合同订立的特殊规定

《民法典》第四百九十四条规定，国家根据抢险救灾、疫情防控或者其他需要下达国家订货任务、指令性任务的，有关民事主体之间应当依照有关法律、行政法规规定的权利和义务订立合同。依照法律、行政法规的规定负有发出要约义务的当事人，应当及时发出合理的要约。依照法律、行政法规的规定负有作出承诺义务的当事人，不得拒绝对方合理的订立合同要求。

（三）预约合同

预约合同指约定于将来一定期限内订立本约合同的合同。《民法典》第四百九十五条规定，当事人约定在将来一定期限内订立合同的认购书、订购书、预订书等，构成预约合同。当事人一方不履行预约合同约定的订立合同义务的，对方可以请求其承担预约合同的违约责任。

（四）格式条款的特别规定

格式条款是当事人为了重复使用而预先拟定，并在订立合同时未与对方协商的条款。《民法典》第四百九十六条规定，采用格式条款订立合同的，提供格式条款的一方应当遵循公平原则确定当事人之间的权利和义务，并采取合理的方式提示对方注意免除或者减轻其责任等与对方有重大利害关系的条款，按照对方的要求，对该条款予以说明。提供格式条款的一方未履行提示或者说明义务，致使对方没有注意或者理解与其有重大利害关系的条款的，对方可以主张该条款不成为合同的内容。

《民法典》第四百九十七条规定，有下列情形之一的，该格式条款无效：

①具有《民法典》第一编第六章第三节和《民法典》第五百零六条规定的无效情形；

②提供格式条款一方不合理地免除或者减轻其责任、加重对方责任、限制对方主要权利；

③提供格式条款一方排除对方主要权利。

《民法典》第四百九十八条规定，对格式条款的理解发生争议的，应当按照通常理解予以解释。对格式条款有两种以上解释的，应当作出不利于提供格式条款一方的解释。格式条款和非格式条款不一致的，应当采用非格式条款。

《民法典》第四百九十九条规定，悬赏人以公开方式声明对完成特定行为的人支付报酬的，完成该行为的人可以请求其支付。

（五）缔约过失责任

缔约过失责任，是指在订立合同的过程中，当事人由于过错违反先合同义务而依法承担的民事责任。先合同义务是当事人为订立合同而相互接触和协商期间产生的义务，它包括当事人之间的互相协助、互相通知、互相保护，对合同有关事宜给予必要和充分的注意等义务。由于此时合同还没有成立，因此先合同义务不是合同义务。同样，因违反先合同义务应当承担的是赔偿责任但不是合同责任。缔约过失责任对于维护交易安全、保护当事人的利益具有重要意义。

《民法典》第五百条规定，当事人在订立合同过程中有下列情形之一，造成对方损失的，应当承担赔偿责任：

①假借订立合同，恶意进行磋商；

②故意隐瞒与订立合同有关的重要事实或者提供虚假情况；

③有其他违背诚信原则的行为。

《民法典》第五百零一条规定，当事人在订立合同过程中知悉的商业秘密或者其他应当保密的信息，无论合同是否成立，不得泄露或者不正当地使用；泄露、不正当地使用该商业秘密或者信息，造成对方损失的，应当承担赔偿责任。

当事人承担缔约过失责任须满足以下要件：

①当事人违反了先合同义务，即当事人的行为发生在订立合同的过程中。

②当事人实施了《民法典》第五百条和第五百零一条规定中的行为。包括当事人一方有假借订立合同，恶意进行磋商的；故意隐瞒与订立合同有关的重要事实或者提供虚假情况的；其他违背诚实信用原则的行为以及当事人泄露或者不正当地使用在订立合同过程中知悉的商业秘密的行为。

③当事人一方的上列行为给另一方当事人造成了损失。

④一方当事人的行为与另一方当事人的损失之间有因果关系。

⑤违反先合同义务的一方在主观上有过错。

四、合同的成立

合同成立是当事人订立合同所追求的目标。合同的成立即意味着当事人的意思表示已经达成一致。《民法典》第四百八十三条规定，承诺生效时合同成立，但是法律另有规定或者当事人另有约定的除外。

(1)合同成立的时间。

合同成立的时间是双方当事人的磋商过程结束，达成共同意思表示的时间界限。《民法典》第四百九十条规定，当事人采用合同书形式订立合同的，自当事人均签名、盖章或者按指印时合同成立。在签名、盖章或者按指印之前，当事人一方已经履行主要义务，对方接受时，该合同成立。法律、行政法规规定或者当事人约定合同应当采用书面形式订立，当事人未采用书面形式但是一方已经履行主要义务，对方接受时，该合同成立。《民法典》第四百九十一条规定，当事人采用信件、数据电文等形式订立合同要求签订确认书的，签订确认书时合同成立。当事人一方通过互联网等信息网络发布的商品或者服务信息符合要约条件的，对方选择该商品或者服务并提交订单成功时合同成立，但是当事人另有约定的除外。

(2)合同成立的地点。

合同成立的地点是指当事人经过对合同内容的磋商，最终意思表示一致的地点。《民法典》第四百九十二条规定，承诺生效的地点为合同成立的地点。采用数据电文形式订立合同的，收件人的主营业地为合同成立的地点；没有主营业地的，其住所地为合同成立的地点。当事人另有约定的，按照其约定。《民法典》第四百九十三条规定，当事人采用合同书形式订立合同的，最后签名、盖章或者按指印的地点为合同成立的地点，但是当事人另有约定的除外。

第三节 合同的效力

一、合同效力的含义

合同效力即已经成立的合同的法律效力，是指依法成立的合同对当事人具有的法律约束力。具有法律效力的合同不仅表现为对当事人的约束，同时，在合同有效的前提下，当事人可以通过法院获得强制执行的法律效果。《民法典》第四百六十五条规定，依法成立的合同受法律保护，仅对当事人具有法律约束力，但是法律另有规定的除外。

合同成立，即意味着当事人就合同的主要条款已经达成一致。合同生效，则意味着已经成立的合同在当事人之间产生法律约束力，也就是通常所说的法律效力。合同成立与合同生效是两个不同的概念，《民法典》第四百八十三条和第四百六十五条分别就合同成立和合同生效作出了规定。合同的成立是合同生效的前提。已经成立的合同如不符合法律规定的生效要件，仍不能产生法律效力。合同的效力制度体现了国家对当事人已经订立的合同的评价。这种评价若是肯定的，即合同能够发生法律效力；这种评价若是否定的，即合同不能发生法律效力。据此可以说，合同的成立主要表现了当事人的意志，体现了自愿订立合同的原则，而合同效力制度则体现了国家对合同关系的肯定或否定的评价，反映了国家对合同关系的干预。

二、合同生效的时间

合同的法律效力发生的时间，就是合同生效的时间。对于那些依法成立且符合法律生效要件的合同来说，一旦成立即产生法律约束力。这种情形表现为合同的成立与生效在时间上的同一性。但是对于那些需要履行批准、登记手续方能生效的合同以及附条件和附期限的合同，合同的成立与生效有一定的时间间隔，表现为合同的成立与生效在时间上的不同一性。所以，合同的成立和生效在时间上不尽一致。当事人对合同的效力可以约定附条件和附期限。对于附生效条件的合同，自条件成熟时生效；对于附生效期限的合同，自期限届至时生效。

《民法典》第五百零二条规定，依法成立的合同，自成立时生效，但是法律另有规定或者当事人另有约定的除外。依照法律、行政法规的规定，合同应当办理批准等手续的，依照其规定。

《民法典》第一百五十八条规定，民事法律行为可以附条件，但是根据其性质不得附条件的除外。附生效条件的民事法律行为，自条件成就时生效。附解除条件的民事法律行为，自条件成就时失效。

《民法典》第一百五十九条规定，附条件的民事法律行为，当事人为自己的利益不正当地阻止条件成就的，视为条件已经成就；不正当地促成条件成就的，视为条件不成就。

《民法典》第一百六十条规定，民事法律行为可以附期限，但是根据其性质不得附期限的除外。附生效期限的民事法律行为，自期限届至时生效。附终止期限的民事法律行为，自期限届满时失效。

三、有效合同

有效合同即依法成立并符合合同生效要件的合同。合同的生效要件就是指已经成立的合同产生法律效力应当具备的条件。合同的生效要件是判断合同是否具有法律约束力的标准。这些要件是：第一，合同的主体合格。合同的主体合格是指合同的主体应当具有相应的民事权利能力和民事行为能力。主体的种类不同，其相应的民事权利能力和民事行为能力也不尽相同。第二，意思表示真实。意思表示就是指行为人追求一定法律后果的意志在外界的表现，即把要求进行法律行为的意思以一定方式表现于外部的行为。所谓意思表示真实是指行为人的意思表示真实地反映其内心的效果意思。如果说意思表示一致是合同成立的要件的话，那么真实意思表示一致才是合同生效的要件。第三，不违反法律和社会公共利益。这里不违反法律的含义主要是指不违反法律、行政法规的强制性规定；不违反社会公共利益的含义则是指合同的订立与履行不得违反公共道德和善良风俗。

《民法典》第一百四十三条规定，具备下列条件的民事法律行为有效：

①行为人具有相应的民事行为能力；

②意思表示真实；

③不违反法律、行政法规的强制性规定，不违背公序良俗。

值得注意的是，以下两种情形是有效合同：

①表见代理。表见代理是指被代理人的行为足以使善意相对人相信无权代理人具有代理权，基于此项信赖与无权代理人进行交易，由此造成的法律后果由被代理人承担的代理。表见代理制度的设立，旨在保护善意第三人的信赖利益，维护交易的安全，对疏于注意的被代理人，令其自负后果。尽管表见代理实质上仍然属于无权代理，但表见代理产生与有权代理同样的法律后果。《民法典》第一百七十二条规定，行为人没有代理权、超越代理权或者代理权终止后，仍然实施代理行为，相对人有理由相信行为人有代理权的，代理行为有效。

②超越代表权订立的合同。法人或者其他组织订立合同的行为能力是由其法定代表人或者负责人行使的。法人或者其他组织的法定代表人、负责人的代表权限原则上及于法人、其他组织的一切事务，但法人、其他组织可以在章程中对法定代表人、负责人的权限进行限制，但该限制不得对抗善意第三人，只能对内发生效力。因此，如果法定代表人、负责人超越权限与相对人订立合同，相对人善意并且无过失地相信对方没有超越权限的，则该法定代表人、负责人的代表行为有效。所订立的合同符合法律规定的成立要件的，可依法成立。该法人或者其他组织是合同一方的当事人，应承担合同产生的法律后果。但是，如果相对人知道或者应当知道法定代表人或者负责人超越权限的，则不能适用上述规则，法人或者其他组织不承担合同产生的法律后果，由法定代表人或者负责人与相对人自行承担合同责任。

《民法典》第五百零四条规定，法人的法定代表人或者非法人组织的负责人超越权限订立的合同，除相对人知道或者应当知道其超越权限外，该代表行为有效，订立的合同对法人或者非法人组织发生效力。《民法典》第五百零五条规定，当事人超越经营范围订立的合同的效力，应当依照第一编第六章第三节和第三编的有关规定确定，不得仅以超越经营范围确认合同无效。

四、效力待定的合同

效力待定合同是指虽然已经成立，但因并不完全符合有关合同生效要件的规定，因此其能否生效尚未确定，一般须经有权人追认才能生效的合同。效力待定合同有以下几类。

(1)限制民事行为能力人订立的合同。

《民法典》第十七条规定，十八周岁以上的自然人为成年人。不满十八周岁的自然人为未成年人。

《民法典》第十八条规定，成年人为完全民事行为能力人，可以独立实施民事法律行为。十六周岁以上的未成年人，以自己的劳动收入为主要生活来源的，视为完全民事行为能力人。

《民法典》第十九条规定，八周岁以上的未成年人为限制民事行为能力人，实施民事法律行为由其法定代理人代理或者经其法定代理人同意、追认；但是，可以独立实施纯获利益的民事法律行为或者与其年龄、智力相适应的民事法律行为。

《民法典》第二十二条规定，不能完全辨认自己行为的成年人为限制民事行为能力人，实施民事法律行为由其法定代理人代理或者经其法定代理人同意、追认；但是，可以独立实施纯获利益的民事法律行为或者与其智力、精神健康状况相适应的民事法律行为。

《民法典》第一百四十五条规定，限制民事行为能力人实施的纯获利益的民事法律行为或者与其年龄、智力、精神健康状况相适应的民事法律行为有效；实施的其他民事法律行为经法定代理人同意或者追认后有效。相对人可以催告法定代理人自收到通知之日起三十日内予以追认。法定代理人未作表示的,视为拒绝追认。民事法律行为被追认前,善意相对人有撤销的权利。撤销应当以通知的方式作出。

(2)行为人无权代理订立的合同。

行为人无权代理订立的合同包括行为人没有代理权、超越代理权或者代理权终止后以被代理人名义订立的合同三种情形。

《民法典》第一百七十一条规定,行为人没有代理权、超越代理权或者代理权终止后,仍然实施代理行为,未经被代理人追认的,对被代理人不发生效力。相对人可以催告被代理人自收到通知之日起三十日内予以追认。被代理人未作表示的,视为拒绝追认。行为人实施的行为被追认前,善意相对人有撤销的权利。撤销应当以通知的方式作出。行为人实施的行为未被追认的,善意相对人有权请求行为人履行债务或者就其受到的损害请求行为人赔偿。但是,赔偿的范围不得超过被代理人追认时相对人所能获得的利益。相对人知道或者应当知道行为人无权代理的,相对人和行为人按照各自的过错承担责任。

《民法典》第五百零三条规定,无权代理人以被代理人的名义订立合同,被代理人已经开始履行合同义务或者接受相对人履行的,视为对合同的追认。

五、无效合同

1. 无效合同的概念

无效合同是相对有效合同而言的,是指合同虽然已经成立但因为欠缺生效的要件而自始就不具有法律约束力的合同。无效合同具有以下特征:第一,违法性。无效合同是违反了法律和行政法规的强制性规定和社会公共利益的合同。第二,自始无效。无效合同从订立之时就不具有法律约束力,即自始无效。无效合同的无效是绝对的。需要指出的是,无效合同对当事人没有法律约束力,只是意味着当事人不能实现合同的目的,而并不是指无效合同不发生任何法律后果。

《民法典》第一百五十五条规定,无效的或者被撤销的民事法律行为自始没有法律约束力。

2. 无效合同的种类

根据《民法典》的规定,有下列情形之一的,合同无效。

①无民事行为能力人实施的民事法律行为无效。

②行为人与相对人以虚假的意思表示实施的民事法律行为无效。以虚假的意思表示隐藏的民事法律行为的效力,依照有关法律规定处理。

③违反法律、行政法规的强制性规定的民事法律行为无效。但是,该强制性规定不导致该民事法律行为无效的除外。违背公序良俗的民事法律行为无效。

④行为人与相对人恶意串通,损害他人合法权益的民事法律行为无效。

3. 无效的免责条款

根据《民法典》第五百零六条的规定,合同中的下列免责条款无效:

①造成对方人身损害的;

②因故意或者重大过失造成对方财产损失的。

需要注意的是,上述免责条款无效不影响整个合同的效力。

《民法典》第一百五十六条规定,民事法律行为部分无效,不影响其他部分效力的,其他部分仍然有效。

六、可撤销合同

1. 可撤销合同的概念

可撤销合同是指合同虽已成立，但由于存在着法定的可撤销的因素，经一方当事人请求，法院或者仲裁机构确认后予以撤销的合同。合同被撤销之后，已发生的合同法律关系自始归于消灭。

《民法典》第一百五十五条规定，无效的或者被撤销的民事法律行为自始没有法律约束力。

2. 导致合同可撤销的原因

根据《民法典》的规定，导致合同可撤销的法定原因有：

①基于重大误解实施的民事法律行为，行为人有权请求人民法院或者仲裁机构予以撤销；

②一方以欺诈手段，使对方在违背真实意思的情况下实施的民事法律行为，受欺诈方有权请求人民法院或者仲裁机构予以撤销；

③第三人实施欺诈行为，使一方在违背真实意思的情况下实施的民事法律行为，对方知道或者应当知道该欺诈行为的，受欺诈方有权请求人民法院或者仲裁机构予以撤销；

④一方或者第三人以胁迫手段，使对方在违背真实意思的情况下实施的民事法律行为，受胁迫方有权请求人民法院或者仲裁机构予以撤销；

⑤一方利用对方处于危困状态、缺乏判断能力等情形，致使民事法律行为成立时显失公平的，受损害方有权请求人民法院或者仲裁机构予以撤销。

在上述五种情形下订立的合同，因违背了意思表示应当真实的要求，所以，法律赋予当事人请求人民法院或者仲裁机构撤销合同的权利。

3. 撤销权的消灭

可撤销的合同在被撤销之前是有效合同，但是由于存在被撤销的因素，所以可撤销合同的效力并不是处于十分确定的状态。为了稳定当事人之间的合同关系，保护另一方当事人的利益，法律规定了撤销权消灭制度。自撤销权消灭之时起，可撤销合同的效力转入一种确定的状态，即为确定有效的合同，享有撤销权的一方无权再请求人民法院或者仲裁机构撤销合同。

《民法典》第一百五十二条规定，有下列情形之一的，撤销权消灭：

①当事人自知道或者应当知道撤销事由之日起一年内、重大误解的当事人自知道或者应当知道撤销事由之日起九十日内没有行使撤销权；

②当事人受胁迫，自胁迫行为终止之日起一年内没有行使撤销权；

③当事人知道撤销事由后明确表示或者以自己的行为表明放弃撤销权。

当事人自民事法律行为发生之日起五年内没有行使撤销权的，撤销权消灭。

七、合同被确认无效或被撤销后的处理

合同被确认无效或者被撤销后，自始没有法律约束力。因此，应当将当事人之间的关系恢复到没有订立合同的状态，具体的处理方法依照《民法典》第一百五十七条的规定，民事法律行为无效、被撤销或者确定不发生效力后，行为人因该行为取得的财产，应当予以返还；不能返还或者没有必要返还的，应当折价补偿。有过错的一方应当赔偿对方由此所受到的损失；各方都有过错的，应当各自承担相应的责任。法律另有规定的，依照其规定。

需要注意的是，《民法典》第五百零七条规定，合同不生效、无效、被撤销或者终止的，不影响合同中有关解决争议方法的条款的效力。

第四节　合同的履行

一、合同履行的概念和意义

合同的履行是指合同生效以后，合同当事人依照合同的约定，全面、适当地履行合同义务的行为。

合同的履行以合同的有效为前提和基础，是依法成立的合同必然发生的法律效果。合同的履行是合同法的核心，合同的订立、担保、变更、解除以及违约责任等的规定无一不是围绕合同履行这个核心的。这是因为当事人订立合同是为了达到一定的目的，而合同目的的实现只能靠合同履行这条途径。

二、合同履行的原则

1. 遵守约定原则

《民法典》第五百零九条规定，当事人应当按照约定全面履行自己的义务。遵守约定原则是合同履行的一项最根本的要求。遵守约定原则包括两个方面，即适当履行和全面履行。适当履行又称正确履行，是指合同当事人按照合同约定的履行主体、标的、时间、地点以及方式等均应适当，完全符合合同约定的要求的原则。全面履行是要求合同当事人按照合同所约定的各项条款，全面而完整地完成合同义务。适当履行侧重于合同履行的质，全面履行侧重于合同履行的量。如果当事人不遵守全面按约履行原则，只要合同中的任何一个条款未按合同规定得到履行，都构成违约行为，应依法追究违约方的违约责任。正是从这个意义上讲，按约履行是判断合同是否履行即是否违约的标准，是衡量合同履行程度和违约责任的尺度。

2. 协作履行原则

协作履行原则是指合同依法成立后，当事人双方应当在团结协作、互相帮助、互相促进的基础上履行合同规定的各自义务的原则。协作履行原则是诚实信用基本原则在合同履行阶段的具体体现。《民法典》第五百零九条规定："当事人应当遵循诚信原则，根据合同的性质、目的和交易习惯履行通知、协助、保密等义务。"

3. 坚持环境保护原则

环境保护原则是指合同履行过程中，应该坚持环境保护、可持续发展的原则。《民法典》第五百零九条明确规定："当事人在履行合同过程中，应当避免浪费资源、污染环境和破坏生态。"

三、合同履行的规则

1. 合同内容约定不明确时的履行规则

《民法典》第五百一十条规定，合同生效后，当事人就质量、价款或者报酬、履行地点等内容没有约定或者约定不明确的，可以协议补充；不能达成补充协议的，按照合同相关条款或者交易习惯确定。

《民法典》第五百一十一条规定，当事人就有关合同内容约定不明确，依据前条规定仍不能确定的，适用下列规定：

①质量要求不明确的，按照强制性国家标准履行；没有强制性国家标准的，按照推荐性国家标准履行；没有推荐性国家标准的，按照行业标准履行；没有国家标准、行业标准的，按照通常标准或者符合合同目的的特定标准履行。

②价款或者报酬不明确的，按照订立合同时履行地的市场价格履行；依法应当执行政府定价或者政府指导价的，依照规定履行。

③履行地点不明确，给付货币的，在接受货币一方所在地履行；交付不动产的，在不动产所在地履行；其他标的，在履行义务一方所在地履行。

④履行期限不明确的，债务人可以随时履行，债权人也可以随时请求履行，但是应当给对方必要的准备时间。

⑤履行方式不明确的，按照有利于实现合同目的的方式履行。

⑥履行费用的负担不明确的，由履行义务一方负担；因债权人原因增加的履行费用，由债权人负担。

《民法典》第五百一十四条规定，以支付金钱为内容的债，除法律另有规定或者当事人另有约定外，债权人可以请求债务人以实际履行地的法定货币履行。

2. 电子合同的履行规则

《民法典》第五百一十二条规定，通过互联网等信息网络订立的电子合同的标的为交付商品并采用快递物流方式交付的，收货人的签收时间为交付时间。电子合同的标的为提供服务的，生成的电子凭证或者实物凭证中载明的时间为提供服务时间；前述凭证没有载明时间或者载明时间与实际提供服务时间不一致的，以实际提供服务的时间为准。电子合同的标的物为采用在线传输方式交付的，合同标的物进入对方当事人指定的特定系统且能够检索识别的时间为交付时间。

电子合同当事人对交付商品或者提供服务的方式、时间另有约定的，按照其约定。

3. 执行政府定价或者政府指导价合同的履行规则

政府定价是指依照《中华人民共和国价格法》(简称《价格法》)的规定，由政府价格主管部门或者其他有关部门，按照定价权限和范围制定的价格。这种定价是确定的，当事人不得另行约定价格。政府指导价，是指依照《价格法》的规定，由政府价格主管部门或者其他有关部门，按照定价权限和范围规定基准价及其浮动幅度，指导经营者制定的价格。

《民法典》第五百一十三条规定，执行政府定价或者政府指导价的，在合同约定的交付期限内政府价格调整时，按照交付时的价格计价。逾期交付标的物的，遇价格上涨时，按照原价格执行；价格下降时，按照新价格执行。逾期提取标的物或者逾期付款的，遇价格上涨时，按照新价格执行；价格下降时，按照原价格执行。

4. 可选择债务的履行规则

可选择债务是指标的有多项而债务人可以选择履行其中的一项的债务。《民法典》第五百一十五条规定，标的有多项而债务人只需履行其中一项的，债务人享有选择权；但是，法律另有规定、当事人另有约定或者另有交易习惯的除外。享有选择权的当事人在约定期限内或者履行期限届满未作选择，经催告后在合理期限内仍未选择的，选择权转移至对方。第五百一十六条规定，当事人行使选择权应当及时通知对方，通知到达对方时，标的确定。标的确定后不得变更，但是经对方同意的除外。可选择的标的发生不能履行情形的，享有选择权的当事人不得选择不能履行的标的，但是该不能履行的情形是由对方造成的除外。

5. 合同当事人为两人以上时的履行规则

《民法典》第五百一十七条规定，债权人为二人以上，标的可分，按照份额各自享有债权的，为按份债权；债务人为二人以上，标的可分，按照份额各自负担债务的，为按份债务。按份债权人或者按份债务人的份额难以确定的，视为份额相同。

《民法典》第五百一十八条规定，债权人为二人以上，部分或者全部债权人均可以请求债务人履行债务的，为连带债权；债务人为二人以上，债权人可以请求部分或者全部债务人履行全部债务的，为连带债务。连带债权或者连带债务，由法律规定或者当事人约定。

《民法典》第五百一十九条规定，连带债务人之间的份额难以确定的，视为份额相同。实际承担债务超过自己份额的连带债务人，有权就超出部分在其他连带债务人未履行的份额范围内向其追偿，并相应地享有债权人的权利，但是不得损害债权人的利益。其他连带债务人对债权人的抗辩，可以向该债务人主张。被追偿的连带债务人不能履行其应分担份额的，其他连带债务人应当在相应范围内按比例分担。

《民法典》第五百二十条规定，部分连带债务人履行、抵销债务或者提存标的物的，其他债务人对债权人的债务在相应范围内消灭；该债务人可以依据前条规定向其他债务人追偿。部分连带债务人的债务被债权人免除的，在该连带债务人应当承担的份额范围内，其他债务人对债权人的债务消灭。部分连带债务人的债务与债权人的债权同归于一人的，在扣除该债务人应当承担的份额后，债权人对其他债务人的债权继续存在。债权人对部分连带债务人的给付受领迟延的，对其他连带债务人发生效力。

《民法典》第五百二十一条规定，连带债权人之间的份额难以确定的，视为份额相同。实际受领债权的连带债权人，应当按比例向其他连带债权人返还。连带债权参照适用本章连带债务的有关规定。

6. 合同履行涉及第三人时的履行规则

《民法典》第五百二十二条规定，当事人约定由债务人向第三人履行债务，债务人未向第三人履行债务或者履行债务不符合约定的，应当向债权人承担违约责任。法律规定或者当事人约定第三人可以直接请求债务人向其履行债务，第三人未在合理期限内明确拒绝，债务人未向第三人履行债务或者履行债务不符合约定的，第三人可以请求债务人承担违约责任；债务人对债权人的抗辩，可以向第三人主张。

《民法典》第五百二十三条规定，当事人约定由第三人向债权人履行债务，第三人不履行债务或者履行债务不符合约定的，债务人应当向债权人承担违约责任。

《民法典》第五百二十四条规定，债务人不履行债务，第三人对履行该债务具有合法利益的，第三人有权向债权人代为履行；但是，根据债务性质、按照当事人约定或者依照法律规定只能由债务人履行的除外。债权人接受第三人履行后，其对债务人的债权转让给第三人，但是债务人和第三人另有约定的除外。

7. 当事人一方发生变更时的履行规则

《民法典》第五百二十九条规定，债权人分立、合并或者变更住所没有通知债务人，致使履行债务发生困难的，债务人可以中止履行或者将标的物提存。债权人分立是指作为债权人的组织依法分成两个或两个以上的独立的组织，原来的组织可以存在（存续分立），也可以消灭（新设分立）。债权人合并是指作为债权人的组织与其他组织结合成一个组织，原来的组织可以存在（吸收合并），也可以消灭（新设合并）。

《民法典》第五百三十二条规定，合同生效后，当事人不得因姓名、名称的变更或者法定代表人、负责人、承办人的变动而不履行合同义务。合同是合同主体即合同当事人之间的协议，因此，如果只是当事人的姓名或名称改变或者法定代表人、负责人、承办人的变动，合同主体即当事人自然无理由以上述情况的变化来拒绝合同义务的履行。

8. 合同的提前履行规则

《民法典》第五百三十条规定，债权人可以拒绝债务人提前履行债务，但是提前履行不损害债权人利益的除外。债务人提前履行债务给债权人增加的费用，由债务人负担。

9. 合同的部分履行规则

《民法典》第五百三十一条规定，债权人可以拒绝债务人部分履行债务，但是部分履行不损害债权人利益的除外。债务人部分履行债务给债权人增加的费用，由债务人负担。

四、双务合同履行的抗辩权

抗辩权又称"异议权"，是指一方当事人根据法律规定拒绝或者对抗对方当事人请求权的权利。《民法典》第五百二十五条至第五百二十八条规定了双方合同中的三种抗辩权。即同时履行抗辩权、后履行抗辩权和不安抗辩权。这三种抗辩权相互补充，形成一个整体，共同保护合同履行中的公平和公正，使当事人双方的利益同时得到有效的保护。

(1)同时履行抗辩权。

当事人互负债务，没有先后履行顺序的，应当同时履行。一方在对方履行之前有权拒绝其履行请求。一方在对方履行债务不符合约定时，有权拒绝其相应的履行请求。

(2)后履行抗辩权。

当事人互负债务，有先后履行顺序，应当先履行债务一方未履行的，后履行一方有权拒绝其履行请求。先履行一方履行债务不符合约定的，后履行一方有权拒绝其相应的履行请求。

(3)不安抗辩权。

应当先履行债务的当事人，有确切证据证明对方有下列情形之一的，可以中止履行：

①经营状况严重恶化；

②转移财产、抽逃资金，以逃避债务；

③丧失商业信誉；

④有丧失或者可能丧失履行债务能力的其他情形。

当事人没有确切证据中止履行的，应当承担违约责任。

当事人依据前条规定中止履行的，应当及时通知对方。对方提供适当担保的，应当恢复履行。中止履行后，对方在合理期限内未恢复履行能力且未提供适当担保的，视为以自己的行为表明不履行主要债务，中止履行的一方可以解除合同并可以请求对方承担违约责任。

五、合同的保全

合同的保全是指债权人依据法律规定，在债务人不正当处分其权利和财产，危及其债权的实现时，可以对债务人或者第三人的行为行使代位权或者撤销权，以保障债权的实现。合同的保全制度有两种：一是债权人的代位权，二是债权人的撤销权。

1. 代位权

《民法典》第五百三十五条规定，因债务人怠于行使其债权或者与该债权有关的从权利，影响债权人的到期债权实现的,债权人可以向人民法院请求以自己的名义代位行使债务人对相对人的权利,但是该权利专属于债务人自身的除外。代位权的行使范围以债权人的到期债权为限。债权人行使代位权的必要费用,由债务人负担。相对人对债务人的抗辩,可以向债权人主张。

《民法典》第五百三十六条规定,债权人的债权到期前,债务人的债权或者与该债权有关的从权利存在诉讼时效期间即将届满或者未及时申报破产债权等情形,影响债权人的债权实现的,债权人可以代位向债务人的相对人请求其向债务人履行、向破产管理人申报或者作出其他必要的行为。

《民法典》第五百三十七条规定,人民法院认定代位权成立的,由债务人的相对人向债权人履行义务,债权人接受履行后,债权人与债务人、债务人与相对人之间相应的权利义务终止。债务人对相对人的债权或者与该债权有关的从权利被采取保全、执行措施,或者债务人破产的,依照相关法律的规定处理。

2. 撤销权

《民法典》第五百三十八条规定,债务人以放弃其债权、放弃债权担保、无偿转让财产等方式无偿处分财产权益,或者恶意延长其到期债权的履行期限,影响债权人的债权实现的,债权人可以请求人民法院撤销债务人的行为。

《民法典》第五百三十九条规定,债务人以明显不合理的低价转让财产、以明显不合理的高价受让他人财产或者为他人的债务提供担保,影响债权人的债权实现,债务人的相对人知道或者应当知道该情形的,债权人可以请求人民法院撤销债务人的行为。

《民法典》第五百四十条规定,撤销权的行使范围以债权人的债权为限。债权人行使撤销权的必要费用,由债务人负担。

《民法典》第五百四十一条规定,撤销权自债权人知道或者应当知道撤销事由之日起一年内行使。自债务人的行为发生之日起五年内没有行使撤销权的,该撤销权消灭。

《民法典》第五百四十二条规定,债务人影响债权人的债权实现的行为被撤销的,自始没有法律约束力。

第五节 合同的变更和转让

一、合同的变更

1. 合同变更的概念

合同的变更有广义和狭义之分。广义的合同变更包括合同内容的变更和合同主体的变更两种情形。前者是指不改变合同的当事人,仅变更合同的内容;后者是指合同的内容保持不变,仅变更合同的主体,又称为合同的转让。而狭义的合同变更是指依法成立的合同尚未履行或者未完全履行之前,当事人按照法定的条件和程序,就合同的内容进行补充或修改。我国的合同立法将合同的变更界定为狭义的合同变更,即合同内容的变更。

2. 合同变更的条件

根据《民法典》第五百四十三条,当事人协商一致,可以变更合同。合同变更的目的是通过对原合同的修改,保障合同更好地履行和一定目的的实现。当事人变更合同,必须具备以下条件:第一,当事人之间本来存在着有效的合同关系;第二,合同的变更应根据法律的规定或者当事人的约定;

第三，必须有合同内容的变化；第四，合同的变更应采取适当的形式；第五，对合同变更的约定应当明确，《民法典》第五百四十四条规定，当事人对合同变更的内容约定不明确的，推定为未变更。

二、合同履行的情势变更

合同履行的情势变更是指合同有效成立后，因不可归责于双方当事人的原因发生情势变更，致合同之基础动摇或丧失，若继续维持合同原有效力显失公平，允许变更合同内容或者解除合同。《民法典》第五百三十三条规定，合同成立后，合同的基础条件发生了当事人在订立合同时无法预见的、不属于商业风险的重大变化，继续履行合同对于当事人一方明显不公平的，受不利影响的当事人可以与对方重新协商；在合理期限内协商不成的，当事人可以请求人民法院或者仲裁机构变更或者解除合同。人民法院或者仲裁机构应当结合案件的实际情况，根据公平原则变更或者解除合同。

三、合同的转让

合同的转让是指当事人一方依法将其合同权利或义务全部或部分地转让给第三人的法律行为。合同转让是在保持原合同内容的前提下仅就合同主体所作的变更，转让前的合同内容与转让后的合同内容具有同一性，合同的转让仅使原合同的权利、义务全部或者部分地从合同一方当事人转让给第三人，使第三人代替原合同当事人一方而成为合同当事人，或者第三人加入合同关系而成为合同当事人。合同转让涉及转让人、受让人和合同另一方当事人的三方利益，通常存在两种法律关系，即原合同当事人之间的关系和转让人与受让人之间的关系。根据转让标的的不同，合同的转让分为合同权利的转让、合同义务的转移和合同权利、义务的一并转让三种情形。

1. 合同权利转让

合同权利转让又称为“债权转让”，是指不改变原合同的内容，债权人将其享有的原合同权利全部或者部分转移于第三人的法律行为。根据所转让的债权的范围，合同权利转让有全部转让和部分转让之分。在合同权利全部转让时，债权人将其债权全部转让给第三人，该第三人取代原债权人而成为合同关系中新的债权人。在合同权利部分转让时，受让债权的第三人加入原合同关系，与原债权人共同享有债权，此时成为多数人之债。

《民法典》第五百四十五条规定，债权人可以将债权的全部或者部分转让给第三人，但是有下列情形之一的除外：

①根据债权性质不得转让；

②按照当事人约定不得转让；

③依照法律规定不得转让。

当事人约定非金钱债权不得转让的，不得对抗善意第三人。当事人约定金钱债权不得转让的，不得对抗第三人。

《民法典》第五百四十六条规定，债权人转让债权，未通知债务人的，该转让对债务人不发生效力。债权转让的通知不得撤销，但是经受让人同意的除外。

《民法典》第五百四十七条规定，债权人转让债权的，受让人取得与债权有关的从权利，但是该从权利专属于债权人自身的除外。受让人取得从权利不因该从权利未办理转移登记手续或者未转移占有而受到影响。

《民法典》第五百四十八条规定，债务人接到债权转让通知后，债务人对让与人的抗辩，可以向受让人主张。

《民法典》第五百四十九条规定，有下列情形之一的，债务人可以向受让人主张抵销：

①债务人接到债权转让通知时，债务人对让与人享有债权，且债务人的债权先于转让的债权到期或者同时到期；

②债务人的债权与转让的债权是基于同一合同产生。

《民法典》第五百五十条规定，因债权转让增加的履行费用，由让与人负担。

2. 合同义务转移

合同义务转移是指债务人将其负担的债务全部或者部分转移于第三人负担的法律行为。从受让人的角度讲，合同义务转移又称为“债务承担”。在合同义务转移法律关系中，将债务转移给第三人的人为让与人，承担所转移的债务的人为受让人。合同义务的转移，可能会给债权人造成损害，因此，《民法典》第五百五十一条规定，债务人将债务的全部或者部分转移给第三人的，应当经债权人同意。债务人或者第三人可以催告债权人在合理期限内予以同意，债权人未作表示的，视为不同意。

《民法典》第五百五十二条规定，第三人与债务人约定加入债务并通知债权人，或者第三人向债权人表示愿意加入债务，债权人未在合理期限内明确拒绝的，债权人可以请求第三人在其愿意承担的债务范围内和债务人承担连带债务。

《民法典》第五百五十三条规定，债务人转移债务的，新债务人可以主张原债务人对债权人的抗辩；原债务人对债权人享有债权的，新债务人不得向债权人主张抵销。

《民法典》第五百五十四条规定，债务人转移债务的，新债务人应当承担与主债务有关的从债务，但是该从债务专属于原债务人自身的除外。

《民法典》第五百五十五条规定，当事人一方经对方同意，可以将自己在合同中的权利和义务一并转让给第三人。

3. 合同权利、义务一并转让

《民法典》第五百五十六条规定，合同的权利和义务一并转让的，适用债权转让、债务转移的有关规定。

第六节　合同的权利义务终止

一、合同的权利义务终止的概念

合同的性质决定了合同是有期限的民事法律关系，不可能永恒存在，有着从设立到终止的过程。合同的权利义务终止是指依法生效的合同，因具备法定情形和当事人约定的情形，关系上不复存在，合同债权、债务均归于消灭，债权人不再享有合同权利，债务人也不必再履行合同义务。需要特别指出的是，根据《民法典》第五百六十七条，合同的权利义务关系终止不影响合同中结算和清理条款的效力。

二、合同的权利义务终止的效力

合同的权利义务终止后，除消灭原合同的权利义务之外，还发生以下法律效力。

(1)有的从合同的权利义务一并终止。

《民法典》第五百五十九条规定，债权债务终止时，债权的从权利同时消灭，但是法律另有规定或者当事人另有约定的除外。

(2)合同当事人须承担后合同义务。

后合同义务是根据诚实信用原则,在合同的权利义务终止后,原合同当事人所负担的对对方当事人的义务。《民法典》第五百五十八条规定,债权债务终止后,当事人应当遵循诚信等原则,根据交易习惯履行通知、协助、保密、旧物回收等义务。

三、合同的权利义务终止的法定情形

根据《民法典》第五百五十七条,有下列情形之一的,债权债务终止。

(1)债务已经履行。

债务已经按照约定履行,是指债务人按照约定的标的、质量、数量、价款或者报酬、履行期限、履行地点和方式全面履行。如果债务已经按照约定得以履行,合同的目的已经实现,合同关系应当归于消灭,合同已无必要继续约束当事人。因此,合同因完全得到履行而终止是最为正常的。

(2)债务相互抵销。

债务相互抵消,是指当事人互负到期债务,又互享债权,以自己的债权充抵对方的债权,使自己的债务与对方的债务在等额内消灭。

《民法典》第五百六十八条规定,当事人互负债务,该债务的标的物种类、品质相同的,任何一方可以将自己的债务与对方的到期债务抵销;但是,根据债务性质、按照当事人约定或者依照法律规定不得抵销的除外。当事人主张抵销的,应当通知对方。通知自到达对方时生效。抵销不得附条件或者附期限。

《民法典》第五百六十九条规定,当事人互负债务,标的物种类、品质不相同的,经协商一致,也可以抵销。

(3)债务人依法将标的物提存。

提存是指在债务人因债权人的原因而无法向债权人给付债之标的物时,债务人可将该标的物提交于提存机关,由提存机关告知债权人领取,从而解除债务人的履行义务和承担风险责任的一种制度。

《民法典》第五百七十条规定,有下列情形之一,难以履行债务的,债务人可以将标的物提存:

①债权人无正当理由拒绝受领;

②债权人下落不明;

③债权人死亡未确定继承人、遗产管理人,或者丧失民事行为能力未确定监护人;

④法律规定的其他情形。

标的物不适于提存或者提存费用过高的,债务人依法可以拍卖或者变卖标的物,提存所得的价款。

《民法典》第五百七十一条规定,债务人将标的物或者将标的物依法拍卖、变卖所得价款交付提存部门时,提存成立。提存成立的,视为债务人在其提存范围内已经交付标的物。

《民法典》第五百七十二条规定,标的物提存后,债务人应当及时通知债权人或者债权人的继承人、遗产管理人、监护人、财产代管人。

《民法典》第五百七十三条规定,标的物提存后,毁损、灭失的风险由债权人承担。提存期间,标的物的孳息归债权人所有。提存费用由债权人负担。

《民法典》第五百七十四条规定,债权人可以随时领取提存物。但是,债权人对债务人负有到期债务的,在债权人未履行债务或者提供担保之前,提存部门根据债务人的要求应当拒绝其领取提存物。

债权人领取提存物的权利，自提存之日起五年内不行使而消灭，提存物扣除提存费用后归国家所有。但是，债权人未履行对债务人的到期债务，或者债权人向提存部门书面表示放弃领取提存物权利的，债务人负担提存费用后有权取回提存物。

(4)债权人免除债务。

债权人免除债务是指债权人放弃自己的债权。债权人可以免除债务的部分，也可以免除债务的全部。《民法典》第五百七十五条规定，债权人免除债务人部分或者全部债务的，债权债务部分或者全部终止，但是债务人在合理期限内拒绝的除外。

(5)债权债务同归于一人。

债权债务同归于一人，即债权债务的混同，是指由于某种事实的发生，使一项合同中原本由一方当事人享有的债权，而由另一方当事人负担的债务统归于一方当事人，使得该当事人既是合同的债权人，又是合同的债务人。《民法典》第五百七十六条规定，债权和债务同归于一人的，债权债务终止，但是损害第三人利益的除外。

(6)合同解除的，该合同的权利义务关系终止。

合同解除是指合同有效成立后，当具备法律规定的合同解除条件时，因当事人一方或者双方的意思表示而使合同关系归于消灭的行为。合同解除有约定解除和法定解除两种。合同的约定解除是指合同的解除是基于当事人的意愿，经过当事人协商同意的。《民法典》第五百六十二条规定，当事人协商一致，可以解除合同。当事人可以约定一方解除合同的事由。解除合同的事由发生时，解除权人可以解除合同。合同的法定解除是指由于出现了法律规定的情形，当事人一方或者双方依法有权解除合同。《民法典》第五百六十三条规定，有下列情形之一的，当事人可以解除合同：

①因不可抗力致使不能实现合同目的；

②在履行期限届满前，当事人一方明确表示或者以自己的行为表明不履行主要债务；

③当事人一方迟延履行主要债务，经催告后在合理期限内仍未履行；

④当事人一方迟延履行债务或者有其他违约行为致使不能实现合同目的；

⑤法律规定的其他情形。

以持续履行的债务为内容的不定期合同，当事人可以随时解除合同，但是应当在合理期限之前通知对方。

合同解除权的行使，是法律赋予合同当事人保护自己合法权益的手段，但该权利的行使不能毫无限制。《民法典》第五百六十四条规定，法律规定或者当事人约定解除权行使期限，期限届满当事人不行使的，该权利消灭。法律没有规定或者当事人没有约定解除权行使期限，自解除权人知道或者应当知道解除事由之日起一年内不行使，或者经对方催告后在合理期限内不行使的，该权利消灭。

关于解除合同的程序，《民法典》第五百六十五条规定，当事人一方依法主张解除合同的，应当通知对方。合同自通知到达对方时解除；通知载明债务人在一定期限内不履行债务则合同自动解除，债务人在该期限内未履行债务的，合同自通知载明的期限届满时解除。对方对解除合同有异议的，任何一方当事人均可以请求人民法院或者仲裁机构确认解除行为的效力。当事人一方未通知对方，直接以提起诉讼或者申请仲裁的方式依法主张解除合同，人民法院或者仲裁机构确认该主张的，合同自起诉状副本或者仲裁申请书副本送达对方时解除。

关于合同解除的效力和债权债务如何处理，《民法典》第五百六十六条规定，合同解除后，尚未履行的，终止履行；已经履行的，根据履行情况和合同性质，当事人可以请求恢复原状或者采取其他补救措施，并有权请求赔偿损失。合同因违约解除的，解除权人可以请求违约方承担违约责任，但是当事人另有约定的除外。主合同解除后，担保人对债务人应当承担的民事责任仍应当承担担保责任，但是担保合同另有约定的除外。

(7)法律规定或者当事人约定权利义务终止的其他情形。

第七节 违约责任

一、违约责任概述

1. 违约责任的概念

违约责任是指合同当事人不履行合同义务或者履行合同义务不符合约定时，依法产生的法律责任。违约责任制度是保障债权实现及债务履行的重要措施，它与合同的效力、合同义务有密切联系。违约责任以合同有效为基础，同时又以存在合同义务为前提，违约责任是当事人违反有效合同中所约定的合同义务的法律后果。

2. 违约形态

按照发生的时间，违约行为可分为届期违约和预期违约。在通常情况下，违约责任针对的是届期违约行为，即合同的履行期届至，但是当事人一方不履行合同义务或者履行合同义务不符合约定的，应当承担违约责任。预期违约与届期违约相对，是指在合同约定的履行期限届至前，当事人一方明确表示或者以自己的行为表明不履行合同义务。明确表示不履行合同义务的，为明示毁约；以自己的行为表明不履行合同义务的，为默示毁约。对于预期违约行为，对方当事人有权依据《民法典》第五百六十三条的规定单方解除合同，而且依据《民法典》第五百七十八条，当事人一方明确表示或者以自己的行为表明不履行合同义务的，对方可以在履行期限届满前请求其承担违约责任。

3. 违约责任的归责原则

《民法典》第五百七十七条规定，当事人一方不履行合同义务或者履行合同义务不符合约定的，应当承担继续履行、采取补救措施或者赔偿损失等违约责任。但是，《民法典》对缔约过失、无效合同、可撤销合同以及对某些违约责任须以当事人在主观上存在过错为要件。可见，我国合同法在违约责任的归责原则方面，实行以严格责任原则为主导、以过错责任原则为补充的双轨制归责原则体系。

4. 违约责任的划分

《民法典》第五百九十一条规定，当事人一方违约后，对方应当采取适当措施防止损失的扩大；没有采取适当措施致使损失扩大的，不得就扩大的损失请求赔偿。当事人因防止损失扩大而支出的合理费用，由违约方负担。

《民法典》第五百九十二条规定，当事人都违反合同的，应当各自承担相应的责任。当事人一方违约造成对方损失，对方对损失的发生有过错的，可以减少相应的损失赔偿额。

《民法典》第五百九十三条规定，当事人一方因第三人的原因造成违约的，应当依法向对方承担违约责任。当事人一方和第三人之间的纠纷，依照法律规定或者按照约定处理。

二、违约责任的种类

《民法典》第五百七十七条规定，当事人一方不履行合同义务或者履行合同义务不符合约定的，应当承担继续履行、采取补救措施或者赔偿损失等违约责任。违约责任的种类主要有五种。

1. 继续履行

继续履行是指合同当事人一方不履行合同义务或者履行合同义务不符合约定时，如果仍然有履行的可能和必要，另一方当事人请求强制违约方按照合同的约定继续履行合同的义务。继续履行是通过法律规定的强制手段，迫使合同义务人履行义务，保护合同债权人合法权利的一项重要制度。针对金钱债务，《民法典》第五百七十九条规定，当事人一方未支付价款、报酬、租金、利息，或者不履行其他金钱债务的，对方可以请求其支付。对于非金钱债务，《民法典》第五百八十条规定，当事人一方不履行非金钱债务或者履行非金钱债务不符合约定的，对方可以请求履行，但是有下列情形之一的除外：

①法律上或者事实上不能履行；

②债务的标的不适于强制履行或者履行费用过高；

③债权人在合理期限内未请求履行。

有前款规定的除外情形之一，致使不能实现合同目的的，人民法院或者仲裁机构可以根据当事人的请求终止合同权利义务关系，但是不影响违约责任的承担。《民法典》第五百八十一条规定，当事人一方不履行债务或者履行债务不符合约定，根据债务的性质不得强制履行的，对方可以请求其负担由第三人替代履行的费用。

2. 采取补救措施

采取补救措施是指在合同一方当事人违约的情况下，为了减少损失和保证债权人的权益，使合同尽量完满履行所采取的一切积极行为。采取补救措施是《民法典》确定的合同违约方应当承担违约责任的方式之一。从广义上理解，合同违约方的一切承担违约责任的方式，均可认为是保护受害人利益的补救措施。从狭义上理解，采取补救措施这一违约责任，主要适用于合同当事人提供的合同标的物的质量不符合约定的违约行为。关于采取补救措施这一违约责任形式，《民法典》第五百八十二条规定，履行不符合约定的，应当按照当事人的约定承担违约责任。对违约责任没有约定或者约定不明确，依据《民法典》第五百一十条的规定仍不能确定的，受损害方根据标的的性质以及损失的大小，可以合理选择请求对方承担修理、重作、更换、退货、减少价款或者报酬等违约责任。

3. 赔偿损失

赔偿损失是指合同当事人一方不履行合同或者不适当履行合同给对方造成损失的，应依法或依照合同约定承担赔偿责任。承担赔偿责任的构成要件：第一，当事人一方有违约行为；第二，相对方当事人遭受了损失；第三，前两者之间有因果关系。《民法典》第五百八十三条规定，当事人一方不履行合同义务或者履行合同义务不符合约定的，在履行义务或者采取补救措施后，对方还有其他损失的，应当赔偿损失。赔偿损失主要是为了弥补或填补债权人因违约行为遭受的损失，损失赔偿额的确定也主要以实际发生的损失为计算标准。赔偿损失以完全赔偿为原则。完全赔偿原则是指违约方应对其违约行为所造成的全部损失负责，既包括直接损失，也包括间接损失；既包括实际损失，也包括预期利益的损失。《民法典》第五百八十四条规定，当事人一方不履行合同义务或者履行合同义务不符合约定，造成对方损失的，损失赔偿额应当相当于因违约所造成的损失，包括合同履行后可以获得的利益；但是，不得超过违约一方订立合同时预见到或者应当预见到的因违约可能造成的损失。

4. 支付违约金

违约金是指一方当事人违反合同，依照约定或者法律规定向对方支付一定数额的金钱的责任形式。承担违约金责任的构成要件为：第一，有法定的或者约定的违约金条款；第二，违约方有违约行为；第三，当事人违反合同行为不具有免责事由。《民法典》第五百八十五条规定，当事人可以约定一方违约时应当根据违约情况向对方支付一定数额的违约金，也可以约定因违约产生的损失赔偿额的计算方法。约定的违约金低于造成的损失的，人民法院或者仲裁机构可以根据当事人的请求予以增加；约定的违约金过分高于造成的损失的，人民法院或者仲裁机构可以根据当事人的请求予以适当减少。

值得注意的是，如果违约金责任是由当事人专门就防止迟延履行特别约定的，那么，违约方支付违约金后，还应当履行债务。

5. 支付定金

定金是指合同当事人约定的，为了保证合同的履行，由一方预先向对方给付的一定数量的金钱。定金既是对合同的一种担保，同时也是一种违约责任。定金作为违约责任的一种形式，主要是通过定金罚则体现出来的。《民法典》第五百八十六条规定，当事人可以约定一方向对方给付定金作为债权的担保。定金合同自实际交付定金时成立。定金的数额由当事人约定；但是，不得超过主合同标的额的百分之二十，超过部分不产生定金的效力。实际交付的定金数额多于或者少于约定数额的，视为变更约定的定金数额。第五百八十七条规定，债务人履行债务的，定金应当抵作价款或者收回。给付定金的一方不履行债务或者履行债务不符合约定，致使不能实现合同目的的，无权请求返还定金；收受定金的一方不履行债务或者履行债务不符合约定，致使不能实现合同目的的，应当双倍返还定金。

根据《民法典》第五百八十八条，当事人既约定违约金，又约定定金的，一方违约时，对方可以选择适用违约金或者定金条款。定金不足以弥补一方违约造成的损失的，对方可以请求赔偿超过定金数额的损失。

三、违约责任的免除

违约责任的免除是指依照法律规定或者当事人约定，违约方可以免于承担违约责任的情形。违约责任的免除主要包括两种情况：其一是债权人放弃追究债务人的违约责任；其二是存在免责事由。

免责事由是指免除违约方承担违约责任的原因和理由，具体包括法定的免责事由和约定的免责事由。法定的免责事由就是指法律规定的免责事由，主要是指不可抗力。不可抗力是指不能预见、不能避免并不能克服的客观情况，包括自然事件和社会事件两大类。《民法典》第五百九十条规定，当事人一方因不可抗力不能履行合同的，根据不可抗力的影响，部分或者全部免除责任，但是法律另有规定的除外。因不可抗力不能履行合同的，应当及时通知对方，以减轻可能给对方造成的损失，并应当在合理期限内提供证明。当事人迟延履行后发生不可抗力的，不免除其违约责任。约定的免责事由是指当事人通过合同约定的免除承担违约责任的事由，由当事人双方在合同中预先约定，包括不可抗力的范围可以由当事人通过合同条款予以约定，旨在限制或免除其未来责任的条款。免责条款必须是合法的，否则无效。

【典型例题】

【例 5-1】 甲建筑公司于1月6日向乙钢筋厂发函要求购买1000 t钢筋，型号及质量要求与乙钢筋厂一周前送去的样品一样。单价为3600元/t，货款在货到后15天内一次付清，并请对方在1月底前答复。

乙钢筋厂于1月8日收到甲建筑公司的购买信息，因厂长外出不在厂里，厂推销员李某根据自己的工作职责，在调查了解了市场价格后，于1月27日以邮寄快件的方式向甲建筑公司提出："该型号钢筋出厂价均为3800元/t，而且必须购买2000 t时，才能以此价成交。"

1月28日，乙钢筋厂厂长回来，认为现在市场上钢筋供不应求，价格还在不断上涨，以3800元/t的价格卖出太亏了。于是当天通过传真的方式，以定货量已满为由，告知甲建筑公司不再供货。

甲建筑公司店在收到样品时已决定购买，并且以为其按钢筋厂的价格一定可以成交，所以未做其他购买计划，从而影响工程进度，故要求钢筋厂赔偿。推销员李某于1月27日寄出的快件，到达甲建筑公司所在地的时间为1月30日9时。

试分析：(1)甲建筑公司向乙钢筋厂所发函属于要约还是要约邀请？乙钢筋厂推销员李某于1月27日向甲建筑公司寄出的平信属于要约、要约邀请还是承诺？为什么？

(2)双方的买卖合同是否已经成立？为什么？

(3)甲建筑公司因受到工程进度影响而产生的损失，可否要求乙钢筋厂赔偿？

答：(1)甲建筑公司向乙钢筋厂所发函属于要约。乙钢筋厂推销员李某于1月27日向甲建筑公司寄出的快件也属于要约。根据《民法典》的规定，承诺的内容应当与要约的内容一致；受要约人对要约的内容作出实质性变更的，为新要约；有关合同标的、数量、质量、价款或者报酬、履行期限、履行地点和方式、违约责任和解决争议方法等的变更，是对要约内容的实质性变更。本案中，乙钢筋厂推销员发出的平信明确将甲建筑公司函中的1000 t改为2000 t，且价格也有所变更，当属反(新)要约。

(2)未成立。甲建筑公司所发函没有得到乙钢筋厂的承诺，乙钢筋厂发出了新的要约，此新要约的到达时间为1月30日，但是在要约生效以前，乙钢筋厂已经于1月28日传真撤回了此新要约，故要约没有生效。

(3)乙钢筋厂向甲建筑公司寄送样品的行为本身不构成要约，只能是要约邀请，此时合同根本未成立，甲建筑公司因影响工期造成的损失，乙钢筋厂不应承担责任；此外，乙钢筋厂已经及时向对方通知了不欲订合同的意思表示，对方在合同缔结之前自作主张，经济损失应由自己承担。

【例 5-2】 某厂为一旧电器改造单位，承接旧电器翻新、电器修理等业务。服务对象主要为熟悉的单位或个人，因此，其收费比正常的修理单位便宜很多。为了减轻自己的责任，该项目业主在自家单方面贴出声明，如电器修理、翻新后出现故障致使财产或人身损害的，项目业主概不负责任，若不同意此条款，可不来本厂修理，一旦来修理视为同意。乙某系外地人刚搬来此地，前往该厂修理冰箱，但并不知该项目业主甲某的单方面声明。结果电冰箱使用出现问题，造成乙某重大损失；丙某在该厂将自家旧电视翻新，后在使用过程中，电视机出现故障爆炸，造成丙某面部受伤；丁某在该厂修理洗衣机，修好后项目业主甲某明确告知丁某不能连续超过5 h使用洗衣机，否则可能会出现问题。后丁某仍旧连续使用超过5 h，结果洗衣机报废。

试分析：(1)乙某向甲某主张赔偿责任时，甲某可否以自己的单方免责声明来抗辩？为什么？

(2)丙某向甲某主张赔偿责任时，甲某可否以自己的单方免责声明来抗辩？为什么？

(3)如果丙某的赔偿主张能获得支持，则丙某可否进一步主张自己与甲某的合同无效，进而要求甲某承担合同无效责任？为什么？

(4)丁某向甲某主张赔偿责任时，甲某可否抗辩？

答：(1)乙某向甲某主张赔偿责任时，甲某是否可以自己的单方免责声明来抗辩，需具体情况具体分析。根据《民法典》的规定，合同中关于因故意或重大过失造成财产损失的免责条款无效。本案例中甲某可能会利用自己的单方面声明不完全履行自己的义务，存在故意或重大过失；即使甲某不存在故意或重大过失，是否赔偿也应视乙某的行为来决定。因为甲某利用自己的这一规定单方面免除自己的责任，而加重对方当事人的责任，合同订立属于显失公平的情况，根据《民法典》的规定属于可变更或可撤销的合同。如果乙某请求法院或仲裁机构变更或撤销该条款，则甲某自然无法以此抗辩，但是如果乙某在撤销权行使期限未行使撤销权，则乙某的该权利消失，甲某可以此抗辩。

(2)丙某向甲某主张赔偿责任时，甲某不可以以自己的单方免责声明来抗辩。根据《民法典》的规定，合同中关于造成对方人身损害的免责条款无效。这种无效是一种绝对的无效，不论合同中是否约定，也不论对方当事人是否明确同意。

(3)如果丙某的赔偿主张能获得支持，则丙某不能进一步主张自己与甲某的合同无效，进而要求甲某承担合同无效责任。因为，合同部分无效，不影响其他部分效力的，其他部分仍然有效。本案中，仅仅是该免责条款无效，合同的其他条款不受影响。

(4)丁某向甲某主张赔偿责任时，甲某可以抗辩。因为，虽然甲某的单方面声明不可以用来抗辩，但甲某已经明确告知丁某的正确使用方法，丁某未按照正确的使用方法使用洗衣机造成损失的，应自己承担责任。再者，甲某告诉丁某正确使用方法后，也就不存在故意或重大过失了，自然不需要承担责任。

【例 5-3】 2021 年 3 月 15 日，某纺织厂与某服装厂签订一份布料买卖合同，双方约定：由纺织厂于 4 月 15 日前提供真丝双绉面料 1000 m，服装厂先支付价款 8 万元，并于 5 月 20 日将货款一次性全部支付。4 月 15 日，服装厂通知纺织厂按合同约定的时间交货，纺织厂回函言：因设备老化，按时交付有一定困难，请求暂缓履行，服装厂因为要抢在夏季到来之前上市销售该批真丝服装，没有同意纺织厂迟延履行的要求。4 月 25 日，因纺织厂没有履行合同，服装厂致函纺织厂，要求纺织厂最迟在 5 月 10 日前履行合同，否则解除合同。5 月 20 日，纺织厂仍未履行合同，服装厂只好从别的渠道用 90 元/m 的价格购买了真丝双绉面料 1000 m，总价款 9 万元，同时通知纺织厂解除合同，返还 8 万元货款及利息，并要求纺织厂赔偿误工损失及购买布料多支付的 1 万元价款。8 月 10 日，纺织厂要求履行合同，称服装厂解除合同没有征得纺织厂的同意，因而合同没有解除，服装厂应当接受货物。纺织厂在遭到拒绝后遂起诉至法院。

试分析：(1)服装厂是否有权解除合同？

(2)法院能否支持纺织厂的主张？

(3)服装厂能否要求损害赔偿？

答：(1)服装厂有权解除合同。《民法典》第五百六十三条规定，当事人迟延履行主要债务，经催告后仍不履行的，当事人可以解除合同。本案例中，纺织厂迟延履行主要债务，在服装厂的催告后，在合理的期限内仍未履行，因此服装厂有权解除合同。

(2)法院不能支持纺织厂的主张。这涉及法定解除权应当如何行使的问题。《民法典》第五百六十五条规定，当事人依照法律规定解除合同的，应当通知对方，合同自通知到达对方时解除。本案例中，服装厂在解除合同时通知了纺织厂，纺织厂对此没有提出异议，依照法律的规定，合同自解除的通知到达纺织厂时就已经生效，不需要纺织厂的同意。因此纺织厂的主张，法院不能支持。

(3)服装厂可以要求损害赔偿。依据法律有关规定，解除合同与损害赔偿可以并存，当事人解除合同后如果有其他损失的仍可以要求赔偿损失。

独立思考

5-1 简述合同的概念、特征及种类。
5-2 略论合同法的基本原则。
5-3 试述合同的订立方式。
5-4 简述合同的一般条款。
5-5 简述无效合同的特征、类型及处理方式。
5-6 简述合同履行的抗辩权。
5-7 简述合同权利义务终止的法定情形。
5-8 试述违约责任的种类。
5-9 如何理解诚实信用原则为合同法律法规的“帝王规则”。

第六章　建设工程合同基础

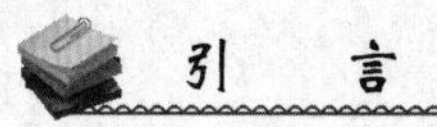

引　言

要以习近平新时代中国特色社会主义思想为指导，紧紧围绕进行伟大斗争、建设伟大工程、推进伟大事业、实现伟大梦想，着眼构筑中国精神、中国价值、中国力量，促进全体人民在理想信念、价值理念、道德观念上紧密团结在一起，在全民族牢固树立中国特色社会主义共同理想，在全社会大力弘扬社会主义核心价值观，积极倡导富强民主文明和谐、自由平等公正法治、爱国敬业诚信友善，全面推进社会公德、职业道德、家庭美德、个人品德建设，持续强化教育引导、实践养成、制度保障，不断提升公民道德素质，促进人的全面发展，培养和造就担当民族复兴大任的时代新人。

——中共中央、国务院《新时代公民道德建设实施纲要》

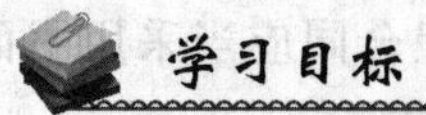

学习目标

知识目标：理解建设工程合同的概念、种类，联合承包，发包人和承包人的权利和责任；熟悉建设工程合同的特征、订立，带资承包、转包和挂靠；了解建设工程相关的法律法规。

能力目标：能够区别合法分包与非法分包；能够判别转包、挂靠。

素质目标：能认知、恪守、自觉践行社会主义核心价值观中的“敬业”“诚信”“法治”，理解工程与社会的关系，在工程管理实践中理解并遵守职业道德和规范，做到责任担当、贡献国家、服务社会。

第一节　建设工程合同概述

一、建设工程合同的概念和特征

(一)建设工程合同的概念

《民法典》第七百八十八条规定，建设工程合同是承包人进行工程建设，发包人支付价款的合同。这里的工程是指土木建筑工程和建筑业范围内的线路、管道、设备安装工程的新建、扩建、改建及大型的建筑装修装饰活动，主要包括房屋、铁路、公路、机场、港口、桥梁、矿井、水库、电站、通信线路等。建设工程的主体是发包人和承包人。发包人，一般为建设工程的建设单位，即投资建设该项工程的单位，通常也被称为项目业主。此外建设工程实行总承包的，总承包单位经发包人同意，在法律规定的范围内对部分工程项目进行分包的，工程总承包单位即成为分包工程的发包人。建设工程的承包人，即实施建设工程的勘察、设计、施工等业务的单位，包括对建设工程实行总承包的单位和承包分包工程的单位。

（二）建设工程合同的特征

在建设工程合同中，发包人委托承包人进行建设工程的勘察、设计、施工任务，承包人接受委托并完成建设工程的勘察、设计、施工任务，发包人为此向承包人支付价款。由此可以看出，建设工程合同实质上就是一种承揽合同，或者说是承揽合同的一种特殊类型。

建设工程合同具有以下几个特征：

①建设工程合同的标的具有特殊性。建设工程合同是从承揽合同中分化出来的，也属于一种完成工作的合同。与承揽合同不同的是，建设工程合同的标的为不动产建设项目。也正由于此，建设工程合同又具有内容复杂、履行期限长、投资规模大、风险较大等特点。

②建设工程合同的主体具有严格性。作为建设工程合同当事人一方的承包人，一般情况下只能是具有从事勘察、设计、施工资格的法人。这是由建设工程的复杂性所决定的。

③建设工程合同具有一定的计划性和程序性。由于建设工程与国民经济建设和人民群众生活都有着密切的关系，因此建设工程合同的订立和履行，必须符合国家基本建设计划的要求，并接受有关政府部门的管理和监督。《民法典》第七百九十二条规定，国家重大建设工程合同，应当按照国家规定的程序和国家批准的投资计划、可行性研究报告等文件订立。

④建设工程合同是要式合同。《民法典》第七百八十九条规定，建设工程合同应当采用书面形式。法律、行政法规规定合同应当办理有关手续的，还应当符合有关规定的要求。

⑤与承揽合同一样，建设工程合同也是双务合同、有偿合同和诺成合同。

二、建设工程合同的种类

（一）根据工程阶段和环节划分

建设工程合同根据工程阶段和环节，可分为建设工程勘察合同、建设工程设计合同与建设工程施工合同。

①建设工程勘察合同是指勘察人（承包人）根据发包人的委托，完成对建设工程项目的勘察工作，由发包人支付报酬的合同。

②建设工程设计合同是指设计人（承包人）根据发包人的委托，完成对建设工程项目的设计工作，由发包人支付报酬的合同。

③建设工程施工合同是指施工人（承包人）根据发包人的委托，完成建设工程项目的施工工作，发包人接受工作成果并支付报酬的合同。

（二）根据合同内容划分

建设工程合同根据合同内容，可分为总承包合同与分承包合同。

①总承包合同是指发包人将整个建设工程承包给一个总承包人而订立的建设工程合同。总承包人就整个工程对发包人负责。

②分承包合同是指发包人将建设工程的勘察、设计、施工工作分别承包给勘察人、设计人、施工人而订立的勘察合同、设计合同、施工合同。勘察人、设计人、施工人作为承包人,就其各自承包的工程勘察、设计、施工部分,分别对发包人负责。

(三)根据合同当事人联结关系划分

建设工程合同根据合同当事人联结关系,分为总包合同与分包合同。

①总包合同是指发包人与总承包人或者勘察人、设计人、施工人就整个建设工程或者建设工程的勘察、设计、施工工作所订立的承包合同。总包合同包括总承包合同与分承包合同,总承包人和承包人都直接对发包人负责。

②分包合同是指总承包人或者勘察人、设计人、施工人经发包人同意,将其承包的部分工作承包给第三人所订立的合同。分包合同与总包合同是不可分离的。分包合同的发包人就是总包合同的总承包人或者承包人(勘察人、设计人、施工人)。分包合同的承包人即分包人,就其承包的部分工作与总承包人或者勘察、设计、施工承包人向总包合同的发包人承担连带责任。

上述几种承包方式均为我国法律所承认和保护。但建设工程的肢解承包、转包以及再分包这几种承包方式均为我国法律所禁止。

《民法典》第七百九十一条规定,发包人可以与总承包人订立建设工程合同,也可以分别与勘察人、设计人、施工人订立勘察、设计、施工承包合同。发包人不得将应当由一个承包人完成的建设工程肢解成若干部分发包给数个承包人。

总承包人或者勘察、设计、施工承包人经发包人同意,可以将自己承包的部分工作交由第三人完成。第三人就其完成的工作成果与总承包人或者勘察、设计、施工承包人向发包人承担连带责任。承包人不得将其承包的全部建设工程转包给第三人或者将其承包的全部建设工程肢解以后以分包的名义分别转包给第三人。

禁止承包人将工程分包给不具备相应资质条件的单位。禁止分包单位将其承包的工程再分包。建设工程主体结构的施工必须由承包人自行完成。

(四)根据价格形式划分

建设工程合同根据价格形式,可以分为单价合同、总价合同和其他价格形式合同。

①单价合同是指合同当事人约定以工程量清单及其综合单价进行合同价格计算、调整和确认的建设工程合同,在约定的范围内合同单价不作调整。

②总价合同是指合同当事人约定已标价工程量清单或预算书及有关条件进行合同价格计算、调整和确认的建设工程合同,在约定的范围内合同总价不作调整。

③其他价格形式合同,如成本加酬金等其他价格形式合同。

三、建设工程合同订立的程序

根据《民法典》和建设工程相关法律法规的规定,建设工程合同可以通过直接发包和招标方式订立。不属于我国招标投标法律法规规定必须招标的工程,可以由发包人和承包人相互协商后直接发包,并签订合同。而通过招标方式进行发包的工程,通过招标公告或招标邀请(要约邀请)、投标(要约)、发中标通知书(承诺)、签订书面工程合同 4 个主要步骤订立工程合同。

四、建设工程合同的基本内容

建设工程合同属于有名合同,《民法典》对建设工程合同的内容作出了一般规定。

《民法典》第七百九十四条规定,勘察、设计合同的内容一般包括提交有关基础资料和概预算等文件的期限、质量要求、费用以及其他协作条件等条款。

《民法典》第七百九十五条规定,施工合同的内容一般包括工程范围、建设工期、中间交工工程的开工和竣工时间、工程质量、工程造价、技术资料交付时间、材料和设备供应责任、拨款和结算、竣工验收、质量保修范围和质量保证期、相互协作等条款。

《民法典》第七百九十六条规定,建设工程实行监理的,发包人应当与监理人采用书面形式订立委托监理合同。发包人与监理人的权利和义务以及法律责任,应当依照本编委托合同以及其他有关法律、行政法规的规定。

五、发包人与承包人的权利与责任

《民法典》第七百九十七条至第八百零七条对发包人与承包人的权利与责任作了规定,具体内容如下。

①发包人在不妨碍承包人正常作业的情况下,可以随时对作业进度、质量进行检查。

②隐蔽工程在隐蔽以前,承包人应当通知发包人检查。发包人没有及时检查的,承包人可以顺延工程日期,并有权请求赔偿停工、窝工等损失。

③建设工程竣工后,发包人应当根据施工图纸及说明书、国家颁发的施工验收规范和质量检验标准及时进行验收。验收合格的,发包人应当按照约定支付价款,并接收该建设工程。建设工程竣工经验收合格后,方可交付使用;未经验收或者验收不合格的,不得交付使用。

④勘察、设计的质量不符合要求或者未按照期限提交勘察、设计文件拖延工期,造成发包人损失的,勘察人、设计人应当继续完善勘察、设计,减收或者免收勘察、设计费并赔偿损失。

⑤因施工人的原因致使建设工程质量不符合约定的,发包人有权请求施工人在合理期限内无偿修理或者返工、改建。经过修理或者返工、改建后,造成逾期交付的,施工人应当承担违约责任。

⑥因承包人的原因致使建设工程在合理使用期限内造成人身损害和财产损失的,承包人应当承担赔偿责任。

⑦发包人未按照约定的时间和要求提供原材料、设备、场地、资金、技术资料的,承包人可以顺延工程日期,并有权请求赔偿停工、窝工等损失。

⑧因发包人的原因致使工程中途停建、缓建的,发包人应当采取措施弥补或者减少损失,赔偿承包人因此造成的停工、窝工、倒运、机械设备调迁、材料和构件积压等损失和实际费用。

⑨因发包人变更计划,提供的资料不准确,或者未按照期限提供必需的勘察、设计工作条件而造成勘察、设计的返工、停工或者修改设计,发包人应当按照勘察人、设计人实际消耗的工作量增付费用。

⑩承包人将建设工程转包、违法分包的,发包人可以解除合同。发包人提供的主要建筑材料、建筑构配件和设备不符合强制性标准或者不履行协助义务,致使承包人无法施工,经催告后在合理期限内仍未履行相应义务的,承包人可以解除合同。合同解除后,已经完成的建设工程质量合格的,发包人应当按照约定支付相应的工程价款;已经完成的建设工程质量不合格的,参照《民法典》第七百九十三条的规定处理。

⑪发包人未按照约定支付价款的,承包人可以催告发包人在合理期限内支付价款。发包人逾

期不支付的，除根据建设工程的性质不宜折价、拍卖外，承包人可以与发包人协议将该工程折价，也可以请求人民法院将该工程依法拍卖。建设工程的价款就该工程折价或者拍卖的价款优先受偿。

第二节　建设工程合同相关概念

一、联合共同承包

1. 概念和特点

联合共同承包是指由两个或两个以上单位共同组成非法人的联合体，以该联合体的名义承包某项建设工程的承包方式。联合共同承包具有以下特点：

①采用联合共同承包方式承包工程，可以利用各个承包单位的优势，加强人员、技术、设备等方面优势组合和资源的优化，增强联合共同承包竞争的优势，减弱相互之间的竞争，增加中标的机会。

②采用联合共同承包方式承包工程，可以降低风险，争取更大的利润。

③采用联合共同承包方式承包工程，有助于承包单位相互学习，共同进步。

④采用联合共同承包方式承包工程，对项目业主来说，不仅可以降低投资成本，同时风险也较低。一旦出现违约事件，由于联合承包各方负有连带责任，项目业主可以向任何一方要求赔偿。

2. 相关法律规定

《建筑法》第二十七条规定："大型建筑工程或者结构复杂的建筑工程，可以由两个以上的承包单位联合共同承包。共同承包的各方对承包合同的履行承担连带责任。两个以上不同资质等级的单位实行联合共同承包的，应当按照资质等级低的单位的业务许可范围承揽工程。"

二、带资承包

1. 概念

带资承包也称"垫资"，是指在工程建设中，发包方不需支付费用，全部费用都由承包方预先垫付的承包方式。目前，工程垫资具有以下性质：第一，垫资是当事人的自愿行为。工程垫资实际上是承发包双方根据市场的"双向选择"原则，在承认现实的基础上，确定合作对象的一种方式，是双方的合意行为。第二，所垫资金用于建设工程合同所指向的工程建设。如果承包商垫付的资金不是用于工程建设本身，而是由发包人用于其他用途，其性质就不是工程垫资，而变成了企业之间的借贷关系。第三，垫资是一种业务承揽的手段。对于部分承包商而言垫资是承揽工程、展示实力、在合同洽谈中加重自身筹码的一个有利条件。第四，垫资是履行合同的一种方式。建设工程施工合同就其内容来讲，属于一种特殊的承揽合同，承包人履行合同的过程，就是将劳动和建筑材料物化于建筑产品，承包人向发包人交付合格的建设工程的过程，工程建设包含人工、材料等在内的投入可由发包人预支，也可由承包人垫付。第五，垫资承包符合国际惯例。垫资承包的负面效应可通过完善法治环境与市场环境解决。

2. 相关法律规定

《最高人民法院关于审理建设工程施工合同纠纷案件适用法律问题的解释》第六条规定："当事人对垫资和垫资利息有约定，承包人请求按照约定返还垫资及其利息的，应予支持，但是约定的利息计算标准高于中国人民银行发布的同期同类贷款利率的部分除外。当事人对垫资没有约定的，按照工程欠款处理。当事人对垫资利息没有约定,承包人请求支付利息的,不予支持。”

三、转包

1. 概念和形式

转包是指承包单位承包建设工程后,不履行合同约定的责任和义务,将其承包的全部建设工程转给他人或者将其承包的全部建设工程肢解以后,以分包的名义分别转给其他单位承包的行为。承包单位只收取管理费,对工程不承担任何经济、技术及管理责任的行为,为《建筑法》等明文禁止。转包按照实际情况一般有下面几种形式:

①承包单位承接工程后,将所承包的工程全部转包。

②承包单位承接工程后,将全部工程肢解后以分包的名义转包。包括将工程的主要部分或群体工程中半数以上的单位工程转给其他施工单位施工。

③分包单位对分包的工程又全部转包。

④承包单位层层转包。

2. 相关法律规定

由于转包行为严重违法,转包合同依法无效。转包合同的发包方应当向建设单位承担不亲自履行合同义务的违约责任,支付违约金;如果造成建设单位经济损失的,由转包合同的发包方和承包方按《建筑法》的规定,向建设单位承担连带赔偿责任。转包合同的发包方应对其违法行为承担行政处罚的法律责任。《建筑法》第六十七条规定:“承包单位将承包的工程转包的,或者违反本法规定进行分包的,责令改正,没收违法所得,并处罚款,可以责令停业整顿,降低资质等级;情节严重的,吊销资质证书。”

四、挂靠

1. 概念和特点

挂靠是指在工程建设活动中,承包人以营利为目的,以某一承包单位的名义承揽建设工程任务的行为。挂靠的特点如下:

①挂靠人没有从事建筑活动的主体资格,或者虽有从事建筑活动的资格,但不具备与建设工程项目的要求相适应的资质等级。

②被挂靠的单位或企业具有与建设工程项目的要求相适应的资质等级证书,但缺乏承揽该工程项目的手段和能力。

③挂靠人以被挂靠的单位或企业的名义承揽到建设工程项目后,通常自行完成工程,并向被挂靠的单位或企业交纳一定数额的“管理费”;而该被挂靠的单位或企业也只是以单位或企业的名义代为签订合同及办理各项手续,收取“管理费”而不实施管理,或者所谓“管理”仅仅停留在形式上,不承担技术、质量、经济责任。

2. 相关法律规定

《建筑法》第二十六条规定:“禁止建筑施工企业超越本企业资质等级许可的业务范围或者以任何形式用其他建筑施工企业的名义承揽工程。禁止建筑施工企业以任何形式允许其他单位或者个人使用本企业的资质证书、营业执照,以本企业的名义承揽工程。”此条可以理解为针对挂靠行为而作出的规定。从行政法的角度而言,挂靠是一种违反行政管理规定,扰乱建筑市场管理秩序,应承受行政处罚的行为。从民法的角度来说,挂靠是一种违反诚实信用原则、具有欺诈性质的无效民事行为。《建筑法》第六十六条规定："建筑施工企业转让、出借资质证书或者以其他方式允许他人以本企业的名义承揽工程的，责令改正，没收违法所得，并处罚款，可以责令停业整顿，降低资质等级；情节严重的，吊销资质证书。"

挂靠当事人依法应当对如下法律后果承担民事法律责任：

①挂靠当事人之间所订立的挂靠协议无效。双方应分别承担过错责任。

②根据《建筑法》及有关司法解释的规定，被挂靠的施工企业与建设单位所订立的建筑安装工程承包合同无效。该施工单位与使用其名义承揽工程的单位或个人对建设单位因此而遭受的损失承担连带赔偿责任。如果建设单位在知情的情况下仍与该被挂靠的施工企业签订合同，则建设单位也有过错，自行承担相应的过错责任。

第三节 建设工程相关法律法规概述

法律是保证建设工程目标实现的手段。为了保证工程顺利进行，保护工程参与方的合法权益，国家为工程建设和运营颁布了许多法律法规。工程参与者、管理者的所有行为都必须符合法律法规的规定，否则必须承担相应的法律后果。与建设工程密切相关的法律很多，现简单介绍以下几部法律。

1.《中华人民共和国安全生产法》

《中华人民共和国安全生产法》（简称《安全生产法》），2002 年 6 月 29 日第九届全国人民代表大会常务委员会第二十八次会议通过，自 2002 年 11 月 1 日起施行。2009 年 8 月 27 日第一次修正，2014 年 8 月 31 日第二次修正，2021 年 6 月 10 日第三次修正。该法旨在加强安全生产监督管理，防止和减少生产安全事故，保障人民群众生命安全和财产安全，促进经济发展。

2.《中华人民共和国环境保护法》

《中华人民共和国环境保护法》（简称《环境保护法》），1989 年 12 月 26 日第七届全国人民代表大会常务委员会第十一次会议通过，2014 年进行修订。该法旨在保护和改善生活环境与生态环境，防止污染和其他公害，保障人身健康，促进社会主义现代化的发展。建设项目的选址、规划、勘察、设计、施工、使用和维修均应遵循该法。

3.《中华人民共和国环境影响评价法》

《中华人民共和国环境影响评价法》（简称《环境影响评价法》），自 2003 年 9 月 1 日起施行。2016 年第一次修正，2018 年第二次修正。该法旨在实施可持续发展战略，预防因规划和建设项目实施后对环境造成不良影响，以促进经济、社会和环境的协调发展。内容包括规划的环境影响评价、建设项目的环境影响评价及相关的法律责任。

4.《中华人民共和国劳动法》

《中华人民共和国劳动法》（简称《劳动法》），自 1995 年 1 月 1 日起施行。2009 年第一次修正，2018 年第二次修正。该法旨在保护劳动者的利益，调整劳动关系，建立和维护适应社会主义市场经济的劳动制度，促进经济发展和社会进步。建设工程中，有关订立劳动合同和集体合同、工作时间和工资、劳动安全、女职工和未成年人的特殊保护、职工培训、社会保险和福利及劳动争议解决等事项应遵循该法。

5.《中华人民共和国仲裁法》

《中华人民共和国仲裁法》，自 1995 年 9 月 1 日起施行。2009 年第一次修正，2017 年第二次修正。该法旨在保证公正、及时地仲裁经济纠纷，保护当事人的合法权益及保障社会主义市场经济健康发展。

6.《中华人民共和国保险法》

《中华人民共和国保险法》(简称《保险法》)，自 1995 年 10 月 1 日起施行。2002 年第一次修正，2009 年修订，2014 年第二次修正，2015 年第三次修正。该法旨在规范保险活动，保护保险活动当事人的合法权益，加强对保险业的监督管理，促进保险业的健康发展，并对保险合同，包括财产保险合同和人身保险合同作了规定。

7.《建设项目环境保护管理条例》

《建设项目环境保护管理条例》，自 1998 年 11 月 29 日起施行，2017 年修订。该条例旨在防止建设项目产生新的污染，破坏生态环境。内容包括环境影响评价、环境保护设施建设、法律责任等。

8.《建设工程勘察设计管理条例》

《建设工程勘察设计管理条例》，自 2000 年 9 月 25 日起施行。2015 年第一次修订，2017 年第二次修订。该条例旨在加强对建设工程勘察、设计活动的管理，保证建设工程勘察、设计质量，保护人民生命和财产安全。内容包括资质资格管理、建设工程勘察设计发包与承包、建设工程勘察设计文件的编制与实施、建设工程勘察设计活动的监督管理、罚则等。

9.《建设工程质量管理条例》

《建设工程质量管理条例》，自 2001 年 1 月 30 日起施行。2017 年 10 月 7 日根据国务院令第 687 号进行修订，2019 年 4 月 23 日根据国务院令第 714 号进行修改。该条例旨在加强对建设工程质量的管理，保证建设工程质量，保护人民生命和财产安全。内容包括建设单位、勘察设计单位、施工单位及工程监理单位的质量责任和义务，建设工程质量保修和监督管理、罚则等。

10.《建设工程安全生产管理条例》

《建设工程安全生产管理条例》，自 2004 年 2 月 1 日起施行。该条例旨在加强建设工程安全生产监督管理，保障人民群众生命和财产安全。内容包括建设单位的安全责任，勘察、设计、工程监理及其他有关单位的安全责任，施工单位的安全责任，建设工程安全生产的监督管理，生产安全事故的应急救援和调查处理，法律责任等。

除了上述法律和法规，国务院下属各部委还通过并发布了与建设工程有关的部门规章，包括《工程建设项目招标代理机构资格认定办法》《工程建设项目自行招标试行办法》《招标公告发布暂行办法》《实施工程建设强制性标准监督规定》《评标专家和评标专家库管理暂行办法》等，与其他法律、行政法规共同组成建设领域完整的法律体系。

【典型例题】

【例 6-1】 2010 年 11 月 15 日下午 2 时 15 分许，上海静安区胶州路 728 号的一幢 28 层居民楼发生严重火灾，大火燃烧 4 个多小时，直至当日下午 6 时 30 分才被扑灭。这场大火共导致 58 人遇难、70 余人住院治疗。

事故发生后，党中央、国务院高度重视。国务委员、公安部部长孟建柱受党中央、国务院委托，于 15 日深夜率国务院工作组紧急赶赴上海，指导火灾事故救援及善后工作，并宣布成立国务院上海市“11·15”特别重大火灾事故调查组。最高人民检察院应邀派员参加事故调查组工作，于 11 月

16 日和 17 日分两批派出 2 名厅级干部和 1 名处级干部赶赴上海火灾现场介入事故调查工作。

经查明，这起大火是由无证电焊工违章操作引起的。而且，大楼装修工程违法违规、层层多次分包、施工作业现场管理混乱，存在明显抢工行为。事故现场还违规使用大量尼龙网、聚氨酯泡沫等易燃材料。同时，有关部门安全监管不力等问题也是导致大火的重要原因。

国务院事故调查组认为，这起事故是一起违法违规生产建设行为所导致的特别重大责任事故，也是一起不该发生的、完全可以避免的事故。事故调查组表示，以对党和人民事业高度负责的精神和态度，严肃认真彻底查清事故原因，依法依规严肃追究有关责任人的责任，给遇难者家属和受伤人员一个交代，给全社会一个交代。同时，深刻总结事故教训，用事故教训推动整个安全生产工作，切实维护广大人民群众的生命财产安全。

11 月 26 日，上海市人民检察院第二分院对上海“11·15”特别重大火灾事故中涉嫌重大责任事故罪的 13 名犯罪嫌疑人依法批准逮捕。被批捕的犯罪嫌疑人包括原上海市静安区建设总公司法定代表人、总经理董×，原上海佳艺建筑装饰工程公司法定代表人、总经理黄××等。

从图 6-1 可以看出，项目是节能综合整治项目，第一次发包给监理、总包和设计，属于分承包合同。第二次总包方上海市静安区建设总公司把施工发包给上海佳艺建筑装饰工程公司，属于转包。第三次上海佳艺建筑装饰工程公司将施工分解分别发包给上海迪姆物业管理有限公司、正捷节能工程有限公司和中航铝门窗有限公司，属于以分包形式进行的转包。根据《建筑法》第二十八条规定，禁止承包单位将其承包的全部建筑工程转包给他人，禁止承包单位将其承包的全部建筑工程肢解以后以分包的名义分别转包给他人。第二十九条规定，建筑工程总承包单位可以将承包工程中的部分工程发包给具有相应资质条件的分包单位；但是，除总承包合同中约定的分包外，必须经建设单位认可。施工总承包的，建筑工程主体结构的施工必须由总承包单位自行完成。建筑工程总承包单位按照总承包合同的约定对建设单位负责；分包单位按照分包合同的约定对总承包单位负责。总承包单位和分包单位就分包工程对建设单位承担连带责任。禁止总承包单位将工程分包给不具备相应资质条件的单位。禁止分包单位将其承包的工程再分包。根据上述规定可以看出上面的案例存在违法转包和层层转包，情节恶劣，必须加以严惩。

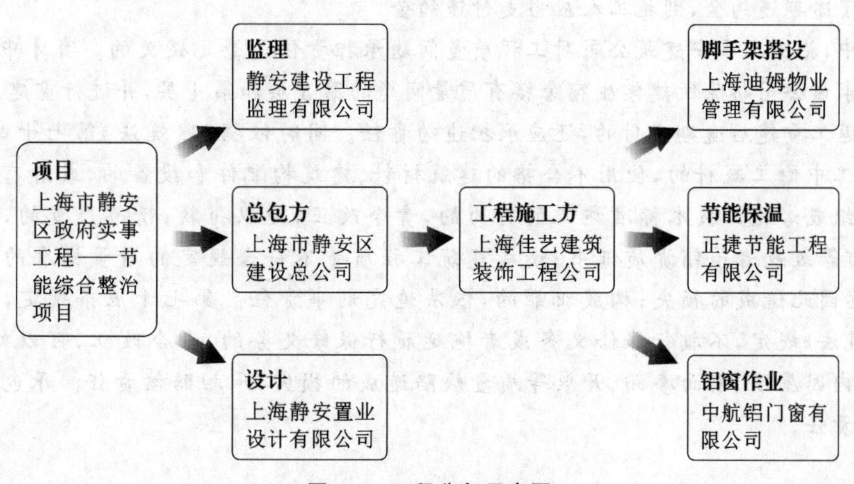

图 6-1　工程分包示意图

【例 6-2】 2020 年 1 月，育才中学与平安建筑公司签订了一份建筑工程承包合同。该合同约定由平安建筑公司为育才中学建一幢学生宿舍楼。合同规定：宿舍楼的内外墙一律使用粉煤灰砖，竣工交付验收合格后交付育才中学使用。合同还约定，若验收后发生较大质量问题，由平安建筑公司修复。2020 年 7 月，宿舍楼竣工，双方进行验收，育才中学发现该楼的第 3 层墙体裂缝较多，要求修复。平安建筑公司认为此问题不存在安全隐患，以不影响使用为由拒绝修复。双方协商不成未进行验收。

两个月后，育才中学发现裂缝越来越多，并认为此工程质量低劣，系危险用房不能使用，要求平安建筑公司拆掉第 3 层墙体重建。平安建筑公司提出出现裂缝属于砖的质量问题，与施工技术无关。因双方分歧较大，育才中学以建筑工程质量不符合合同规定为由，向法院提起诉讼，要求将宿舍楼 3、4 层墙体拆除并重建，以及赔偿相应的损失。

试分析：因施工人的原因致使建设工程质量不符合约定的，施工人承担违约责任的方式是什么？

答：《民法典》第七百九十九条规定，建设工程竣工后，发包人应当根据施工图纸及说明书、国家颁发的施工验收规范和质量检验标准及时进行验收。验收合格的，发包人应当按照约定支付价款，并接收该建设工程。建设工程竣工经验收合格后，方可交付使用；未经验收或者验收不合格的，不得交付使用。

关于建设工程施工人的工程质量责任问题，《民法典》第八百零一条规定，因施工人的原因致使建设工程质量不符合约定的，发包人有权请求施工人在合理期限内无偿修理或者返工、改建。经过修理或者返工、改建后，造成逾期交付的，施工人应当承担违约责任。根据本条规定，因建设工程质量不符合约定而承担违约责任的前提必须是因施工人自己的原因造成质量不符合约定。因为建设工程质量不符合约定的原因可能是多方面的，既可能是施工人的责任，也可能是不可抗力，或者是发包人的责任。只有当工程质量不符合约定是由于施工人自己的原因造成的，施工人才承担相应的违约责任。

在因施工人自己的原因造成工程质量不符合约定时，发包人有权请求施工人在合理期限内修理或者返工、改建。合理期限是指根据工程质量不符合约定的具体情形，以及根据国家相关规定确定的工期和相关合同文件约定的内容，施工人进行无偿修理或者返工、改建所需要的时间。施工人应当承担逾期交付的违约责任。至于这种违约责任的内容，要根据当事人的具体约定。如果当事人之间约定了逾期违约金，则施工人应当支付违约金。

本案例中，施工人平安建筑公司对工程质量问题承担责任是毫无疑义的。育才中学有充分的法律依据要求该公司拆除所建学生宿舍楼有质量问题的第 3 层和第 4 层，并进行重建。此外，平安建筑公司对返工重建后逾期交付的，还应承担违约责任。同时依据《建筑法》第七十四条，建筑施工企业在施工中偷工减料的，使用不合格的建筑材料、建筑构配件和设备的，或者有其他不按照工程设计图纸或者施工技术标准施工的行为的，责令改正，处以罚款；情节严重的，责令停业整顿，降低资质等级或者吊销资质证书；造成建筑工程质量不符合规定的质量标准的，负责返工、修理，并赔偿因此造成的损失；构成犯罪的，依法追究刑事责任。第七十五条规定，建筑施工企业违反《建筑法》规定，不履行保修义务或者拖延履行保修义务的，责令改正，可以处以罚款，并对在保修期内因屋顶、墙面渗漏、开裂等质量缺陷造成的损失，承担赔偿责任。承包人还要承担相应的行政责任。

独立思考

6-1 试述建设工程合同的概念、特征和种类。

6-2 试述联合承包的概念和特征。

6-3 简述建设工程承包中转包的主要表现形式。

6-4　试述工程建设挂靠的危害性。

6-5　分析转包、挂靠、层层分包的危害及应承担的法律后果。

6-6　【例 6-2】中，假如你是平安建筑公司的项目经理，有没有更好的做法？

6-7　思考：在职业生涯中如何遵守职业道德和规范，弘扬诚信社会公德，理解工程与社会的关系。

第七章　建设工程施工合同管理

引　言

在长期实践中，我们培育形成了爱岗敬业、争创一流、艰苦奋斗、勇于创新、淡泊名利、甘于奉献的劳模精神，崇尚劳动、热爱劳动、辛勤劳动、诚实劳动的劳动精神，执着专注、精益求精、一丝不苟、追求卓越的工匠精神。劳模精神、劳动精神、工匠精神是以爱国主义为核心的民族精神和以改革创新为核心的时代精神的生动体现，是鼓舞全党全国各族人民风雨无阻、勇敢前进的强大精神动力。

——习近平总书记关于工匠精神的重要论述摘录，《人民日报》2020 年 11 月 25 日

学习目标

知识目标：识记建设工程施工合同的概念以及各类型合同订立的依据和条件；识记建设工程施工合同中发包人、承包人、分包、质量管理、缺陷责任与保修、违约、索赔等概念。理解工期和进度、材料与设备、试验与检验、资金来源证明和双向担保、现场统一管理协议、监理人、甩项竣工、竣工结算等重点条款；识记工程变更的概念、基本程序及工程变更价款的确定原则；识记价格调整以及不可抗力的概念，理解其构成要件；理解合同调价基数。熟悉建设工程施工合同的作用、内容、主体的资质。了解建设工程施工合同中安全文明施工与环境保护、验收和工程试车、保险、争议解决等条款。熟悉风险分析的任务及风险防范的方法；熟悉合同分析、审查的目的及内容，了解合同谈判的程序及技巧。

能力目标：分析施工合同相关案例，能够针对工程项目特点选择合适的合同类型，能够识别工程合同管理中的风险；能够进行合同调价；能够拟定大型复杂工程合同条款。

素质目标：能够理解契约精神在施工合同中的重要性；能够认知、恪守敬业守信、作风严谨的大国工匠精神。能够进行复杂工程合同策划及变更管理；能够管理合同风险；能够进行合同谈判、审查合同、签订合同。在合同管理中能够秉承合作共赢、相互尊重、互惠互利的理念精诚合作，深刻理解“工程命运共同体”。

第一节 建设工程施工合同概述

一、建设工程施工合同的概念及特点

（一）建设工程施工合同的概念

建设工程施工合同是指承包人进行工程建设施工，发包人支付价款的合同。依照施工合同，承包人应完成一定的建筑、安装工程任务，发包人应提供必要的施工条件并支付工程价款。

建设工程施工合同的当事人是发包人和承包人，双方是平等的民事主体。承发包双方签订施工合同，必须具备相应条件和履行施工合同的能力。对合同范围内的工程实施建设时，发包人必须具备组织协调能力；承包人必须具备有关部门核定的资质等级并持有营业执照等证明文件。发包人既可以是建设单位，也可以是取得建设项目总承包资格的项目总承包单位。

（二）建设工程施工合同的特点

建设工程施工合同作为最主要的建设工程合同，除具有建设工程合同的特征外，还具有以下特点。

1. 合同标的的特殊性

施工合同的标的是建筑产品，而建筑产品和其他产品相比具有固定性、单件性、生产的流动性、生产周期长等特点。这些特点决定了施工合同标的的特殊性。

2. 合同内容的多样性和复杂性

由于施工合同标的的特殊性，合同涉及的方面多，涉及多种主体以及他们之间的法律、经济关系，这些都要求施工合同内容尽量详细，导致了施工合同内容的繁杂。例如，施工合同除了应当具备合同的一般内容外，还应对安全施工、发现地下障碍和文物、工程分包、不可抗力、工程变更、材料设备的供应、运输、验收等内容作出规定。

3. 合同履行期限长

建筑产品的生产周期长，决定了施工合同的履行期限具有长期性。在合同履行过程中，可能会受到天气、政策、市场等多种因素的影响，这就要求承包人和发包人在签订合同时，充分考虑这些因素，合理约定合同履行期限。

4. 合同监督严格

由于施工合同的履行对国家的经济发展、人民的工作和生活都有重大的影响，国家对施工合同实施非常严格的监督。在施工合同的订立、履行、变更、终止全过程中，除要求合同当事人对合同进行严格的管理外，合同的主管机关（工商行政管理机构）、建设行政主管机关、金融机构等都要对施工合同进行严格的监督。

二、建设工程施工合同示范文本

依据《民法典》《建筑法》《招标投标法》以及相关法律法规，住房和城乡建设部、国家工商行政管理总局对《建设工程施工合同（示范文本）》（GF—2013—0201）进行了修订，制定了《建设工程施工合同(示范文本)》(GF—2017—0201)(简称《示范文本》)。《示范文本》为非强制性使用文本。《示范文本》适用于房屋建筑工程、土木工程、线路管道和设备安装工程、装修工程等建设工程的施工承发包活动,合同当事人可结合建设工程具体情况,根据《示范文本》订立合同,并按照法律法规规定和合同约定承担相应的法律责任及合同权利义务。

建设工程施工合同是建设工程合同的主要合同,是工程建设质量控制、进度控制、投资控制的主要依据。通过合同关系确定建设市场主体之间的相互权利义务关系,对规范建筑市场起着重要的作用。根据《示范文本》和《标准施工招标文件》的相关内容,从建设过程的三个阶段将建设工程施工合同的管理分为施工合同签订过程的管理、实施阶段的合同管理、竣工阶段的合同管理三个部分。

《示范文本》由合同协议书、通用合同条款、专用合同条款三个部分组成,并附有 11 个附件,分别是:承包人承揽工程项目一览表、发包人供应材料设备一览表、工程质量保修书、主要建设工程文件目录、承包人用于本工程施工的机械设备表、承包人主要施工管理人员表、分包人主要施工管理人员表、履约担保格式、预付款担保格式、支付担保格式、暂估价一览表。

合同协议书是《示范文本》中总纲性的文件,规定了合同当事人双方最主要的权利义务,规定了组成合同的文件及合同当事人对履行合同义务的承诺,并且合同当事人在这份文件上签字盖章,因此具有很高的法律效力。《示范文本》合同协议书部分共计 13 条,主要包括工程概况、合同工期、质量标准、签约合同价和合同价格形式、项目经理、合同文件构成、承诺以及合同生效条件等重要内容,集中约定了合同当事人基本的合同权利义务。

通用合同条款是合同当事人根据《建筑法》《民法典》等法律法规的规定,就工程建设的实施及相关事项,对合同当事人的权利义务作出的原则性约定。

通用合同条款共计 20 条,具体条款分别为:一般约定、发包人、承包人、监理人、工程质量、安全文明施工与环境保护、工期和进度、材料与设备、试验与检验、变更、价格调整、合同价格、计量与支付、验收和工程试车、竣工结算、缺陷责任与保修、违约、不可抗力、保险、索赔和争议解决。前述条款既考虑了现行法律法规对工程建设的有关要求,也考虑了建设工程施工管理的特殊需要。

考虑到建设工程的内容各不相同,工期、造价也随之变动,承包人、发包人各自的能力、施工现场的环境和条件也各不相同,通用合同条款不能完全适用于各个具体工程,因此配之以专用合同条款对其作必要的修改和补充,使通用合同条款和专用合同条款成为双方统一意愿的体现。专用合同条款是对通用合同条款原则性约定的细化、完善、补充、修改或另行约定的条款。合同当事人可以根据不同建设工程的特点及具体情况,通过双方的谈判、协商对相应的专用合同条款进行修改、补充。在使用专用合同条款时,应注意以下事项:

①专用合同条款的编号应与相应的通用合同条款的编号一致;

②合同当事人可以通过对专用合同条款的修改,满足具体建设工程的特殊要求,避免直接修改通用合同条款;

③在专用合同条款中有下画线的地方,合同当事人可针对相应的通用合同条款进行细化、完善、补充、修改或另行约定;如无细化、完善、补充、修改或另行约定,则填写“无”或画“/”。

第二节 建设工程施工合同的类型与选择

一、建设工程施工合同的类型

在合同签订之前，发包人必须综合考虑发包项目的性质、类型、范围、环境和准备程度，项目的设计深度、计价方式和管理模式，以及便利发包人、承包人的因素，适当地选择发包方式，明确发包人与承包人双方之间的经济关系形式。从发包承包的范围、承包人所处的地位和合同计价方式等不同的角度，可以对工程发包方式进行不同分类。不管按什么方式分类，合同都是要用价格来体现。从计价方式划分，建设施工合同一般分为总价合同、单价合同和其他价格形式合同。

(一)总价合同

总价合同，是指在合同中确定一个完成项目的总价，承包人据此完成项目全部内容的合同。这种合同能够使发包人在合同签订时易于确定工程预算价。但这类合同仅适用于工程量不太大且能精确计算、工期较短、技术不太复杂、风险不大的项目。因此，采用这种合同类型要求发包人必须准备详细而全面的设计图纸(一般要求施工详图)和各项说明，使承包人能准确计算工程量。

总价合同是总价优先，承包人报总价，双方商讨并确定合同总价，最终按总价结算。通常只有设计变更，或符合合同规定的调价条件(例如法律变化、物价变化等)，才允许调整合同价格。对于总价合同，承包商要承担两个方面的风险：价格风险和工作量风险。

(二)单价合同

单价合同是指在合同中预估实物工程量，承包人据此报单价，作为工程结算时所用单价，工程量按实际完成确认的数量结算。这类合同能够成立的关键在于双方对单价和工程量计算方法的确认。在合同履行过程中，需要注意的问题则是双方对实际工程量计量的确认。这类合同的适用范围比较宽，能鼓励承包人通过提高工效等手段从成本节约中提高利润。

单价合同的特点是单价优先，承包人根据预估工程量报单价，工程量按实际发生确定。通常在工程量变化较大或符合合同规定的调价条件时可进行合同单价调整。对于单价合同，发包人承担工程量风险，承包人承担单价风险，其风险可以得到合理的分摊。

(三)其他价格形式合同

其他价格形式合同比较典型的是成本加酬金合同。

成本加酬金合同，又称“成本补偿合同”，是指由项目业主向承包人支付工程项目的实际成本，并按事先约定的某一种方式支付酬金的合同类型。在这类合同中，项目业主需承担项目实际发生的一切费用，因此也就承担了项目的全部风险。而由于承包人无风险，其报酬往往也较低。这类合同的缺点是项目业主不易控制工程总造价，承包人也往往不注意降低项目成本。这类合同主要适合需要立即开展工作的项目，如救灾工作、新型的工程项目或项目工程内容及技术经济指标未确定的项目、建设项目风险很大的项目。合同中确定的工程合同价，其工程成本部分按现行计价依据计算，酬金部分则按工程成本乘以通过竞争确定的费率计算，将两者相加，确定合同价。一般有成本加固定百分比酬金、成本加固定金额、成本加浮动酬金、目标成本加奖罚的合同价等几种形式。

成本加酬金合同大多适用于边设计、边施工的紧急工程或灾后修复工程。由于在签订合同时，项目业主还不可能为承包商提供用于准确报价的详细资料，因此，在合同中只能商定酬金的计算方法。在成本加酬金合同中，项目业主需承担工程项目实际发生的一切费用，因而也就承担了工程项目的全部风险。

二、建设工程施工合同类型的选择

选择建设工程施工合同类型应主要考虑以下因素。

(1)项目的设计深度。

一般来讲，如果一个工程项目仅达到可行性研究设计阶段，只要求满足主要设备、材料的订货，项目总造价的控制以及技术设计和施工方案设计文件的编制等要求，多采用成本加酬金合同；工程项目达到初步设计的深度，能满足设计方案中的重大技术问题和试验要求及设备制造要求等，多采用单价合同；工程项目达到施工图设计阶段，能满足设备和材料的安排、非标准设备的制造、施工图预算的编制、施工组织设计等，多采用总价合同。

(2)项目规模和复杂程度。

如果项目大而且复杂程度较高，则意味着对承包人的技术水平要求高，项目的风险较大。因此，承包人对合同的选择有较大的主动权，总价合同被选用的可能性较小；或者有把握的部分采用总价合同，估算不准的部分采用单价合同或成本加酬金合同。有时在同一工程中，采用不同的合同形式，是使发包人和承包人合理分担施工不确定因素和风险的有效办法。如果项目的规模较小，复杂程度低，工期较短，则合同类型的选择余地较大，总价合同、单价合同及成本加酬金合同都可选择。这种情况下发包人对合同的选择有较大的控制权，总价合同被选择的可能性比较大。

(3)项目准备时间及工程进度的紧迫程度。

项目的准备包括项目业主的准备工作和承包人的准备工作。对于不同类型的合同他们分别需要不同的准备时间和准备费用。由于招标过程费时，对工程设计要求也高，一些非常紧急的项目如抢险救灾项目等，要求尽快开工，给予项目业主和承包人的准备时间都非常短，加之工期又紧，因此，只能采用成本加酬金的合同形式。如果工程的招标投标时间充裕，则可采用单价或总价合同形式。

(4)项目的外部环境因素。

项目的外部环境因素包括项目所在地区的政治局势、经济状况、劳动力状况、交通、生活条件以及项目的竞争情况等。如果项目的外部环境恶劣则意味着项目的成本高、风险大、不可预测的因素多，承包人很难接受总价合同方式，而较适合采用成本加酬金合同。如果愿意承包某一项目的承包人较多，则项目业主拥有较多的主动权，可按照总价合同、单价合同、成本加酬金合同的顺序进行选择。如果愿意承包项目的承包人较少，则承包人拥有的主动权较多，可以尽量选择承包人愿意采用的合同类型。

一般而言，合同工期在1年以内且施工图设计文件已通过审查的建设工程，可选择总价合同；紧急抢修、救援、救灾等建设工程，可选择成本加酬金合同；其他情形的建设工程，宜选择单价合同。对于一个建设工程项目而言，采用何种合同形式不是固定的。即使在同一个工程项目中，各个不同的工程部分或不同阶段，也可采用不同类型的合同。在划分标段、进行合同策划时，应根据实际情况，综合考虑各种因素后再作出决策。

第三节　建设工程施工合同的风险与防范

一、风险概述

(一)风险的含义和特征

风险是指在从事某项特定活动中因不确定性而产生的经济损失、自然破坏或损伤的可能性。风险具有客观性、不确定性、可预测性等特征。

(二)风险的种类

由于建设工程的特点和建筑市场的激烈竞争,建设工程过程中存在着大量的不确定因素和风险,从来源性质划分主要有以下几种风险。

1. 技术风险

①工程结构复杂、规模大、功能要求高,需要新技术、新工艺以及特殊的施工设备。

②现场条件复杂,干扰因素多,施工技术难度大。

③技术力量、施工力量、装备水平不足。

④技术设计、施工方案、施工计划、组织措施存在缺陷和漏洞。

⑤技术要求不合理,或过于苛刻。

⑥工程变更。

2. 经济风险

①通货膨胀。物价上涨的风险是最常遇到的风险。世界上绝大多数国家都普遍存在这类风险。

②项目业主经济状况恶化,支付能力差,甚至无力支付工程款。

③承包人资金供应不足,周转困难。

④带资承包、实物支付的风险。

⑤出具保函风险。包括无理凭保函取款,不及时归还保函等。

⑥外汇风险。包括汇率大幅度下跌,外汇垄断等。

⑦保护主义。包括强制分包,限定物资采购地域等。

⑧税收歧视。

3. 自然风险

①影响工程实施的气候条件,特别是长期冰冻、炎热酷暑期过长、长期降雨等。

②台风、地震、海啸、洪水、火山爆发、泥石流等自然灾害。

③施工现场的地理位置,对物资材料运输产生影响的各种因素。

④施工场地狭小,地质条件复杂。

⑤可能导致工程毁损或有害于施工人员健康的人为或非人为因素形成的风险,例如辐射或毒气泄漏等事故。

4.项目业主资信风险

①项目业主的信誉差、不诚实,故意拖欠工程款。

②项目业主为了达到不支付或少支付工程款的目的,在工程实施中苛刻刁难承包人,恶意施行罚款或扣款。

③项目业主经常改变主意,如改变设计方案、实施方案,打乱工程施工秩序,但又不愿意给承包人补偿等。

④监理工程师或甲方代表的不公、拖延、克扣等刁钻行为。

5.合同条款风险

①合同中明确规定的承包人应承担的风险。

②标书或合同条款不合理,或过于苛刻,致使承包人的权利与义务极不平衡。

③合同条文不全面、不完整,没有将合同双方的责权利关系表达清楚,没有预计到合同实施过程中可能发生的各种情况。

④合同中的用词不准确、不严密。承包人不能清楚地理解合同的内容,造成失误。

6.工程管理风险

①管理班子的配备,管理人员选用。

②施工人员的积极性。

③与项目业主、监理工程师、主管部门的关系。

④合同管理与索赔。

⑤联合承包及分包。

7.政治风险

①战争或内乱。

②国有化、没收与征用。

③政策与法律法规。

④社会风气及治安状况。

⑤对外关系、国际信誉。

二、风险分析的任务

现代工程项目投资数额大、工作内容复杂、市场竞争激烈、履行时间长,是复杂的系统工程。在工程项目实施过程中,承包人将会面临来自政治、经济、技术、市场、自然等诸多方面的风险因素,这些风险因素将对工程项目的成败和承包人的经济效益产生重大的影响。然而在工程承包中,风险与营利机会总是并存的,它们是对立统一的,没有脱离风险的纯利润,也不可能存在无利润的纯风险,承担的风险越大,营利的可能性和机会应越大。关键在于承包人能不能在项目投标和实施过程中,善于分析风险因素,正确估计风险大小和影响程度,采取合理防范措施以避免和减轻风险,把风险造成的损失控制到最低,甚至学会利用风险,把风险转为机遇,利用风险来营利。总之,风险会造成损失,但风险也会产生商机,不冒风险就抓不住营利的机会。因此一个成功的项目业主或承包人应该能够及时地抓住可能的营利机会,主动地而不是被动地接受风险,抓住有利时机,在相同的风险条件下,争取更多的收益,或在相同的收益下,冒较小的风险。

因此,风险分析和管理已成为现代工程管理中极为重要的内容。工程项目风险分析的主要任务有如下几方面。

①在工程招标投标过程中和施工合同签订前对风险作全面分析和预测。主要应考虑如下问题：第一，工程实施中可能出现的风险类型；第二，风险发生的规律，如发生的可能性、发生的时间及分布规律等；第三，风险的影响，即风险如果发生，对施工过程、工期和成本等有哪些影响，项目业主或承包人要承担哪些经济或法律的责任等；第四，各风险之间的内在联系，如风险因素一起发生或伴随发生的可能和影响等。

②对风险进行有效预防。即事先考虑如何防范风险，以及如果风险发生应采取什么措施降低它的不利影响，为风险作组织、技术、资金等方面的准备。包括如何通过合同条款来降低自己的风险，如何通过保险等措施来转移相关的损失等。

③在合同实施中对已经发生的风险进行有效的控制。例如采取措施有效地转移风险，争取让专门机构或多方承担风险造成的损失；降低风险的不利影响，减少自己的损失；在风险发生的情况下进行有效的决策，对工程施工进行有效的控制，保证工程项目的顺利实施；等等。

三、风险防范

（一）风险防范的一般方法

1. 风险损失的预防

风险损失的预防是在损失发生前采取的控制技术，对各种风险因素采取对应的预防措施。不确定性是风险的本质属性，但这并不表明人们对此束手无策，人们可以对可能发生的风险进行预测和衡量，尽量避免风险的发生，或对风险的发生有充分的准备。

2. 风险损失的减轻

损失减轻就是采取有效措施减轻损失发生时或发生后的损失程度。风险的后果就是会带来某种损失。而工程施工中所称的风险，一般而言都是危害性较大的风险，因此，对不可避免发生的风险一定要有恰当的措施来减轻由此造成的损害。

3. 风险的分散与组合

风险分散是将风险进行时间、数量与空间上的分离。在工程承包中应尽量避免风险过于集中或过大，对于较大的风险要尽可能分解或进行组合，这样即使风险发生，损失也不会集中在一个主体身上。如承包人可以把一部分风险转移和分散给分包人或联营体的合伙人。

4. 风险的转移

风险转移就是采取一定的措施将某些风险因素转移出去，这是化解风险的最有效的方法。当然这种风险的转移可能会降低或减少一定的收益或利益，如房地产开发商的预售、预租行为，承包人购买保险行为等。

（二）项目业主风险防范对策

由于施工合同中的风险是由项目业主和承包人分担的，鉴于各自的地位不同，因此所采取的具体措施、方法也各异。项目业主的风险防范对策主要有以下几点。

1. 认真编制招标文件和合同文件

合同文件是以招标文件为基础形成的，合同文件的完善程度直接决定着将来合同索赔、合同争议的频率和程度。合同中应明确划分出签订合同时可能预见到的事件的责任范围和处理方法，以减少执行合同过程中的争议与纠纷。

2. 严格对投标人进行资格预审

通过对投标人的组织机构、营业执照、资质等级证书以及工程经验、施工设备、人员素质、在手工程任务及财务状况等进行预先审查，保证有足够实力的承包人参加投标。这样就为将来实施合同提供基础保证。

3. 客观、公正做好评标决标工作

在评标时应特别注意对报价的综合评审，应当能对低报价作出客观的解释。对那些报价明显偏低的投标不要轻易接受。否则，将来承包人遇到财务困难时，若项目业主给予援助，则会导致工程成本增加；若项目业主不予援助，工程施工则受到影响，甚至无法进行，这都对项目业主不利。

4. 聘请信誉良好的监理工程师

项目业主聘请信誉良好的监理工程师实施施工监理，可以对工程项目的质量、进度、造价、合同等实行有效的管理与控制，以实现项目的合同目标，并能很好地处理承发包双方在施工过程中可能存在的各种争议与纠纷。

5. 利用经济、法律等手段约束承包人的履约行为

项目业主可以利用履约保函、预付款保函、维修保函、扣留滞留金、违约误期罚款保险单等经济、法律手段，来约束承包人在履行合同过程中的行为，并能避免或减轻承包人违约可能造成的工程损失。

（三）承包人风险防范对策

在工程承包实践中，项目业主常处于主导地位，承包人是在激烈的竞争中夺标，风险主要集中在承包人方面。因此承包人应从投标、合同谈判、签约及项目执行方面认真研究，采取转移、减轻风险和控制损失的有效方法。

1. 认真编制投标文件和报价单

合同文件同样要以投标文件和报价为依据，对合同风险，承包人应在投标报价时予以充分的考虑，包括提高报价中的不可预见风险费，采取开口升级报价、多方案报价的策略，建议按成本加酬金方式结算以及在投标书中使用保留条款、附加或补充说明等。

2. 完善合同条款，合理分担风险

完善合同条款，使合同能体现双方责权利关系的平衡和公平合理。包括充分考虑实施过程中可能发生的各种情况，在合同中予以详细而具体的规定；使风险性条款合理化，防止独立承担风险；关注项目业主的免责条款是否合理；争取增加对承包人权益的保护性条款。

3. 购买保险

工程保险是项目业主和承包人转移风险的一种重要手段。当出现保险范围内的风险财务损失时，承包人可以向保险公司索赔，以获得一定数额的赔偿。承包工程的保险有工程一切险、施工设备险、第三方责任险以及人身保险等。

4. 认真准备，精心组织

在承包合同实施前，一定要做好各项准备工作，尤其是风险大的项目，要在项目经理和人员的配备、技术力量、机械装备、材料供应、资金筹集、劳务安排、规章措施等方面做出精心的安排，以提高应变能力和对风险的抵抗能力。

5. 加强索赔管理

用索赔来减少或弥补风险造成的损失，是一个合理的、目前被广泛采用的对策。通过索赔可以提高合同价格，增加工程收益，补偿由风险造成的损失。

第四节　建设工程施工合同的分析与签订

一、建设工程施工合同的分析

由于工程建设是一项复杂的系统工程，因此签订的合同非常重要。合同签订前必须进行合同分析。合同分析是一项技术性、综合性很强的工作，要求有关人员必须熟悉与合同相关的法律法规，精通合同的文本结构和条款，对工程环境和条件有全面的了解，有施工合同管理的实际工作经验和经历。

1. 合法性分析

①施工合同订立的原则、内容、形式和程序等要符合《民法典》《建筑法》和其他相关法律的规定。

②工程项目已具备有关法律法规或规定要求的条件，如报建手续、各种批件、各种许可证等。

③合同当事人的资格审查。

④是否需要公证、鉴证，或须由有关部门批准才能生效。

2. 完整性分析

①属于该施工合同的各种文件齐全，包括工程技术、环境、水文地质等方面的文件。

②合同内容完备。对施工合同的内容有相应的规定，没有漏项。

③合同条款齐全。对各种问题和可能涉及的问题都有规定。

④对非标准合同按标准合同文本进行对照分析。

3. 公平性分析

①对权力的分析。包括该项权力对对方的影响力，是否需要制约，有无滥用权力的可能性等。

②对责任的分析，包括该项责任的范围，完成该项责任的前提条件、可行性等。

③项目业主和承包人双方的责、权、利尽可能具体、详细。

④权利与义务的对等。

4. 一致性分析

①工程范围和工作内容。

②合同的计价，包括计价方式、进度款的结算与支付、保留金、预付款、竣工结算等。

③工程变更，包括变更的内容和范围、权力和程序、有效期等。

④各条款之间的逻辑关系。

5. 预测性分析

①可能会出现的事件。

②特殊事件的处理方式。

③事件产生的后果。

④法律责任。

二、建设工程施工合同谈判

谈判作为一种独特的人类活动,其存在和发展已有悠久的历史。改革开放以来,尤其是市场经济建立后,谈判活动和谈判技术成为我国经济生活的重要组成部分,大量的经济关系要借助于谈判来划分相关权利和义务。施工合同关系的确立也是如此。尽管《民法典》规定,在确定中标人前,招标人不得与投标人就投标价格、投标方案等实质性内容进行谈判。但同时规定,招标人和中标人按照招标文件和中标人的投标文件订立书面合同。这就需要谈判。而对于直接发包的项目,谈判就更为重要。

(一)谈判的目的

1. 项目业主参加谈判的目的

①更深入地了解投标人报价的构成,进一步审核和压低报价(直接发包的项目)。

②进一步了解和审查投标人的施工方法和技术措施,施工进度,项目班子,人员、设备和机械的配置,能否保证工程的质量和进度。

③根据中标人的建议和要求,吸收其合理建议。

2. 中标人(投标人)参加谈判的目的

①争取合理的价格。

②争取改善合同条款。通过谈判争取修改苛刻的和不合理的条款,澄清模糊的以及增加有利于保护承包人利益的条款。

③对于直接发包的项目,投标人要争取中标。

签订一份公平、合理的合同应该是项目业主和承包人追求的共同目标。一份好的合同应该对双方都有利,即实现双赢。一份好的合同应该做到合同条款完整、合理,合同价格适中,合同风险分担公平,合同双方权、责、利关系比较平衡,没有苛刻的、单方面的约束性条款等。为实现上述目标,合同双方均应选择具有合同谈判知识、经验和能力的人进行合同谈判,同时各自的有关职能部门要积极配合,提供信息、意见和建议。

(二)谈判的准备工作

由于工程项目投资数额大,实施时间长,不确定影响因素多,施工合同内容涉及技术、经济、管理、法律等众多领域,因此在开始谈判之前,必须细致地做好各方面的准备工作。

(1)谈判的组织准备。

一般来说,谈判组成员的选择要考虑以下几点:一是充分发挥每一位成员的作用,避免人员过多使有些人不能发挥作用或意见纷杂不易集中;二是谈判负责人具有较强的业务能力和丰富的工作经验;三是保证成员的知识结构、能力结构组合在一起能满足谈判要求。

(2)拟定好谈判计划。

谈判前要确定谈判的主题和目标,拟定谈判方案,对想解决的问题及方案做好准备,要整理出谈判大纲,对要解决的主要问题和次要问题拟定要达到的目标。此外,还包括确定谈判的地点、谈判的议程和进度等。

(3)谈判的资料准备。

谈判前要准备好谈判使用的各种资料,准备提交给对方的文件资料以及计划向对方索取的各种文件资料清单。准备提供给对方的资料一定要经谈判组长审查。无论是自己准备的资料还是对方提供的资料,都要认真研究、分析,充分把握其内容,做到心中有数、胸有成竹。

(4)了解对方谈判人员的情况。

包括了解对方谈判人员的基本情况,如年龄、性别、职务、籍贯、学历、资历,甚至性格等。了解对方谈判人员对谈判的态度和意向,了解对方谈判人员之间的意见是否一致。这样有助于采取相应对策,使谈判取得成功。

(三)谈判的策略和技巧

谈判是一门艺术性、技巧性很强的学问,其策略、技巧运用的好坏,直接影响谈判的结果。

1.谈判的策略知识

谈判者的最高宗旨是以最有利的条件实现合同的签约。策略的选择会影响合同的签约。良好、正确的策略选择主要体现在针对性、适应性和效益性三个方面。

(1)针对性:策略运用应与客观环境相符合。

在不同时间,对不同的人和内容,应采用不同的策略。这要求谈判者善于观察对手的特征,在此基础上作出判断,并且把握时机,根据谈判的内容选择合适的谈判策略,以达到预期的谈判目标。

(2)适应性:谈判策略应随着谈判的发展而变化。

这种变化应有新的针对性和灵活性。因为随着谈判的深入,谈判内容会有一定的调整,对手的态度也会变化,这些都会给谈判策略带来影响。

(3)效益性:效益性是指策略的效应、效率。

无论是初始的针对性,还是其间的适应性,都以效益来判断其正确与否。尽量避免毫无意义的闲聊或毫无诚意的谈判,更要防止假借订立合同,恶意进行磋商的情况。

2.谈判的技巧

(1)善于抓住实质问题。

建设工程施工合同涉及的问题很多,切忌不分主次。要注意自始至终抓住主要、关键问题进行交涉,实质问题得到解决,其他问题就好办了。否则,谈判就会陷入僵局,甚至失败。

(2)对等的让步。

当谈判进入相持阶段时,本着谈判应朝着争取签订合同的方向发展,当事人应适当作出让步。一般来说,当自己一方准备对某些条件作出退让时,可以要求对方在其他方面也作出相应的让步,这种做法往往能取得较好的效果。

(3)调和折中。

在工程项目谈判中,当双方就价格问题谈到一定程度以后,虽然各方都作出了让步,但并没有达成一致协议,这时只要各方再做一点让步,就可能拍板成交。

(4)突出优势。

第一次合作和对象可能对我方企业不太了解,甚至还带有偏见。在这种情况下,反复阐述自己的优势则是赢得谈判成功的一种必要的手段。阐述方法很多,最常见的一种方法就是比较法,能促使对方觉得与自己企业合作是放心的。

此外,在策略和技巧方面还有诸如心理战术、先成交后抬价、最后一分钟策略等。总之,谈判的方式多种多样,谈判的技巧更是因事而异,它是人们从成功与失败的谈判中总结出来的经验与策略。

三、建设工程施工合同的审查

(一)合同审查的目的

合同审查包括投标前对招标文件中的合同文本进行审查以及合同正式签订前对形成的合同草稿的审查,前者是为承包人的投标报价服务,后者则是为了签订一个公平、合理、有利的合同。

合同审查主要有以下目的。

①对合同进行结构分析。即分解合同,使其具体明确,易于对合同的认识和理解。

②检查合同内容的完整性。可与标准的合同文本进行对照,以检查有无缺项或遗漏。

③分析评价风险和法律后果,为合同签订提供决策依据。

④审查合同条款之间是否有矛盾或概念不清的问题,以便修改、完善。

对于一些重大的工程项目,或合同关系很复杂的工程,合同审查应经合同法律专家核对评价,或在他们的指导下进行审查后,才能正式签订。

(二)合同审查的内容

合同的一般性审查,应针对以下内容。

①合同文件是否齐全。

②条款是否完整。

③定义是否清楚、准确。

④合同内容是否公平、合理。

⑤合同风险分担是否可以接受。

施工合同重点审查的内容是对施工合同条款的审查,应结合《示范文本》的有关内容以及具体工程项目的背景和实际情况进行。因合同条款较多,以下仅给出审查工作内容、价格、工期、验收、违约责任等条款时应重点注意的有关问题。

1. 工作内容

工作内容是指承包商所承担的工作范围,包括施工、材料和设备的供应,施工人员的提供,工程量的确定,质量的要求及其他责任义务等,以及这些内容是否与双方谈判时的意见一致,工作内容的范围是否清楚,责任是否分明。审查工作内容条款时要注意以下两点:

①因工作范围和内容规定不明确,或承包人未能正确理解而出现的报价漏项、缺项。

②规定工作内容时,文字表达不清楚,双方容易引起争议的部分。

2. 价格

价格是施工合同最主要内容之一,是双方讨论的关键,它包括单价、总价、工资、加班费和其他各项费用,以及付款方式和付款的附带条件等。价格主要受工作内容、工期和其他各项义务的制约。在审查价格时,一定要注意以下两个方面:

①是采用不调价价格投标,还是同时考虑可调合同价,即遇到货币贬值等因素时合同价格是否可以调整等,以及有无可能采用成本加酬金合同形式。

②在合同期间，项目业主是否能够保证一种商品价格的稳定。如在国际承包活动中，有些国家虽然要求承包人用不调价价格投标，但可保证少数商品价格稳定。若此类商品价格上涨，则合同价可以提高。

3. 工期

工期是施工合同的关键条件之一，是影响价格的一项重要因素，同时它是违约误期罚款的唯一依据。工期确定是否合理，直接影响着承包人的经济效益，因此审查工期一定要讲究科学性、可操作性，同时要注意以下两点。

①不能把工期混合于合同期。合同期表明一个合同的有效期间，即合同生效之日到合同终止之日这一段时间。而工期是对承包人完成其工作所规定的时间。

②由项目业主及其他非承包人原因造成工期延长，承包人有权提出延长工期要求。具体内容要在合同中明确规定。

4. 验收

验收主要包括对中间和隐蔽工程的验收、竣工验收和对材料设备的验收。因为验收是承包工程实施过程中的一项重要工作，它直接影响工程的工期和质量问题，需要认真对待。审查验收条款时应注意以下两点：

①应注意验收范围、验收时间的规定。

②验收质量标准应在合同中明确表明。

5. 违约责任

为了确认违约责任、处罚得当，在审查违约责任条款时，应注意以下两点：

①要明确不履行合同的行为，如合同到期后未能完工，或施工过程中施工质量不符合要求，或劳务合同中的人员素质不符合要求，或项目业主不能按期付款等。在对自己一方确定违约责任时，一定要同时规定对方的某些行为是自己一方履约的先决条件，否则不应构成违约责任。

②针对自己关键性的权利，即对方的主要义务，应向对方规定违约责任。如承包人必须按期、按质完工，项目业主必须按规定付款等，都要详细规定各自的履约义务和违约责任。规定对方的违约责任就是保障自己应享有的权利。

(三)常见的合同问题

①合同的结构有缺陷。缺少某些重要的、必不可少的条款。

②合同条款本身有缺陷。对许多可能发生的情况未作估计和规定。

③合同用词不当、概念不清、内容含糊，难以分清双方的责任和权益。

④合同文件或条款之间的规定和要求不一致，甚至互相矛盾。

⑤合同条款有两种以上的解释，双方对合同条款的理解大相径庭。

⑥合同隐含重大风险，或内设圈套、陷阱。

⑦合同不符合法律规定，包括程序、免责条款、形式等。

四、建设工程施工合同的签订

(一)订立建设工程施工合同的条件

订立建设工程施工合同应当具备以下条件：

①初步设计已经批准；

②工程项目已列入年度建设计划；

③有能够满足施工需要的设计文件和有关技术资料；

④建设资金和主要建筑材料设备来源已经落实；

⑤招标投标工程项目的中标通知已经下达。

(二)订立建设工程施工合同应注意的问题

1.避免签订无效建设工程施工合同

建设工程施工合同一经依法订立，即具有法律效力，双方当事人应当按合同约定严格履行。在签订建设工程施工合同的时候，应该尽量避免签订无效合同。

(1)《最高人民法院关于审理建设工程施工合同纠纷案件适用法律问题的解释》中规定，建设工程施工合同具有下列情形之一的，认定无效。

①承包人未取得建筑施工企业资质或者超越资质等级的；

②没有资质的实际施工人借用有资质的建筑施工企业名义的；

③建设工程必须进行招标而未招标或者中标无效的。

(2)《招标投标法》规定了中标无效的6种情形：

①招标代理机构泄密或恶意串通；

②招标人泄露招标情况或标底；

③招标人在定标前与投标人进行实质性谈判；

④招标人违法确定中标人，投标人串标或行贿；

⑤投标人弄虚作假骗取中标。

(3)承包人非法转包、违法分包建设工程所订立的建设工程施工合同。

2.建设工程施工合同无效的处理

建设工程施工合同被确认无效后，将导致合同自始无效，而不是从合同被确认无效之时起无效，即建设工程施工合同自成立时起就不具备法律效力。无效建设工程施工合同在当事人之间不产生合同责任，其法律后果常常使当事人无法有效实现欲通过建设工程施工合同实现的预期目标和合同权益。

《民法典》第七百九十三条规定，建设工程施工合同无效，但是建设工程经验收合格的，可以参照合同关于工程价款的约定折价补偿承包人。

建设工程施工合同无效，且建设工程经验收不合格的，按照以下情形处理：

①修复后的建设工程经验收合格的，发包人可以请求承包人承担修复费用；

②修复后的建设工程经验收不合格的，承包人无权请求参照施工合同关于工程价款的约定折价补偿。

发包人对因建设工程不合格造成的损失有过错的，应当承担相应的责任。

合同签订的过程，是双方当事人经过互相协商，最后就各方的权利、义务达成一致意见的过程，签约是双方意思表示一致的表现。

合同签订通常应考虑如下几方面问题。

①合同签订应遵守的基本原则。

②合同签订的程序。

③合同的文件组成及其主要内容。

④合同签订的形式等。

由项目业主和承包人的法人代表,或正式授权委托的全权代表签署并加盖公章后,合同即开始生效。

第五节 工程变更

由于工程复杂,履行时间长,涉及大量的人、财、物等问题,在合同履行前或者履行过程中会发生与合同的约定不相适应的变化,出现一些新的情况,如果在这种情况下仍然按照合同的要求履行,会导致合同无法履行或不能全面履行,因此需要对双方的权利义务关系重新进行调整和规定。《民法典》规定当事人协商一致可以变更合同,同时也规定了在履行过程中的情势变更。《民法典》第五百三十三条规定,合同成立后,合同的基础条件发生了当事人在订立合同时无法预见的、不属于商业风险的重大变化,继续履行合同对于当事人一方明显不公平的,受不利影响的当事人可以与对方重新协商;在合理期限内协商不成的,当事人可以请求人民法院或者仲裁机构变更或者解除合同。人民法院或者仲裁机构应当结合案件的实际情况,根据公平原则变更或者解除合同。

由于工程变更涉及工程价款的变更和索赔的处理,因此,做好建设工程施工合同管理中的工程变更十分重要。

一、工程变更概述

1. 工程变更的概念和特点

在工程项目实施过程中,按照合同约定的程序,监理人根据工程需要,下达指令对合同文件中的原设计或经监理人批准的施工方案进行的在材料、工艺、功能、功效、尺寸、技术指标、工程数量及施工方法等任一方面的改变,统称为工程变更(engineering change,EC)。工程变更具有如下特点。

①工程变更一般是指合同标的的局部改变,履行标准、履行方式或履行期限的改变等。而建设工程合同的标的即建设工程项目是合同的核心内容,当事人对该内容的变更仅为局部的变更,而不能是建设项目的全部更换,否则即意味着签订一个新的建设工程合同。

②工程变更是指权利和义务的部分改变,该改变的效力仍发生在订立合同的当事人之间,并未涉及合同主体的变更。如若有合同权利、义务承受主体发生变更的情况,实际上就是合同权利、义务的转让问题,而不是严格意义上的合同的变更。

③工程变更往往受到严格的限制。建设工程合同中关于工程变更的条款中,有的经过当事人的一致同意便可予以变更,而较为重要的变更除双方当事人一致同意外,还必须履行严格的审批手续。

2. 工程变更的内容

(1)设计变更。

设计变更主要是指在项目投资估算时,项目计划、设计的深度不够;在计算项目投资时,基础数据失真、漏项少算;新技术、新材料和新规定的出台以及设计错误等。在施工中出现这些情况后,就必须对设计图纸进行补充、修改。

(2)进度计划变更。

进度计划变更主要包括项目业主没有及时交付设计资料;没有按规定交付施工场地、水、电、道路等；由于产生新的施工技术，有必要改变原实施方案以及项目业主或监理工程师的指令改变了原合同规定的施工顺序，打乱施工部署等。

(3)施工条件变更。

施工条件变更往往是指未能预见的现场条件或不利的自然条件，表现在施工中实际遇到的现场条件同招标文件中描述的现场条件有本质的差异，或发生不可抗力等，使承包人向项目业主提出合同价格和施工工期的变更要求。

(4)新增变更。

新增变更是指项目业主对工程项目有了新的要求，包括原招标文件和工程量清单中没有涵盖的工程项目，如扩大建设规模，增加建设内容，提高或降低建设标准，项目用途发生变化以及提供合同以外的服务项目；也包括政府部门对工程项目有新的要求等。

3. 工程变更的范围

建设工程施工合同签订后，合同履行过程中发生以下情形的，应按照合同约定进行变更。

①增加或减少合同中任何工作，或追加额外的工作；

②取消合同中任何工作，但转由他人实施的工作除外；

③改变合同中任何工作的质量标准或其他特性；

④改变工程的基线、标高、位置和尺寸；

⑤改变工程的时间安排或实施顺序；

⑥导致变更的其他情况。

二、工程变更的基本程序

1. 提出变更要求

(1) 发包人提出变更。

发包人提出变更的，应通过监理人向承包人发出变更指示，变更指示应说明计划变更的工程范围和变更的内容。

(2) 监理人提出变更建议。

监理人提出变更建议的，需要向发包人以书面形式提出变更计划，说明计划变更工程范围和变更的内容、理由，以及实施该变更对合同价格和工期的影响。发包人同意变更的，由监理人向承包人发出变更指示。发包人不同意变更的，监理人无权擅自发出变更指示。

(3)承包人提出工程变更。

如果是由承包人提出工程变更，应交与监理工程师审查，最终取得发包人同意。承包人在提出工程变更时，一种情况是工程遇到不能预见的地质条件或地下障碍；另一种情况是承包人为了节约工程成本或加快工程施工进度，提出工程变更。

(4)其他人提出变更申请。

如设计方、分包人等提出的变更，应该按照相应的程序提出变更要求。

2. 监理工程师审查

无论哪一方提出工程变更，均需由监理工程师审查批准。从我国现行的施工监理制度来讲，驻地监理工程师每天直接与承包人及其他参加工程建设的人员打交道。因此，应把好对工程变更管理与审批的第一个关口。驻地监理工程师和监理人员应负责有关变更的工程数量的计量与核实，以及提供有关现场的数据资料和证明，并审查提出工程变更一方的理由是否充分。

工程变更的管理与审批的一般原则应为：

①考虑工程变更对工程进展是否有利。

②考虑工程变更是否可以节约工程成本。

③考虑工程变更须兼顾项目业主、承包人或工程项目之外其他第三方的利益，不能因工程变更而损害任何一方的正当权益。

④必须保证变更工程符合本工程的技术标准。

⑤情势变更，如遇到特殊风险、人为阻碍、合同一方当事人违约等不得不变更工程。总之，监理工程师应注意处理好工程变更问题，并对合理的确定工程变更后的估价与费率非常熟悉，以免引起索赔或合同争端。

3. 编制工程变更文件

工程变更文件包括以下内容。

①工程变更令。主要说明变更理由和工程变更的概况、工程变更估价及对合同价的影响。

②工程量清单。工程变更的工程量清单与合同中的工程量清单相同，并须附工程量的计算记录及有关确定单价的资料。

③设计图纸和技术规范。

④其他有关文件等。

4. 发出变更指示

变更指示均通过监理人发出，监理人发出变更指示前应征得发包人同意。承包人收到经发包人签认的变更指示后，方可实施变更。未经许可，承包人不得擅自对工程的任何部分进行变更。

涉及设计变更的，应由设计人提供变更后的图纸和说明。如变更超过原设计标准或批准的建设规模时，发包人应及时办理规划、设计变更等审批手续。

三、工程变更价款的确定

1. 变更估价原则

除双方另有约定外，变更估价按照以下约定处理：

①已标价工程量清单或预算书有相同项目的，按照相同项目单价认定；

②已标价工程量清单或预算书中无相同项目，但有类似项目的，参照类似项目的单价认定；

③变更导致实际完成的变更工程量与已标价工程量清单或预算书中列明的该项目工程量的变化幅度超过15％的，或已标价工程量清单或预算书中无相同项目及类似项目单价的，按照合理的成本与利润构成的原则，由合同当事人商定或确定变更工作的单价。

2. 变更后合理价格的确定

新的单价或价格决定有两种办法：

①实际价格的详细核算。

②可以比较同类细目单价分析表内的已有价格。

这里需要注意的是原来合同中工程量清单内的价格明显太高或太低的不合理情况，如承包人在投标时，使用了不平衡报价法，某项工程预计施工时要有变更，报价较高。这就需要监理工程师与项目业主和承包人协商定出合理价格，或由监理工程师制定合理的价格。

有关基于实际发生的工程量对原估计的工程数量作出的单价调整，一般来讲，工程量减少，单价提高;工程量增加,单价降低。原合同中规定的工程量价格不变,只调整超过或减少部分的工程量的单价。

3. 计日工

监理工程师如认为必要或可取时,可以指令按计日工完成任何需变更的工程。计日工通常包括在有标价的工程量清单中的一项暂定金额内,计日工主要用于工程量中没有合适项目的零星附加工作。有关计日工的费率和价格表一般作为工程量清单的附件包括在合同之内。

四、变更估价程序

按照《示范文本》的规定,变更估价程序如下:承包人应在收到变更指示后14天内,向监理人提交变更估价申请。监理人应在收到承包人提交的变更估价申请后7天内审查完毕并报送发包人,监理人对变更估价申请有异议的,通知承包人修改后重新提交。发包人应在承包人提交变更估价申请后14天内审批完毕。发包人逾期未完成审批或未提出异议的,视为认可承包人提交的变更估价申请。因变更引起的价格调整应计入最近一期的进度款中支付。

【典型例题】

【例7-1】 在某国际工程项目中,工程量清单表中规定应使用白水泥实施洗手间的马赛克勾缝,但在技术标准中写明这项工作使用普通硅酸盐水泥,图纸上也标注使用普通硅酸盐水泥。施工过程中,项目业主与承包人在使用何种水泥进行勾缝的问题上发生争执。

项目业主认为使用白水泥勾缝满足美观要求,因此承包人应使用工程量清单中的单价做此项工作。而承包人考虑到项目成本,并根据《示范文本》第1.5款,指明技术规范和图纸制约着工程量清单中的描述,因此应该按照优先次序的规定要求施工,使用普通硅酸盐水泥属于正常履约。

试分析:监理工程师应当如何处理?

答:根据《示范文本》第1.5款中合同文件的优先顺序,组成合同的各项文件应互相解释,互为说明。除专用合同条款另有约定外,解释合同文件的优先顺序如下:

(1)合同协议书;

(2)中标通知书(如果有);

(3)投标函及其附录(如果有);

(4)专用合同条款及其附件;

(5)通用合同条款;

(6)技术标准和要求;

(7)图纸;

(8)已标价工程量清单或预算书;

(9)其他合同文件。

根据合同文件的优先顺序,技术标准效力优于图纸,所以监理工程师决定使用普通硅酸盐水泥,如果项目业主执意使用白水泥,则监理工程师就必须发出工程变更令,让承包人重新报价并追加费用。

【例7-2】 在一房地产开发项目中,项目业主提供了地质勘察报告,证明地下土质很好。承包人制订施工方案,用挖方的余土作通往住宅区道路基础的填方。由于基础开挖施工时正值雨季,开挖后土方潮湿,且易碎,不符合道路填筑要求。承包人不得不将余土外运,另外取土作道路填方材料。

对此承包人提出索赔要求。监理工程师否定了该索赔要求,理由是,填方的取土作为承包人的施工方案,它因受到气候条件的影响而改变,不能提出索赔要求。

试分析:监理工程师的做法是否正确。

答:根据《示范文本》"2.4.3 提供基础资料"条款,发包人应当在移交施工现场前向承包人提供施工现场及工程施工所必需的毗邻区域内供水、排水、供电、供气、供热、通信、广播电视等地下管线资料,气象和水文观测资料,地质勘察资料,相邻建筑物、构筑物和地下工程等有关基础资料,并对所提供资料的真实性、准确性和完整性负责。根据"3.1 承包人的一般义务"条款,承包人在履行合同过程中应遵守法律和工程建设标准规范,并按合同约定的工作内容和施工进度要求,编制施工组织设计和施工措施计划,并对所有施工作业和施工方法的完备性和安全可靠性负责。

由此可以看出,发包人对自己所提供的基础资料负责,而承包人对项目业主提供的资料的理解负责。而地下土质可用于填方,这是承包人对地质报告的理解,应由他自己负责。土填方作为承包人的施工方案,也应由承包人负责。

【例 7-3】 2021 年 3 月,某市市政管理委员会与 A 建筑安装公司签订了一份工程建设合同。合同规定:由 A 建筑安装公司承建位于该市西区的供水管线工程,由市政管理委员会提供该工程的设计图样。合同对工期、质量、验收、拨款、结算等都作了详细规定。2021 年 6 月,供水管线工程进行隐蔽之前,承包人 A 建筑安装公司通知市政管委会派人来进行检查。然而,市管委会由于种种原因迟迟未派人到施工现场进行检查。A 建筑安装公司只得暂时停工,并顺延工程日期十余天,该公司为此蒙受了近 10 万元的损失。工程逾期完工后,市政管委会拒绝承担 A 建筑安装公司因停工所受的损失,反而以承包人逾期完工应承担责任为由,诉至法院。

试分析:(1)根据案例情况,分析 A 建筑安装公司是否违约?

(2)A 建筑安装公司因停工造成的 10 万元损失应该由哪个单位承担?

答:本案的纠纷是因隐蔽工程的验收而产生的。隐蔽工程是指被其他建筑物遮掩的工程,包括地基工程、钢筋工程、承重结构工程、防水工程、装修与设备工程,建筑物的地基,供水、供气、供热、电气管线等。《民法典》第七百九十八条规定,隐蔽工程在隐蔽以前,承包人应当通知发包人检查。发包人没有及时检查的,承包人可以顺延工程日期,并有权请求赔偿停工、窝工等损失。一般在承包人自检合格以后 48 小时内通知发包人检查。发包人接到承包人的通知以后,应当在合同约定的时间或合理时间内,开始对隐蔽工程进行检查,检查合格后双方共同签署"隐蔽工程验收签证"及相应记录。发包人没有按期对隐蔽工程进行检查的,承包人应当催告发包人在合理期限内进行检查,并可以顺延工程日期,同时要求发包人赔偿因此造成的停工、窝工、材料和构件积压的损失。

如果承包人未通知发包人检查而自行封闭隐蔽工程的,发包人事后有权要求对已隐蔽的工程进行检查,承包人应当按照要求破坏已覆盖的工程并于检查后修复,检查的费用由承包人承担。如果承包人已经通知发包人检查而发包人未及时检查,事后发包人又要求检查的,检查费用的承担需分两种情况而定:一是对隐蔽工程检查后发现该项工程符合质量标准的,检查费用由发包人承担;二是对隐蔽工程检查后发现该工程不符合质量要求的,检查费用应当由承包人承担。

本案中承包人 A 建筑安装公司在供水管线工程隐蔽之前通知了发包人市政管委会前来检查,而市政管委会迟迟不去检查,致使承包人被迫停工十多天,造成近 10 万元的经济损失。市政管理委员会没有及时检查与该工程逾期完工有直接关系,应当对此承担责任。所以,法院驳回了该市市政管理委员会的诉讼请求,并责令其承担承包人 A 建筑安装公司所受经济损失 10 万元。

【例 7-4】 2021 年 1 月,实际完成的某工程基准日期的价格为 1500 万元。调值公式中的固定系数为 0.3,相关成本要素中,水泥的价格指数上升了 20%,水泥的费用占合同调值部分的 40%,其他成本要素的价格均未发生变化。

试分析:2021 年 1 月应调整的合同价的差额为多少万元?

答：根据调值公式，有调值后的合同价款差额＝1500 万元×[(0.3＋0.7×0.4×1.2＋0.7×0.6×1)－1]＝84 万元。

【例 7-5】 2014 年 12 月 29 日 8 时，清华大学附属中学 A 栋体育馆等三项工程，在进行地下室底板钢筋施工作业时，上层钢筋突然坍塌，将进行绑扎作业的人员挤压在上下钢筋之间，塌落面积约 2000 m^2。

该工程的建设单位是清华大学，施工单位为北京建工一建工程建设有限公司，监理单位是北京华清技科工程管理有限公司，设计单位是清华大学建筑设计研究院有限公司。

经查明，北京建工一建工程建设有限公司和创分公司于 2014 年 6 月承建清华附中体育馆及宿舍楼建筑工程过程中，于同年 12 月 29 日，因施工方安阳诚成建筑劳务有限责任公司施工人员违规施工，致使施工基坑内基础底板上层钢筋网坍塌，造成在此作业的多名工人被挤压在上下层钢筋网间，导致 10 人死亡、4 人受伤。

北京建工一建工程建设有限公司和创分公司清华附中项目商务经理杨××等 15 人因重大责任事故罪被公诉至法院。海淀法院对此案进行了宣判。杨××及施工方法定代表人张××、施工队长张××等 15 人因在生产、作业中违反有关安全管理的规定，被法院以重大责任事故罪，分别判处 3～6 年不等有期徒刑。

经相关部门事故调查报告显示，本次事故发生的主要原因为，未按照施工方案要求堆放物料，施工时违反《钢筋施工方案》规定，将整捆钢筋直接堆放在上层钢筋网上，导致马凳立筋失稳，产生过大的水平位移，进而引起立筋上、下焊接处断裂，致使基础底板钢筋整体坍塌；未按照方案要求制作和布置马凳，现场制作的马凳所用钢筋的直径从《钢筋施工方案》要求的 32 mm 减小至 25 mm 或 28 mm；现场马凳布置间距为 0.9 m 至 2.1 m，与《钢筋施工方案》要求的 1 m 严重不符，且布置不均、平均间距过大；马凳立筋上、下端焊接欠饱满。

事故反思：在工程合同履行中要严格遵守合同约定及工程规范，能理解工程与社会的关系，在工程管理实践中理解并遵守职业道德和规范，做到责任担当、贡献国家、服务社会。

【例 7-6】 某项目业主与某施工单位签订了施工总承包合同，该工程采用边设计边施工的方式进行，合同的部分条款如下。

××工程施工合同书（节选）

一、协议书

（一）工程概况

该工程位于某市的××路段，建筑面积 3000 m^2，框架结构住宅楼（其他概况略）。

（二）承包范围

承包范围为该工程施工图所包括的土建工程。

（三）合同工期

合同工期为 2021 年 2 月 21 日—2021 年 9 月 30 日，合同工期总日历天数为 223 天。

（四）合同价款

本工程采用总价合同形式，合同总价为贰佰叁拾肆万元整人民币（￥234.00 万）。

（五）质量标准

本工程质量标准要求达到承包人最优的工程质量。

（六）质量保修

施工单位在该项目的设计规定的使用年限内承担全部保修责任。

（七）工程款支付

在工程基本竣工时，支付全部合同价款，为确保工程如期竣工，乙方不得因甲方资金的暂时不到位而停工和拖延工期。

二、其他补充协议

1. 乙方在施工前不允许将工程分包，只可以转包。

2. 甲方不负责提供施工场地的工程地质和地下主要管网线路资料。

3. 乙方应按项目经理批准的施工设计组织施工。

4. 涉及质量标准的变更由乙方自行解决。

5. 合同变更时，按有关程序确定变更工程价款。

试分析：(1)该项工程施工合同协议书中有哪些不妥之处？请指正。

(2)该项工程施工合同的补充协议中有哪些不妥之处？请指出并改正。

(3)该工程按工期定额来计算，其工期为212天，那么该工程的合同工期应为多少天？

(4)确定变更合同价款的程序是什么？

答：(1)协议书的不妥之处。

①不妥之处：承包范围为该工程施工图所包括的土建工程。

正确做法：应该为施工图所包括的土建、装饰、水暖电等全部工程。

②不妥之处：本工程采用总价合同形式。

正确做法：应采用单价合同。

③不妥之处：工程质量标准要求达到承包人最优的工程质量。

正确做法：应以《建筑工程施工质量验收统一标准》(GB 50300—2013)中规定的质量标准作为该工程的质量标准。

④不妥之处：在项目设计规定的使用年限内承担全部保修责任。

正确做法：应按《建设工程质量管理条例》的有关规定进行。

⑤不妥之处：在工程基本竣工时，支付全部合同价款。

正确做法：应明确具体的时间。

⑥不妥之处：乙方不得因甲方资金的暂时不到位而停工和拖延工期。

正确做法：应说明甲方资金在什么期限内不到位乙方不得停工和拖延工期。

(2)补充协议的不妥之处。

①不妥之处：乙方在施工前不允许将工程分包，只可以转包。

正确做法：不允许转包，可以分包。

②不妥之处：甲方不负责提供施工场地的工程地质和地下主要管线资料。

正确做法：甲方应负责提供工程地质和地下主要管线的资料。

③不妥之处：乙方应按项目经理批准的施工设计组织施工。

正确做法：应按监理人批准的施工设计组织施工。

(3)该工程的合同工期为223天。

(4)确定变更合同价款的程序是：

①承包人应在收到变更指示后14天内，向监理人提交变更估价申请。

②监理人应在收到承包人提交的变更估价申请后7天内审查完毕并报送发包人，监理人对变更估价申请有异议的，通知承包人修改后重新提交。

③发包人应在承包人提交变更估价申请后14天内审批完毕。发包人逾期未完成审批或未提出异议的，视为认可承包人提交的变更估价申请。

【例 7-7】 某施工单位根据领取的某 2000 m^2 两层厂房工程项目招标文件和全套施工图纸，采用低报价策略编制了投标文件，并获得中标。该施工单位（乙方）于某年某月某日与建设单位（甲方）签订了该工程项目的总价合同。合同工期为 8 个月。甲方在乙方进入施工现场后，因资金紧缺，口头要求乙方暂停施工 1 个月。乙方亦口头答应。工程按合同规定期限验收时，甲方发现工程质量有问题，要求返工。2 个月后，返工完毕。结算时甲方认为乙方迟延交付工程，应按合同约定偿付逾期违约金。乙方认为临时停工是甲方要求的。乙方为抢工期，加快施工进度才出现了质量问题，因此迟延交付的责任不在乙方。甲方则认为临时停工和不顺延工期是当时乙方答应的。乙方应履行承诺，承担违约责任。

试分析：(1)该工程采用总价合同是否合适？

(2)该施工合同的变更形式是否妥当？此合同争议依据相关法律规范应如何处理？

答：(1)总价合同适用于工程量不大且能够较准确计算、工期较短、技术不太复杂、风险不大的项目。该工程基本符合这些条件，故采用总价合同是合适的。

(2)根据《民法典》第七百八十九条，建设工程合同应当采用书面形式。结合《示范文本》的有关规定，建设工程合同应当采取书面形式，合同变更亦应当采取书面形式。若在应急情况下，可采取口头形式，但必须事后予以书面确认。否则，在合同双方对合同变更内容有争议时，只能以书面协议的内容为准。本案例中甲方要求临时停工，乙方亦答应，形成甲、乙方的口头协议，且事后并未以书面的形式确认，所以该合同变更形式不妥，在竣工结算时双方发生了争议，对此只能以原合同规定为准。施工期间，甲方未能及时支付工程款，应对停工承担责任，故应当赔偿乙方停工 1 个月的实际经济损失，工期顺延 1 个月。工程因质量问题返工，造成逾期交付，责任在乙方，故乙方应当支付逾期交工 1 个月的违约金，因质量问题引起的返工费用由乙方承担。

【例 7-8】 某工程施工阶段发生如下事件。

事件 1：施工中因地震导致施工停工 1 个月；已建工程部分损坏；现场堆放的价值 50 万元的工程材料（施工单位负责采购）损毁；部分施工机械损坏，修复费用 20 万元；现场 8 人受伤，施工单位承担了全部医疗费用 24 万元（其中建设单位受伤人员医疗费 3 万元，施工单位受伤人员医疗费 21 万元）；施工单位修复损坏工程支出 10 万元。施工单位按合同约定向项目监理机构提交了费用补偿和工程延期申请。

事件 2：建设单位采购的大型设备运抵施工现场后，进行了清点移交。在施工单位安装过程中，该设备 1 个部件损坏，经鉴定，部件损坏是由于本身存在质量缺陷。

试分析：(1)根据《示范文本》，分析事件 1 中建设单位和施工单位各自承担哪些经济损失。项目监理机构应批准的费用补偿和工程延期各是多少（不考虑工程保险）？

(2)就施工合同主体关系而言，事件 2 中设备部件损坏的责任应由谁承担？说明理由。

答：(1)事件 1 中建设单位应承担的经济损失：①已建工程的损坏；②现场堆放的价值 50 万元的工程材料的损毁；③建设单位受伤人员医疗费 3 万元；④修复损坏工程支出 10 万元。事件 1 中施工单位应承担的经济损失：①部分施工机械损坏的修复费用 20 万元；②施工单位受伤人员医疗费 21 万元。项目监理机构应批准的费用补偿＝50 万元＋3 万元＋10 万元＝63 万元。项目监理机构应批准的工期延期为 1 个月。

(2)就施工合同主体关系而言，事件 2 中设备部件损坏的责任应由建设单位承担。

理由：主体关系就是建设单位和施工单位，建设单位采购的材料设备经检查试验通过后，仍不能解除建设单位供应材料设备存在的质量缺陷责任。

独立思考

7-1 简述建设工程施工合同的概念和特征。

7-2 简述建设工程施工合同通用条款的主要内容。

7-3 简述风险的基本含义及种类。

7-4 试述风险的防范。

7-5 简述建设工程施工合同谈判的原则和意义。

7-6 简述建设工程施工合同的审查内容。

7-7 试述工程变更的概念和内容。

7-8 试述工程变更的基本程序。

7-9 思考:什么是“工程命运共同体”,在工程合同签订、变更和风险管理中如何实践。

7-10 思考:将来在工作中遵守职业道德和工程规范的重要性,如何做到责任担当、贡献国家、服务社会。

第八章　建设工程其他合同

引　言

希望大家尊重市场规律、维护市场规则，独立自主作出商业决策，共同推动形成开放、多元、稳定的世界经济秩序。

——2025 年 3 月 28 日，习近平会见国际工商界代表时的讲话

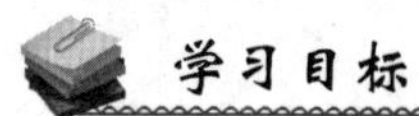

学习目标

知识目标：了解建设工程其他合同的主要类型、基本概念；熟悉勘察设计合同、委托监理合同、造价咨询合同的示范文本构成；掌握其他合同的基本内容。

能力目标：能够根据示范文本的基本框架结合具体工程要求拟定合同文本；能够运用合同的基本内容分析实际工程案例，解决合同法律问题。

素质目标：遵守不同行业的职业道德规范，尊重不同职业分工，培养爱岗敬业的职业操守。

第一节　建设工程勘察设计合同

一、勘察设计合同的概念与特征

勘察设计合同，是指建设单位或项目管理部门和勘察、设计单位为完成商定的勘察、设计任务，明确相互权利、义务关系的协议。建设单位或项目管理部门是发包人，勘察、设计单位是承包人。依照合同，承包人应完成发包人委托的勘察、设计任务，发包人接受符合约定要求的勘察、设计成果，并支付报酬。

勘察设计合同属于建设工程合同，应具有建设工程合同的基本特征。

二、勘察设计合同的示范文本

（一）勘察合同的示范文本

依据《建筑法》《招标投标法》等相关法律法规的规定，住房和城乡建设部、国家工商行政管理总

局对《建设工程勘察合同(一)[岩土工程勘察、水文地质勘察(含凿井)、工程测量、工程物探]》(GF—2000—0203)及《建设工程勘察合同(二)[岩土工程设计、治理、监测]》(GF—2000—0204)进行修订,制定了《建设工程勘察合同(示范文本)》(GF—2016—0203)。

(二)设计合同的示范文本

依据《建筑法》《招标投标法》以及相关法律法规,住房和城乡建设部、国家工商行政管理总局对《建设工程设计合同(一)(民用建设工程设计合同)》(GF—2000—0209)、《建设工程设计合同(二)(专业建设工程设计合同)》(GF—2000—0210)进行修订,制定了新版本《建设工程设计合同示范文本(房屋建筑工程)》(GF—2015—0209)、《建设工程设计合同示范文本(专业建设工程)》(GF—2015—0210),自 2015 年 7 月 1 日起执行。

房屋建筑工程以外的各行业建设工程统称为专业建设工程,具体包括煤炭、化工石化医药、石油天然气(海洋石油)、电力、冶金、军工、机械、商物粮、核工业、电子通信广电、轻纺、建材、铁道、公路、水运、民航、市政、农林、水利、海洋等工程。

《建设工程设计合同示范文本(房屋建筑工程)》(GF—2015—0209)为非强制性使用文本,合同当事人可结合工程具体情况,根据该文本订立合同,并按照法律法规和合同约定履行相应的权利义务,承担相应的法律责任。

《建设工程设计合同示范文本(房屋建筑工程)》(GF—2015—0209)合同协议书集中约定了合同当事人基本的合同权利及义务。

通用合同条款是合同当事人根据《建筑法》等法律法规的规定,就工程设计的实施及相关事项,对合同当事人的权利及义务作出的原则性约定。通用合同条款既考虑了现行法律法规对工程建设的有关要求,也考虑了工程设计管理的特殊需要。

专用合同条款是对通用合同条款原则性约定的细化、完善、补充、修改或另行约定的条款。合同当事人可以根据不同建设工程的特点及具体情况,通过双方的谈判、协商对相应的专用合同条款进行修改补充。在使用专用合同条款时,应注意以下事项:

①专用合同条款的编号应与相应的通用合同条款的编号一致;

②合同当事人可以通过对专用合同条款的修改,满足具体房屋建筑工程的特殊要求,避免直接修改通用合同条款;

③在专用合同条款中有下画线的地方,合同当事人可针对相应的通用合同条款进行细化、完善、补充、修改或另行约定;如无细化、完善、补充、修改或另行约定,则填写“无”或画“/”。

三、勘察设计合同的订立

(一)勘察设计合同订立的条件

勘察设计合同的主体须为符合国家相关法律规定的当事人。发包人指与勘察人签订合同协议书的当事人以及取得该当事人资格的合法继承人。勘察人或设计人指在合同协议书中约定被发包人接受的、具有工程勘察或工程设计资质的当事人,以及取得该当事人资格的合法继承人。

从事建设工程勘察、工程设计活动的企业,应当按照其拥有的注册资本、专业技术人员、技术装备和勘察设计业绩等条件申请资质,经审查合格,取得建设工程勘察、工程设计资质证书后,方可在资质许可的范围内从事建设工程勘察、工程设计活动。

勘察设计企业资质按照 2020 年 11 月 30 日住房和城乡建设部公开印发的《建设工程企业资质

管理制度改革方案》确定，整体改革方案如下。

①工程勘察资质。保留综合资质；将4类专业资质及劳务资质整合为岩土工程、工程测量、勘探测试等3类专业资质。综合资质不分等级，专业资质等级压减为甲、乙两级。

②工程设计资质。保留综合资质；将21类行业资质整合为14类行业资质；将151类专业资质、8类专项资质、3类事务所资质整合为70类专业和事务所资质。综合资质、事务所资质不分等级；行业资质、专业资质等级原则上压减为甲、乙两级（部分资质只设甲级）。

（二）勘察设计合同订立的形式与程序

建设工程勘察设计合同通过招标发包或者直接发包的方式订立合同。

建设工程勘察、设计应当依照《招标投标法》的规定，实行招标发包。下列建设工程的勘察、设计，经有关主管部门批准，可以直接发包：

①采用特定的专利或者专有技术的；

②建筑艺术造型有特殊要求的；

③国务院规定的其他建设工程的勘察、设计。

建设工程勘察、设计的发包方与承包方应当签订建设工程勘察设计合同。

四、勘察设计合同的主要内容

（一）勘察合同的主要内容

1. 主要条款

主要条款包括工程概况，勘察范围和阶段、技术要求及工作量，合同工期，质量标准，合同价款，合同文件构成，承诺，词语定义，签订时间，签订地点，合同生效，合同份数。

2. 发包人的权利与义务

（1）发包人的权利。

发包人对勘察人的勘察工作有权依照合同约定实施监督，并对勘察成果予以验收。

发包人对勘察人无法胜任工程勘察工作的人员有权提出更换。

发包人拥有勘察人为其项目编制的所有文件资料的使用权，包括投标文件、成果资料和数据等。

（2）发包人的义务。

发包人应以书面形式向勘察人明确勘察任务及技术要求。

发包人应提供开展工程勘察工作所需要的图纸及技术资料，包括总平面图、地形图、已有水准点和坐标控制点等。若上述资料由勘察人负责搜集，发包人应承担相关费用。

发包人应提供工程勘察作业所需的批准及许可文件，包括立项批复、占用和挖掘道路许可等。

发包人应为勘察人提供具备条件的作业场地及进场通道（包括土地征用、障碍物清除、场地平整、提供水电接口和青苗赔偿等），并承担相关费用。

发包人应为勘察人提供作业场地内地下埋藏物（包括地下管线、地下构筑物等）的资料、图纸，没有资料、图纸的地区，发包人应委托专业机构查清地下埋藏物。若发包人未提供上述资料、图纸，或提供的资料、图纸不实，致使勘察人在工程勘察工作过程中发生人身伤害或造成经济损失，由发包人承担赔偿责任。

发包人应按照法律法规规定为勘察人安全生产提供条件并支付安全生产防护费用，发包人不得要求勘察人违反安全生产管理规定进行作业。

若勘察现场需要看守，特别是在有毒、有害等危险现场作业时，发包人应派人负责安全保卫工作，同时应按国家有关规定，对从事危险作业的现场人员进行保健防护，并承担费用。发包人对安全文明施工有特殊要求时，应在专用合同条款中另行约定。

发包人应对勘察人满足质量标准的已完工作，按照合同约定及时支付相应的工程勘察合同价款及费用。

3. 勘察人的权利与义务

(1)勘察人的权利。

勘察人在工程勘察期间，根据项目条件和技术标准、法律法规等方面的变化，有权向发包人提出增减合同工作量或修改技术方案的建议。

除建设工程主体部分的勘察外，根据合同约定或经发包人同意，勘察人可以将建设工程其他部分的勘察分包给其他具有相应资质等级的建设工程勘察单位。发包人对分包的特殊要求应在专用合同条款中另行约定。

勘察人对其编制的所有文件资料，包括投标文件、成果资料、数据和专利技术等拥有知识产权。

(2)勘察人的义务。

勘察人应按勘察任务书和技术要求，并依据有关技术标准进行工程勘察工作。

勘察人应建立质量保证体系，按本合同约定的时间提交质量合格的成果资料，并对其质量负责。

勘察人在提交成果资料后，应为发包人继续提供后期服务。

勘察人在工程勘察期间遇到地下文物时，应及时向发包人和当地文物主管部门报告，并妥善保护文物。

勘察人开展工程勘察活动时应遵守有关职业健康及安全生产方面的各项法律法规的规定，采取安全防护措施，确保人员、设备和设施的安全。

勘察人在燃气管道、热力管道、动力设备、输水管道、输电线路、临街交通要道及地下通道(地下隧道)等风险性较大的地点附近，以及在易燃易爆地段及放射、有毒环境中进行工程勘察作业时，应编制安全防护方案并制订应急预案。

勘察人应在勘察方案中列明环境保护的具体措施，并在合同履行期间采取合理措施保护作业现场环境。

4. 违约责任

(1)发包人违约责任的承担。

合同生效后，发包人无故要求终止或解除合同，勘察人未开始勘察工作的，勘察人不退还发包人已付的定金，或发包人按照专用合同条款约定向勘察人支付违约金。勘察人已开始勘察工作的，若完成的工作量不足计划工作量的50%，发包人应支付勘察人合同价款的50%；若完成的工作量超过计划工作量的50%，发包人应支付勘察人合同价款的100%。

发包人发生其他违约情形时，应承担由此增加的费用和工期延误损失，并给予勘察人合理赔偿。双方可在专用合同条款内约定发包人赔偿勘察人损失的计算方法或者发包人应支付违约金的数额或计算方法。

(2)勘察人违约责任的承担。

合同生效后,勘察人因自身原因要求终止或解除合同,勘察人应双倍返还发包人已支付的定金,或勘察人按照专用合同条款约定向发包人支付违约金。

因勘察人原因造成工期延误的,应按专用合同条款约定向发包人支付违约金。

因勘察人原因造成成果资料质量达不到合同约定的质量标准的,勘察人应负责无偿补充完善使其质量合格。因勘察人原因导致工程质量安全事故或其他事故时,勘察人除负责采取补救措施外,应通过所投工程勘察责任保险向发包人承担赔偿责任,或根据直接经济损失程度按专用合同条款约定向发包人支付赔偿金。

勘察人发生其他违约情形时,勘察人应承担违约责任并赔偿其违约给发包人造成的损失,双方可在专用合同条款内约定勘察人赔偿发包人损失的计算方法和赔偿金额。

5. 索赔

(1)发包人索赔。

勘察人未按合同约定履行义务或发生错误,以及应由勘察人承担责任的其他情形,造成工期延误及发包人的经济损失,除专用合同条款另有约定外,发包人可按下列程序以书面形式向勘察人索赔:

①违约事件发生后7天内,向勘察人发出索赔意向通知;

②发出索赔意向通知后14天内,向勘察人提出经济损失的索赔报告及有关资料;

③勘察人在收到发包人送交的索赔报告和有关资料或补充索赔理由、证据后,于28天内给予答复;

④勘察人在收到发包人送交的索赔报告和有关资料后28天内未予答复或未对发包人作进一步要求的,视为该项索赔已被认可;

⑤当该违约事件持续进行时,发包人应阶段性地向勘察人发出索赔意向,在违约事件终了后21天内,向勘察人送交索赔的有关资料和最终索赔报告。索赔答复程序与第③④项约定相同。

(2)勘察人索赔。

发包人未按合同约定履行义务或发生错误,以及应由发包人承担责任的其他情形,造成工期延误和(或)勘察人不能及时得到合同价款及勘察人的经济损失,除专用合同条款另有约定外,勘察人可按下列程序以书面形式向发包人索赔:

①违约事件发生后7天内,可向发包人发出要求其采取有效措施纠正违约行为的通知;

②发包人收到通知14天内仍不履行合同义务,有权停止作业,并向发包人发出索赔意向通知;

③发出索赔意向通知后14天内,向发包人提出延长工期和(或)补偿经济损失的索赔报告及有关资料;

④发包人在收到勘察人送交的索赔报告和有关资料或补充索赔理由、证据后,于28天内给予答复;

⑤发包人在收到勘察人送交的索赔报告和有关资料后28天内未予答复或未对勘察人作进一步要求的,视为该项索赔已被认可;

⑥当该索赔事件持续进行时,勘察人应阶段性地向发包人发出索赔意向,在索赔事件终了后21天内,向发包人送交索赔的有关资料和最终索赔报告。索赔答复程序与第③④项约定相同。

(二)设计合同的主要内容

《建设工程设计合同示范文本(房屋建筑工程)》(GF—2015—0209)适用于房屋建筑工程设计,主要条款包括以下内容:

①订立合同依据的文件；

②委托设计任务的范围、阶段与服务内容；

③发包人应提供的有关资料和文件；

④设计人应交付的资料和文件；

⑤设计费的支付；

⑥双方责任；

⑦违约责任；

⑧其他。

1. 发包人的义务与决定

(1)发包人的义务。

发包人应遵守法律，并办理法律规定由其办理的许可、核准或备案手续，包括但不限于建设用地规划许可证、建设工程规划许可证、建设工程方案设计批准、施工图设计审查等许可、核准或备案。

发包人负责将本项目各阶段设计文件向规划设计管理部门送审报批的工作，并负责将报批结果书面通知设计人。因发包人原因未能及时办理完毕前述许可、核准或备案手续，导致设计工作量增加和(或)设计周期延长时，由发包人承担由此增加的设计费用和(或)延长的设计周期。

发包人应当负责工程设计过程中的所有外部关系(包括但不限于与当地政府主管部门等的关系)的协调，为设计人履行合同提供必要的外部条件。

专用合同条款约定的其他义务。

(2)发包人的决定。

发包人在法律允许的范围内有权对设计人的设计工作、设计项目、设计文件作出处理决定，设计人应按照发包人的决定执行，涉及设计周期和(或)设计费用等问题按工程设计变更与索赔的约定处理。

发包人应在专用合同条款约定的期限内对设计人书面提出的事项作出书面决定，如发包人不在确定时间内作出书面决定，设计人的设计周期相应延长。

2. 设计人的义务

设计人应遵守法律和有关技术标准的强制性规定，完成合同约定范围内的房屋建筑工程方案设计、初步设计、施工图设计，提供符合技术标准及合同要求的工程设计文件，提供施工配合服务。

设计人应当按照专用合同条款约定，配合发包人办理有关许可、核准或备案手续。因设计人原因造成发包人未能及时办理许可、核准或备案手续，导致设计工作量增加和(或)设计周期延长时，设计人自行承担由此增加的设计费用和(或)设计周期延长的责任。

设计人应当完成合同约定的工程设计其他服务。

专用合同条款约定的其他义务。

3. 定金或预付款

(1)定金或预付款的比例。

定金的比例不应超过合同总价款的 20%；预付款的比例由发包人与设计人协商确定，一般不低于合同总价款的 20%。

(2)定金或预付款的支付。

定金或预付款的支付按照专用合同条款约定执行，但最迟应在开始设计日期前、专用合同条款约定的期限内支付。

发包人逾期支付定金或预付款超过专用合同条款约定的期限的，设计人有权向发包人发出要求支付定金或预付款的催告通知。发包人收到通知后 7 天内仍未支付，设计人有权不开始设计工作或暂停设计工作。

对于采取固定总价形式的合同，发包人应当按照专用合同条款的约定及时支付尾款。

对于采取固定单价形式的合同，发包人应当按照专用合同条款约定的结算方式及时结清工程设计费，并将未支付的款项一次性支付给设计人。

对于采取其他价格形式的，也应按专用合同条款的约定及时结算和支付。

4. 违约责任

(1)发包人违约责任。

合同生效后，发包人因非设计人原因要求终止或解除合同，设计人未开始设计工作的，设计人不退还发包人已付的定金或发包人按照专用合同条款的约定向设计人支付违约金，已开始设计工作的，发包人应按照设计人已完成的实际工作量计算设计费。完成工作量不足一半时，发包人应按该阶段设计费的一半支付设计费；超过一半时，发包人应按该阶段设计费的全部支付设计费。

发包人未按专用合同条款附件约定的金额和期限向设计人支付设计费的，应按专用合同条款约定向设计人支付违约金。逾期超过 15 天仍未支付相应费用的，设计人有权书面通知发包人并中止设计工作。自中止设计工作之日起 15 天内，发包人支付相应费用的，设计人应及时根据发包人要求恢复设计工作；自中止设计工作之日起超过 15 天后，发包人支付相应费用的，设计人有权确定重新恢复设计工作的时间，且设计周期相应延长。

发包人的上级或设计审批部门对设计文件不进行审批，或本合同工程停建、缓建，发包人应在事件发生之日起 15 天内按通用合同条款第 16 条“合同解除”的约定向设计人结算并支付设计费。

发包人擅自将设计人的设计文件用于本工程以外的工程，或交第三方使用时，应承担相应法律责任，并应赔偿设计人因此遭受的损失。

(2)设计人违约责任。

合同生效后，设计人因自身原因要求终止或解除合同，设计人应按发包人已支付的定金双倍返还给发包人，或设计人按照专用合同条款约定向发包人支付违约金。

由于设计人原因，未按专用合同条款附件约定的时间交付工程设计文件的，应按专用合同条款的约定向发包人支付违约金。前述违约金经双方确认后，可在发包人应付设计费中扣减。

设计人负责修改或补充工程设计文件出现的遗漏或错误。由于设计人原因产生的设计问题造成工程质量事故或其他事故时，设计人除负责采取补救措施外，应当通过所投建设工程设计责任保险向发包人承担赔偿责任，或者根据直接经济损失程度，按专用合同条款约定向发包人支付赔偿金。

由于设计人原因，工程设计文件超出发包人与设计人书面约定的主要技术指标控制值比例的，设计人应当按照专用合同条款的约定承担违约责任。

设计人未经发包人同意，擅自对工程设计进行分包的，发包人有权要求设计人解除未经发包人同意的设计分包合同，设计人应当按照专用合同条款的约定承担违约责任。

5. 工程设计变更与索赔

发包人变更工程设计的内容、规模、功能、条件等，应当向设计人提供书面要求。设计人在不违反法律规定以及技术标准强制性规定的前提下，应当按照发包人要求变更工程设计。

发包人变更工程设计的内容、规模、功能、条件，或因提交的设计资料存在错误或作较大修改时，发包人应按设计人所耗工作量向设计人增付设计费。设计人可按本条约定和专用合同条款附件相关内容的约定，与发包人协商对合同价格、完工时间做可共同接受的修改。

如果由于发包人要求更改而造成的项目复杂性的变更或性质的变更使得设计人的设计工作减少，发包人可按通用合同条款和专用合同条款附件相关内容的约定，与设计人协商对合同价格、完工时间做可共同接受的修改。

基准日期后，因与工程设计服务有关的法律、技术标准的强制性规定的颁布及修改增加的设计费用和（或）延长的设计周期由发包人承担。

如果发生设计人认为有理由提出增加合同价款或延长设计周期的要求事项，除专用合同条款对期限另有约定外，设计人应于该事项发生后 5 天内书面通知发包人。除专用合同条款对期限另有约定外，在该事项发生后 10 天内，设计人应向发包人提供证明设计人要求的书面声明，其中包括设计人关于因该事项引起的合同价款和设计周期的变化的详细计算。除专用合同条款对期限另有约定外，发包人应在接到设计人书面声明后的 5 天内，予以书面答复。逾期未答复的，视为发包人同意设计人关于增加合同价款或延长设计周期的要求。

五、勘察设计合同的管理

（一）发包人对勘察设计合同的管理

1. 发包人对勘察、设计合同管理的主要内容

①合同签订阶段：在合同签订前，要对勘察设计单位进行资格审查，确保其具备相应的资质和能力；同时要对合同内容进行审查，确保合同条款明确、合理，各项权益得到保障。

②合同履行管理：对合同履行过程中的进度、质量、成本进行管理和监督，确保合同按时、按质、按量完成；同时，对合同中约定的权利和义务进行跟踪和监督，确保各方履行合同责任。

③合同变更管理：如遇到勘察设计合同需要变更的情况，要进行变更管理，包括变更申请的审批、变更内容的确定、变更后的合同签订等，确保变更过程的合法性和合理性。

④合同支付管理：对合同付款进行管理，包括审核、审批、支付等环节，确保按照合同约定和财务规定进行支付。

⑤合同索赔管理：如遇到合同纠纷或违约行为，要进行索赔管理，包括索赔事项的调查和处理，索赔金额的评估和支付等，维护合同当事方的权益。

⑥合同验收管理：合同履行结束后进行验收，对勘察设计成果进行评估和检查，确保符合合同要求，并进行合同的结算和归档。

2. 发包人对勘察设计合同管理的重要依据

①建设项目设计阶段监理委托合同。

②批准的可行性研究报告及设计任务书。

③建设工程勘察设计合同。

④经批准的选址报告及规划部门批文。

⑤工程地质、水文地质资料及地形图。

(二)承包人对勘察设计合同的管理

1. 合同订立时的管理

承包人应设立专门的合同管理机构对建设工程勘察设计合同的订立全面负责,并对其实施监管、控制。特别是在合同订立前,承包人要深入了解委托方的资信、经营作风及订立合同应当具备的相应条件。规定合同双方当事人权利及义务的条款要全面、明确。

2. 合同履行时的管理

合同开始履行,即意味着合同双方当事人开始享有相应权利并履行相应义务。为保证勘察设计合同能够正确、全面地履行,专门的合同管理机构要经常检查合同履行情况,发现问题应及时协调解决,避免不必要的损失。

3. 建立健全合同管理档案

对合同订立时的基础资料,以及合同履行中形成的所有资料,承包人应有专人负责,随时注意收集和保存,及时归档。健全的合同档案是解决合同争议和提出索赔的依据。

4. 做好参与合同人员的素质培训

参与合同的所有人员,必须具有良好的合同意识。承包人应配合有关部门做好合同培训等工作,提高合同参与人员素质,保证实现合同目的。

(三)国家有关机构对勘察设计合同的监督

对建设工程勘察设计合同的管理,除承包人、发包人自身管理外,国家有关机构(如工商行政管理部门、金融机构、公证机构、主管部门等)依据职权划分,也对勘察设计合同行使监督权。建设行政主管部门应对勘察设计合同履行情况进行监督,签订勘察设计合同的双方,应当将合同文本送交工程项目所在地的县级以上人民政府建设行政主管部门或委托机构备案。

第二节　建设工程委托监理合同

一、建设工程委托监理合同概述

建设工程委托监理合同简称“监理合同”,是委托合同的一种,是指委托人委托监理人对工程建设实施监督管理,明确双方权利与义务的协议。

监理合同的标的是服务活动,具体指监理人受委托人的委托,依照法律法规、工程建设标准、勘察设计文件及合同,在施工阶段对建设工程质量、进度、造价进行控制,对合同、信息进行管理,对工程建设相关方的关系进行协调,并履行建设工程安全生产管理法定职责的服务活动。该服务要求监理工程师凭借自己的知识、经验、技能等受发包人委托,为其所签订的其他合同的履行实施监督和管理。

通常,负责每个建设工程项目的监理组织称为项目监理机构。项目监理机构的监理人员应由总监理工程师、专业监理工程师和监理员组成,必要时可设总监理工程师代表。

总监理工程师(chief project management engineer)是由工程监理单位法定代表人书面任命,负责履行建设工程监理合同,主持项目监理机构工作的注册监理工程师(注册监理工程师是指取得国务院建设主管部门颁发的"中华人民共和国注册监理工程师注册执业证书"和执业印章，从事建设工程监理与相关服务等活动的人员）。

总监理工程师代表（representative of chief project management engineer）是经工程监理单位法定代表人同意，由总监理工程师书面授权，代表总监理工程师行使其部分职责和权力，具有工程类注册执业资格或具有中级及以上专业技术职称、3 年及以上工程实践经验，并经过监理业务培训的人员。

专业监理工程师（specialty project management engineer）是由总监理工程师授权，负责实施某一专业或某一岗位的监理工作，有相应监理文件签发权，具有工程类注册执业资格或具有中级及以上专业技术职称、2 年及以上工程实践经验，并经过监理业务培训的人员。

监理员（site supervisor）是从事具体监理工作，具有中专及以上学历，并经过监理业务培训的人员。

二、建设工程委托监理合同的示范文本

2012 年 3 月 27 日，住房和城乡建设部、国家工商行政管理总局制定并颁布了《建设工程监理合同（示范文本）》（GF—2012—0202），《建设工程委托监理合同（示范文本）》（GF—2000—2002）同时废止。

《建设工程监理合同（示范文本）》（GF—2012—0202）由协议书、通用条件和专用条件三部分组成。

通用条件是合同当事人根据《建筑法》《招标投标法》等相关法律法规的规定，就工程监理的实施及相关事项对合同当事人的权利及义务作出的原则性约定。

通用条件具体包括定义与解释，监理人的义务，委托人的义务，违约责任，支付，合同生效、变更、暂停、解除与终止，争议解决，其他等共计 8 条。上述条款安排既考虑了现行法律法规对工程建设的有关要求，也考虑了工程监理的特殊需要。

专用条件是对通用条件原则性约定的细化、完善、补充、修改或另行约定的条款。合同当事人可以根据不同建设工程的特点及具体情况，通过双方的谈判、协商，对相应的专用条件进行修改、补充。

该示范文本还包括附录 A（相关服务的范围和内容）和附录 B（委托人派遣的人员和提供的房屋、资料、设备）等内容。

组成合同的下列文件彼此应能相互解释、互为说明。除专用条件另有约定外，该文本的解释顺序如下：

①协议书；

②中标通知书（适用于招标工程）或委托书（适用于非招标工程）；

③专用条件及附录 A、附录 B；

④通用条件；

⑤投标文件（适用于招标工程）或监理与相关服务建议书（适用于非招标工程）。

双方签订的补充协议与其他文件发生矛盾或歧义时，属于同一类内容的文件，应以最新签署的为准。监理合同签订后，双方依法签订的补充协议也是合同文件的组成部分。

三、建设工程委托监理合同的订立

建设工程委托监理合同可以通过招标发包或者直接发包的方式订立。

实施建设工程监理前，建设单位应委托具有相应资质的工程监理单位，并以书面形式与工程监理单位订立建设工程委托监理合同。

四、建设工程委托监理合同的主要内容

1. 主要条款

①工程概况；

②词语限定；

③组成本合同的文件；

④总监理工程师；

⑤签约酬金；

⑥期限；

⑦双方承诺；

⑧合同订立。

2. 监理人的义务

监理人的义务包括监理的工作内容和工作范围、监理服务依据的规范标准、项目监理机构和人员的管理、履行职责、提交报告和使用文件资料归档要求、使用委托人财产等内容。

(1)监理的工作内容。

①收到工程设计文件后编制监理规划，并在第一次工地会议7天前报委托人。根据有关规定和监理工作需要，编制监理实施细则。

②熟悉工程设计文件，并参加由委托人主持的图纸会审和设计交底会议。

③参加由委托人主持的第一次工地会议，主持监理例会，并根据工程需要主持或参加专题会议。

④审查施工承包人提交的施工组织设计，重点审查其中的质量安全技术措施、专项施工方案与工程建设强制性标准的符合性。

⑤检查施工承包人工程质量、安全生产管理制度及组织机构和人员资格。

⑥检查施工承包人专职安全生产管理人员的配备情况。

⑦审查施工承包人提交的施工进度计划，核查承包人对施工进度计划的调整。

⑧检查施工承包人的试验室。

⑨审核施工分包人资质条件。

⑩查验施工承包人的施工测量放线成果。

⑪审查工程开工条件，对条件具备的签发开工令。

⑫审查施工承包人报送的工程材料、构配件、设备质量证明文件的有效性和符合性，并按规定对用于工程的材料采取平行检验或见证取样方式进行抽检。

⑬审核施工承包人提交的工程款支付申请，签发或出具工程款支付证书，并报委托人审核、批准。

⑭在巡视、旁站和检验过程中，发现工程质量、施工安全存在事故隐患的，要求施工承包人整改并报委托人。

⑮经委托人同意，签发工程暂停令和复工令。

⑯审查施工承包人提交的采用新材料、新工艺、新技术、新设备的论证材料及相关验收标准。

⑰验收隐蔽工程、分部分项工程。

⑱审查施工承包人提交的工程变更申请,协调处理施工进度调整、费用索赔、合同争议等事项。

⑲审查施工承包人提交的竣工验收申请,编写工程质量评估报告。

⑳参加工程竣工验收,签署竣工验收意见。

㉑审查施工承包人提交的竣工结算申请并报委托人。

㉒编制、整理工程监理归档文件并报委托人。

(2)监理与相关服务依据。

双方当事人一般根据工程的行业和地域特点,在专用条件中具体约定监理工作和相关服务依据。一般情况下,监理工作和相关服务的依据包括以下 4 个方面:

①适用的法律、行政法规及部门规章;

②与工程有关的标准;

③工程设计及有关文件;

④本合同及委托人与第三方签订的与实施工程有关的其他合同。

(3)项目监理机构和人员。

监理人应组建满足工作需要的项目监理机构,项目监理机构的主要人员应具有相应的资格条件。合同履行过程中,总监理工程师及重要岗位监理人员应保持相对稳定,以保证监理工作正常进行。

监理人可根据工程进展和工作需要调整项目监理机构人员。监理人更换总监理工程师时,应提前 7 天向委托人书面报告,经委托人同意后方可更换;监理人更换项目监理机构其他监理人员时,应以相当资格与能力的人员替换,并通知委托人。

监理人应及时更换监理人员的情形包括以下几种情况:严重过失行为的;有违法行为不能履行职责的;涉嫌犯罪的;不能胜任岗位职责的;严重违反职业道德的;专用条件约定的其他情形。

委托人可要求监理人更换不能胜任本职工作的项目监理机构人员。

(4)履行职责。

监理人应遵循职业道德准则和行为规范,严格按照法律法规、工程建设有关标准及合同履行职责。

在监理与相关服务范围内,对委托人和承包人提出的意见和要求,监理人应及时提出处置意见。当委托人与承包人之间发生合同争议时,监理人应协助委托人、承包人协商解决。

当委托人与承包人之间的合同争议提交仲裁机构仲裁或人民法院审理时,监理人应提供必要的证明资料。

监理人应在专用条件约定的授权范围内,处理委托人与承包人所签订合同的变更事宜。如果变更超过授权范围,应以书面形式报委托人批准。

在紧急情况下,为了保护财产和人身安全,监理人所发出的指令未能事先报委托人批准时,应在发出指令后的 24 小时内以书面形式报委托人。

除专用条件另有约定外,监理人发现承包人的人员不能胜任本职工作的,有权要求承包人予以调换。

(5)提交报告。

监理人应按专用条件约定的种类、时间和份数向委托人提交监理与相关服务的报告。

(6)文件资料。

在本合同履行期内,监理人应在现场保留工作所用的图纸、报告及记录监理工作的相关文件。

工程竣工后，应当按照档案管理规定将监理有关文件归档。

(7)使用委托人的财产。

监理人无偿使用由委托人派遣的人员和提供的房屋、资料、设备。除专用条件另有约定外，委托人提供的房屋、设备属于委托人的财产，监理人应妥善使用和保管，在本合同终止时将这些房屋、设备的清单提交委托人，并按专用条件约定的时间和方式移交。

3. 委托人的义务

①委托人应在委托人与承包人签订的合同中明确监理人、总监理工程师和授予项目监理机构的权限。如有变更，应及时通知承包人。

②委托人应按照相关约定，无偿向监理人提供工程有关的资料。在本合同履行过程中，委托人应及时向监理人提供最新的与工程有关的资料。

③委托人应按照相关约定，派遣相应的人员，提供房屋、设备，供监理人无偿使用。

④委托人应负责协调工程建设中所有外部关系，为监理人履行本合同提供必要的外部条件。

⑤委托人应授权一名熟悉工程情况的代表，负责与监理人联系。委托人应在双方签订本合同后7天内，将委托人代表的姓名和职责书面告知监理人。当委托人更换委托人代表时，应提前7天通知监理人。

⑥在本合同约定的监理与相关服务工作范围内，委托人对承包人的任何意见或要求应通知监理人，由监理人向承包人发出相应指令。

⑦委托人应在专用条件约定的时间内，对监理人以书面形式提交并要求作出决定的事宜，给予书面答复。逾期未答复的，视为委托人认可。

⑧委托人应按本合同约定，向监理人支付酬金。

4. 监理人的违约责任

①因监理人违反本合同约定给委托人造成损失的，监理人应当赔偿委托人损失。赔偿金额的确定方法在专用条件中约定。监理人承担部分赔偿责任的，其承担的赔偿金额由双方协商确定。

②监理人向委托人的索赔不成立时，监理人应赔偿委托人由此发生的费用。

③因非监理人的原因，且监理人无过错，发生工程质量事故、安全事故、工期延误等造成的损失，监理人不承担赔偿责任。

5. 委托人的违约责任

①委托人违反本合同约定造成监理人损失的，委托人应予以赔偿。

②委托人向监理人的索赔不成立时，应赔偿监理人由此引起的费用。

③委托人未能按期支付酬金超过28天，应按专用条件约定支付逾期付款利息。

因不可抗力导致本合同全部或部分不能履行时，双方各自承担其因此而造成的损失。

6. 支付

(1)支付货币。

除专用条件另有约定外，酬金均以人民币支付。涉及外币支付的，所采用的货币种类、比例和汇率在专用条件中约定。

(2)支付申请。

监理人应在本合同约定的每次应付款时间的7天前，向委托人提交支付申请书。支付申请书应当说明当期应付款总额，并列出当期应支付的款项及其金额。

(3)支付酬金。

支付的酬金包括正常工作酬金、附加工作酬金、合理化建议奖励金额及费用。

(4)有争议部分的付款。

委托人对监理人提交的支付申请书有异议时,应当在收到监理人提交的支付申请书后7天内,以书面形式向监理人发出异议通知。无异议部分的款项应按期支付,有异议部分的款项按有关争议解决的约定办理。

7.收费标准

建设工程监理与相关服务收费根据建设项目性质,分别实行政府指导价或市场调节价。依法必须实行监理的建设工程施工阶段的监理收费实行政府指导价;其他建设工程施工阶段的监理收费和其他阶段的监理与相关服务收费实行市场调节价。

实行政府指导价的建设工程施工阶段监理收费,其基准价根据《建设工程监理与相关服务收费管理规定》计算,浮动幅度为±20%。委托人和监理人应当根据建设项目的实际情况在规定的浮动幅度内协商确定收费额。实行市场调节价的建设工程监理与相关服务费用,由委托人和监理人协商确定。

第三节 建设工程造价咨询合同

一、建设工程造价咨询合同概述

建设工程造价咨询合同是工程造价咨询企业接受委托方的委托,运用工程造价的专业技能,为建设项目决策、设计、发承包、实施、竣工等各个阶段工程计价和工程造价管理提供服务,明确双方权利与义务的协议。

此处的工程计价和工程造价管理服务具体可包括以下内容:

①投资估算的编制与审核;

②经济评价的编制与审核;

③设计概算的编制、审核与调整;

④施工图预算的编制与审核;

⑤工程量清单的编制与审核;

⑥最高投标限价的编制与审核;

⑦工程结算的编制与审核;

⑧工程竣工决算的编制与审核;

⑨全过程工程造价管理咨询;

⑩工程造价鉴定;

⑪方案比选、限额设计、优化设计的造价咨询;

⑫合同管理咨询;

⑬建设项目后评价;

⑭工程造价信息咨询服务;

⑮其他工程造价咨询工作。

二、建设工程造价咨询合同的示范文本

依据《建筑法》《招标投标法》以及相关法律法规，住房和城乡建设部、国家工商行政管理总局对《建设工程造价咨询合同(示范文本)》(GF—2002—0212)进行了修订，制定了《建设工程造价咨询合同(示范文本)》(GF—2015—0212)。

《建设工程造价咨询合同(示范文本)》(GF—2015—0212)供合同双方当事人参照使用，可适用于各类建设工程全过程造价咨询服务以及阶段性造价咨询服务的合同订立。合同当事人可结合建设工程具体情况，按照法律法规规定，根据该文本的内容，约定双方具体的权利及义务。

《建设工程造价咨询合同(示范文本)》(GF—2015—0212)由协议书、通用条件和专用条件三部分组成。

协议书集中约定了合同当事人基本的合同权利及义务。

通用条件是合同当事人根据《建筑法》等法律法规的规定，就工程造价咨询的实施及相关事项，对合同当事人的权利及义务作出的原则性约定。通用条件既考虑了现行法律法规对工程承发包计价的有关要求，也考虑了工程造价咨询管理的特殊需要。

专用条件是对通用条件原则性约定的细化、完善、补充、修改或另行约定的条件。合同当事人可以根据不同建设工程的特点及发承包计价的具体情况，通过双方的谈判、协商对相应的专用条件进行修改补充。

该文本还包括附录部分，分别是附录A(服务范围及工作内容、酬金一览表)，附录B(咨询人提交成果文件一览表)，附录C(委托人提供资料一览表)，附录D(委托人提供房屋及设备一览表)。

组成合同的下列文件彼此应能相互解释、互为说明。除专用条件另有约定外，该文本的解释顺序如下：

①协议书；

②中标通知书或委托书(如果有)；

③专用条件及附录；

④通用条件；

⑤投标函及投标函附录或造价咨询服务建议书(如果有)；

⑥其他合同文件。

上述各项合同文件包括合同当事人就该项合同文件所作出的补充和修改，属于同一类内容的文件，应以最新签署的为准。在合同订立及履行过程中形成的与合同有关的文件均构成合同文件的组成部分。

三、建设工程造价咨询合同的订立

《建设工程造价咨询规范》(GB/T 51095—2015)规定，工程造价咨询应签订书面的建设工程造价咨询合同，合同文本应选择国家现行的《建设工程造价咨询合同(示范文本)》(GF—2015—0212)。合同中应明确工程造价咨询服务的内容、范围，双方的义务、权利、责任，服务周期、服务酬金、支付方式及成果文件表现形式等要求。

工程造价咨询企业应按委托咨询合同要求出具成果文件，并应在成果文件或需其确认的相关文件上签章，承担合同主体责任。造价工程师和造价员应在各自完成的成果文件上签章，承担相应责任。工程造价咨询企业在承接具体咨询业务时，应根据企业自身的业务胜任能力等因素进行是否承接咨询业务的判断。

工程造价咨询企业以及承担工程造价咨询业务的工程造价专业人员，不得同时接受利益或利害双方或多方委托进行同一项目、同一阶段中的工程造价咨询业务。

四、建设工程造价咨询合同的主要内容

1. 协议主要条款

协议主要条款包括工程概况、服务范围及工作内容、服务期限、质量标准、酬金或计取方式、合同文件的构成、词语定义、合同订立、合同生效、合同份数等。

2. 委托人的义务

(1)提供资料。

委托人应当在专用条件约定的时间内，按照附录C的约定无偿向咨询人提供与本合同咨询业务有关的资料。在本合同履行过程中，委托人应及时向咨询人提供最新的与本合同咨询业务有关的资料。委托人应对所提供资料的真实性、准确性、合法性与完整性负责。

(2)提供工作条件。

①委托人需要咨询人派驻项目现场咨询人员的，除专用条件另有约定外，项目咨询人员有权无偿使用附录D(委托人提供房屋及设备一览表)中由委托人提供的房屋及设备；

②委托人应负责与本工程造价咨询业务有关的所有外部关系的协调，为咨询人履行本合同提供必要的外部条件。

(3)设定合理工作时限。

委托人应当为咨询人完成其咨询工作，设定合理的工作时限。

(4)授权委托人代表。

委托人应授权一名代表负责本合同的履行。委托人应在双方签订本合同7日内，将委托人代表的姓名和权限范围书面告知咨询人。委托人更换委托人代表时，应提前7日书面通知咨询人。

(5)答复。

委托人应当在专用条件约定的时间内就咨询人以书面形式提交并要求做出答复的事宜给予书面答复。逾期未答复的，由此造成的工作延误和损失由委托人承担。

(6)支付。

委托人应当按照合同的约定，向咨询人支付酬金。

3. 咨询人的义务

(1)咨询人及项目咨询团队的要求。

①项目咨询团队的主要人员应具有专用条件约定的资格条件，团队人员的数量应符合专用条件的约定。

②咨询人应以书面形式授权一名项目负责人负责履行本合同，主持项目咨询团队工作。采用招标程序签署本合同的，项目负责人应当与投标文件载明的一致。

③在本合同履行过程中，咨询人员应保持相对稳定，以保证咨询工作正常进行。

咨询人可根据工程进展和工作需要等情形调整项目咨询团队人员。咨询人更换项目负责人时，应提前7日向委托人书面报告，经委托人同意后方可更换。除专用条件另有约定外，咨询人更换项目咨询团队其他咨询人员，应提前3日向委托人书面报告，经委托人同意后以相当资格与能力的人员替换。

④咨询人员有下列情形之一，委托人要求咨询人更换的，咨询人应当更换：

a. 存在严重过失行为的；

b. 存在违法行为，不能履行职责的；

c. 涉嫌犯罪的；

d. 不能胜任岗位职责的；

e. 严重违反职业道德的；

f. 专用条件约定的其他情形。

(2)工作要求。

①咨询人应当按照专用条件约定的时间等要求向委托人提供与工程造价咨询业务有关的资料，包括工程造价咨询企业的资质证书及承担本合同业务的团队人员名单及执业(从业)资格证书，咨询工作大纲等，并按合同约定的服务范围和工作内容实施咨询业务。

②咨询人应当在专用条件约定的时间内，按照专用条件约定的份数、组成向委托人提交咨询成果文件。咨询人提供造价咨询服务以及出具工程造价咨询成果文件应符合现行国家或行业有关规定、标准、规范的要求。委托人要求的工程造价咨询成果文件质量标准高于现行国家或行业标准的，应在专用条件中约定具体的质量标准，并增加相应的服务酬金。

③咨询人提交的工程造价咨询成果文件，除加盖咨询人单位公章、工程造价咨询企业执业印章外，还必须按要求加盖参加咨询工作人员的执业(从业)资格印章。

④咨询人应在专用条件约定的时间内，对委托人以书面形式提出的建议或者异议给予书面答复。

⑤咨询人从事工程造价咨询活动，应当遵循独立、客观、公正、诚实信用的原则，不得损害社会公共利益和他人的合法权益。

⑥咨询人承诺按照法律规定及合同约定，完成合同范围内的建设工程造价咨询服务，不转包承接的造价咨询服务业务。

(3)工作依据。

①咨询人应在专用条件内与委托人协商明确履行本合同约定的咨询服务需要适用的技术标准、规范、定额等工作依据，但不得违反国家及工程所在地的强制性标准、规范。

②咨询人应自行配备本条所述的技术标准、规范、定额等相关资料。必须由委托人提供的资料，应在附录C(委托人提供资料一览表)中载明。需要委托人协助才能获得的资料，委托人应予以协助。

(4)委托人房屋及设备的使用和返还。

项目咨询人员使用委托人提供的房屋及设备的，咨询人应妥善使用和保管，在本合同终止时将上述房屋及设备按专用条件约定的时间和方式返还给委托人。

4. 违约责任

(1)委托人的违约责任。

①委托人不履行本合同义务或者履行义务不符合本合同约定的，应承担违约责任。双方可在专用条件中约定违约金的计算及支付方法。

②委托人违反本合同约定造成咨询人损失的，委托人应予以赔偿。双方可在专用条件中约定赔偿金额的确定及支付方法。

③委托人未能按期支付酬金超过14天，应按下列方法计算并支付逾期付款利息：逾期付款利息=当期应付款总额×中国人民银行发布的同期贷款基准利率×逾期支付天数(自逾期之日起计算)。双方也可在专用条件中另行约定逾期付款利息的计算及支付方法。

(2)咨询人的违约责任。

①咨询人不履行本合同义务或者履行义务不符合本合同约定的,应承担违约责任。双方可在专用条件中约定违约金的计算及支付方法。

②因咨询人违反本合同约定给委托人造成损失的,咨询人应当赔偿委托人损失。双方可在专用条件中约定赔偿金额的确定及支付方法。

第四节 建设工程物资采购合同

一、建设工程物资采购合同的概念

建设工程物资采购合同是指具有平等主体的自然人、法人、其他组织之间为实现建设工程物资买卖,设立、变更、终止相互权利及义务关系的协议。根据协议,出卖人(卖方)转移建设工程物资的所有权于买受人(买方),买方接受该项建设工程物资并支付价款。

二、建设工程物资采购合同的特征

建设工程物资采购合同属于买卖合同,具有买卖合同的一般特点。出卖人和买受人订立合同是以转移物资财产所有权为目的。买卖合同的买受人取得物资所有权,必须支付相应的价款;出卖人转移物资财产所有权,必须以买受人支付价款为对价。

物资采购合同通常属于双务合同、有偿合同及诺成合同。

1. 合同当事人

建设工程物资采购合同的买受人即采购人,可以是发包人,也可以是承包人,根据施工合同具体内容确定。永久工程的大型设备一般由发包人自行采购,施工过程中使用的建筑材料一般按照施工合同专用条款约定内容执行。常见有发包人采购供应(即甲供材料)或承包人负责采购(即包工包料)。采购合同的出卖人即供货人,可以是物资生产厂家,也可以是从事物资流转业务的供应商。

2. 合同标的

建设工程物资采购合同的标的一般是建筑材料和设备,包括钢材、木材、水泥、其他辅助材料和机电成套设备等。合同中必须对所需物资的各种明细逐一列出,以确保符合施工需要。

3. 合同内容

建设工程物资采购合同视标的的特点,合同涉及的条款繁简差异较大。

建筑材料采购合同的条款一般限于物资交货阶段,主要包括交接程序、检验方式、质量要求和合同价款的支付等。

大型设备的采购合同除交货阶段的相关条款约定外,一般还包括设备生产阶段、设备安装调试阶段、设备试运行阶段、设备性能达标检验和保修等方面的条款约定。

4. 合同约定交货时间

建设工程物资采购合同与施工进度密切相关,出卖人必须严格按照约定的时间交付订购的货物。延迟交货可能会导致工程施工停工待料,出现延误交付的后果。提前交付也可能导致买受人遭受损失,一般体现为占用现场有限空间、影响施工计划安排、增加买受人仓储保管费用。

三、材料采购合同

1. 概念

材料采购合同是指平等主体的自然人、法人、其他组织之间，以工程项目所需的材料为标的，以材料买卖为目的，出卖人转移材料的所有权于买受人，买方支付材料价款的合同。

2. 订立和履行

(1)材料采购合同的订立。

①公开招标：由招标单位通过新闻媒介公开发布招标公告，邀请不特定的法人或组织投标，按照法定程序在所有符合条件的材料供应商、建材厂家或建材经营公司中择优选择中标单位的一种方式。大宗材料采购通常采用公开招标方式。

②邀请招标：招标人以投标邀请书的方式邀请特定的法人或其他组织投标。只有接到投标邀请书的法人或组织才能参加投标。一般邀请招标须向三家以上的潜在投标人发出邀请。

③询价采购：物资买方向若干建材厂商或建材经营公司发出询价函，要求他们在规定的期限内给出报价，在收到厂商的报价后，经过比较，选定报价合理的厂商或公司，并与其签订合同。

④直接订购：由材料买方直接向材料生产商或材料经营公司采购，双方商谈价格，签订合同。

(2)合同的履行。

材料合同订立后，要按约定的合同的标的，规定的期限、地点、数量和质量履行合同。合同当事人若未按合同约定履行，则应承担违约责任。

3. 主要条款

材料采购合同应写明双方当事人的名称、地址，法定代表人的姓名。委托签订合同的，应有授权委托书，并注明代理人的姓名、职务等。除此之外，材料采购合同还应具备以下条款：

①合同标的。材料的名称、品种、型号、规格等应符合施工合同的规定。

②技术标准和质量要求。质量条款应明确各类材料的技术要求、试验项目、试验方法、试验频率以及国家法律规定的国家强制性标准和行业强制性标准。

③材料数量及质量标准。材料数量的确定由当事人协商，应以材料清单为依据，对交付货物的数量当场检验，清点账目后，由双方当事人签字。对质量的检验，外在质量可当场检验；对内在质量，需进行试验的，应以试验结果为验收的依据。

④材料的包装。

⑤材料交付方式。

⑥材料的交货期限。

⑦材料的价格。材料的价格应是订立合同时的明确定价。双方可以约定价格，也可以执行政府定价或指导价。

⑧违约责任。

⑨特殊条款。

⑩争议解决的方式。

四、设备采购合同

1. 概念

设备采购合同是指平等主体的自然人、法人、其他组织之间，以工程项目所需的设备为标的，以设备买卖为目的，出卖人转移设备的所有权于买受人，买方支付设备价款的合同。

2. 订立和履行

(1)设备采购合同的订立方式。

①委托承包。由设备成套公司根据发包单位提供的成套设备清单进行承包供应，并收取一定的成套业务费。费率由双方根据设备供应的时间、难度，以及需要进行技术咨询和开展现场服务的范围等情况商定。

②按设备包干。根据发包单位提出的设备清单及双方核定的设备预算总价，由设备成套公司承包供应。

③招标采购。发包单位对需要的成套设备进行招标，供应公司参加投标，根据中标结果承包供应。

(2)设备采购合同的履行。

①交付货物。卖方应按合同规定，按时、按质、按量地履行供货义务，并做好现场服务工作，及时解决有关设备的技术质量、缺损件等问题。

②验收交货。买方对卖方交货应及时进行验收，依据合同规定，对设备的质量及数量进行核实检验。如有异议，买方应及时与卖方协商解决。

③结算。买方对卖方交付的货物检验没有发现问题，应按合同的规定及时付款；如果发现问题，在卖方及时处理达到合同要求后，买方也应及时履行付款义务。

④违约责任。在合同履行过程中，任何一方都不应借故延迟履约或拒绝履行合同义务，否则，应追究违约当事人的法律责任。

3. 主要内容

①约首：合同开头部分，包括项目名称、合同号、签约日期、签约地点、双方当事人名称或者姓名和住所地址等条款。

②正文：合同的主要内容，包括合同文件、合同范围和条件、货物及数量、合同金额、付款条件、交货时间、交货地点及合同生效等条款。其中，合同文件包括合同条款、技术规范、履约保证金、规格响应表、买方授权通知书等；货物及数量、交货时间和交货地点等均在要求一览表中明确；合同金额指合同的总价，分项价格则在投标报价表中确定。

③约尾：合同的结尾部分，规定本合同生效条件，具体包括双方的名称、签字盖章、签字时间、签字地点等。

第五节 建设项目工程总承包合同

一、建设项目工程总承包合同概述

建设项目工程总承包的内涵是建筑工程的发包单位可以将建筑工程的勘察、设计、施工、设备采购一并发包给一个工程总承包单位，也可以将建筑工程勘察、设计、施工、设备采购的一项或者多项发包给一个工程总承包单位。但是，发包单位不得将应当由一个承包单位完成的建筑工程肢解成若干部分，发包给几个承包单位。

依据《建设项目工程总承包管理规范》(GB/T 50358—2017)的规定，工程总承包是指按照合同约定对建设项目的设计、采购、施工和试运行实行全过程或若干阶段的承包。因此建设项目工程总承包合同就是对此类承包活动约定双方当事人权力和义务的协议。

根据工程项目的规模、类型和项目业主要求，建设项目可采用不同的总承包模式。常见的建设项目工程总承包模式如表 8-1 所示。

表 8-1　**建设项目工程总承包模式**

模式类型	英文释义	简介	特征
设计＋采购＋施工总承包模式	EPC 模式，即 engineering（设计）、procurement（采购）、construction（施工）	EPC 模式是指工程总承包企业按照合同约定，承担项目策划、投资研究、方案设计、初步设计、详细设计等工程全过程、全方位的总体策划	在总价固定的前提下，投资人基本不参与项目的管理过程，项目业主重点只在竣工验收、成品交付使用，承包商承担项目建设的大部分风险
设计、采购与施工管理总承包模式	EPCM 模式，即 engineering（设计）、procurement（采购）、construction management（施工管理）	EPCM 承包商是通过项目业主委托或招标确定的，承包商通过招标为项目业主选择、推荐最合适的分包商来完成设计、采购、施工任务。设计、采购分包商对 EPCM 承包商负责，而施工分包商则不与 EPCM 承包商签订合同，但其接受 EPCM 承包商的管理，施工分包商直接与项目业主具有合同关系	EPCM 承担项目业主代表和工程顾问的双重角色，配合项目业主对各承包商进行严格的选择和管理，但又有别于传统的工程顾问，承包商对项目的实施负有直接的管理责任，承担整个项目管理风险
设计＋施工总承包模式	DB 模式，即 design（设计）、build（建造，即施工）	DB 模式起源于机电工程，项目业主往往已经完成了方案设计，有明确的设计方向和总体规划，总承包商负责组织项目的设计和施工	总承包商一般承担设计、施工、设计和施工之间协调以及工程量变化的风险，但对于一个承包商所不能合理预见的风险一般不予承担

注：DB 模式中的设计（design）主要针对的是单一专业方面的结构设计、外观设计、功能设计；而 EPC 模式中的设计（engineering）除了包括 DB 模式中的设计内容外，还包括整个工程的整体策划，各阶段的管理策划，跨专业、跨功能的联动设计、组合设计，生产工艺流程设计，要求各专业产品能配套，并能密切整合，以发挥最佳功效。

EPC 模式与 EPCM 模式的联系如图 8-1 所示。

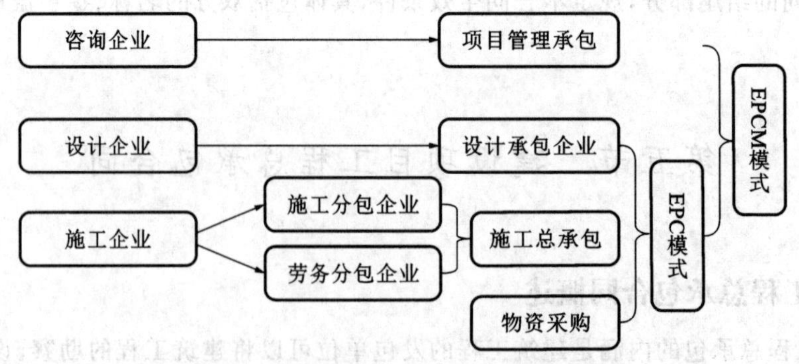

图 8-1　EPC 模式与 EPCM 模式的联系

二、建设项目工程总承包合同的示范文本

依据《建筑法》《招标投标法》以及相关法律法规，住房和城乡建设部、国家市场监管总局对《建

设项目工程总承包合同示范文本(试行)》(GF—2011—0216)进行了修订,制定了《建设项目工程总承包合同(示范文本)》(GF—2020—0216),自 2021 年 1 月 1 日起执行,《建设项目工程总承包合同示范文本(试行)》(GF—2011—0216)同时废止。

该文本适用于房屋建筑和市政基础设施项目工程总承包承发包活动,为推荐使用的非强制性使用文本,由合同协议书、通用合同条件和专用合同条件 3 部分组成。

合同协议书共计 11 条,主要包括:工程概况、合同工期、质量标准、签约合同价与合同价格形式、工程总承包项目经理、合同文件构成、承诺、订立时间、订立地点、合同生效和合同份数,集中约定了合同当事人基本的权利及义务。

通用合同条件是合同当事人根据《建筑法》等法律法规的规定,就工程总承包项目的实施及相关事项,对合同当事人的权利及义务作出的原则性约定。通用合同条件共计 20 条,具体条款分别为:一般约定,发包人,发包人的管理,承包人,设计,材料、工程设备,施工,工期和进度,竣工试验,验收和工程接收,缺陷责任与保修,竣工后试验,变更与调整,合同价格与支付,违约,合同解除,不可抗力,保险,索赔,争议解决。前述条款安排既考虑了现行法律法规对工程总承包活动的有关要求,也考虑了工程总承包项目管理的实际需要。

专用合同条件是合同当事人根据不同建设项目的特点及具体情况,通过双方的谈判、协商,对通用合同条件原则性约定细化、完善、补充、修改或另行约定的合同条件。在编写专用合同条件时,应注意以下事项:

①专用合同条件的编号应与相应的通用合同条件的编号一致。

②在专用合同条件中有下画线的地方,合同当事人可针对相应的通用合同条件进行细化、完善、补充、修改或另行约定;如无细化、完善、补充、修改或另行约定,则填写"无"或画"/"。

③对于在专用合同条件中未列出的通用合同条件中的条款,合同当事人根据建设项目的具体情况,认为需要进行细化、完善、补充、修改或另行约定的,可在专用合同条件中,以同一条款号增加相关条款的内容。

合同当事人可结合建设工程具体情况,参照《建设项目工程总承包合同(示范文本)》(GF—2020—0216)订立合同,并按照法律法规和合同约定承担相应的法律责任及合同权利与义务。

各项合同文件包括双方就该项合同文件所作出的补充和修改,属于同一类内容的合同文件应以最新签署的为准。专用合同条件及其附件须经合同当事人签字或盖章。在合同订立及履行过程中形成的与合同有关的文件均构成合同文件组成部分,并根据其性质确定优先解释顺序。

三、建设项目工程总承包合同的主要内容

本节按照《建设项目工程总承包合同(示范文本)》(GF—2020—0216)通用合同条件规定对主要内容进行介绍。

1. 一般约定

(1)合同:构成合同的文件包括合同协议书、中标通知书(如果有)、投标函及其附录(如果有)、专用合同条件及其附件、通用合同条件、发包人要求、承包人建议书、价格清单以及双方约定的其他合同文件。

(2)《发包人要求》:构成合同文件组成部分的、名为"发包人要求"的文件。其中,列明工程的目的、范围、设计与其他技术标准和要求,以及合同双方当事人约定对其所作的修改或补充。

(3)项目清单:发包人提供的载明工程总承包项目勘察费(如果有)、设计费、建筑安装工程费、设备购置费、暂估价、暂列金额和双方约定的其他费用的名称和相应数量等内容的项目明细。

(4)价格清单:构成合同文件组成部分的、由承包人按发包人提供的项目清单规定的格式和要求填写并标明价格的清单。

(5)承包人建议书:构成合同文件组成部分的、名为承包人建议书的文件。承包人建议书由承包人随投标函一起提交。

(6)其他合同文件:经合同当事人约定的、与工程实施有关的、具有合同约束力的文件或书面协议。合同当事人可以在专用合同条件中进行约定。

(7)工程师:在专用合同条件中指明的,受发包人委托,按照法律规定和发包人的授权进行合同履行管理、工程监督管理等工作的法人或其他组织。该法人或其他组织应雇用一名具有相应执业资格和职业能力的自然人作为工程师代表,并授予其根据本合同代表工程师行事的权利。

(8)工程总承包项目经理:由承包人任命的,在承包人授权范围内负责合同履行的管理,且按照法律规定具有相应资格的项目负责人。

(9)设计负责人:承包人指定负责组织、指导、协调设计工作并具有相应资格的人员。

(10)采购负责人:承包人指定负责组织、指导、协调采购工作的人员。

(11)施工负责人:承包人指定负责组织、指导、协调施工工作并具有相应资格的人员。

(12)工程实施:进行工程的设计、采购、施工和竣工以及对工程任何缺陷的修复。

(13)开始现场施工日期:计划开始现场施工日期和实际开始现场施工日期。计划开始现场施工日期是指合同协议书约定的开始现场施工日期;实际开始现场施工日期是指工程师发出的、符合法律规定的开工通知中载明的开始现场施工日期。

(14)承包人文件:由承包人根据合同约定应提交的所有图纸、手册、模型、计算书、软件、函件、洽商性文件和其他技术性文件。

(15)文件的提供和照管。

①发包人文件的提供。发包人应按照专用合同条件约定的期限、数量和形式向承包人免费提供前期工作相关资料(环境保护、气象水文、地质条件等),以及进行工程设计、现场施工等工程实施所需的文件。因发包人未按合同约定提供文件造成工期延误的,按照通用合同条件"因发包人原因导致工期延误"约定办理。

②承包人文件的提供。除专用合同条件另有约定外,承包人文件应包含下列内容,并用通用合同条件"语言文字"约定的语言制作:发包人要求中规定的相关文件,满足工程相关行政审批手续所必需的、应由承包人负责的相关文件,通用合同条件"竣工文件"与"操作和维修手册"中要求的相关文件。

承包人应按照专用合同条件约定的期限、名称、数量和形式向工程师提供应当由承包人编制的与工程设计、现场施工等工程实施有关的承包人文件。工程师对承包人文件有异议的,承包人应予以修改,并重新报送工程师。合同约定承包人文件应经审查的,工程师应在合同约定的期限内审查完毕,但工程师的审查并不减轻或免除承包人根据合同约定应当承担的责任。承包人文件的提供和审查还应遵守通用合同条件"承包人文件审查"和"竣工文件"的约定。

③文件错误的通知。任何一方发现文件中存在明显的错误或疏忽,应及时通知另一方。

④文件的照管。除专用合同条件另有约定外,承包人应在现场保留一份合同、发包人要求中列出的所有文件、承包人文件、变更文件以及其他根据合同收发的往来信函。发包人和工程师有权在任何合理的时间查阅和使用上述所有文件。

(16)联络。

①与合同有关的通知、批准、证明、证书、指示、指令、要求、请求、同意、意见、确定和决定等,均应采用书面形式,并应在合同约定的期限内(如无约定,应在合理期限内)通过特快专递,或专人、传

真,或双方商定的电子传输方式送达收件地址。

② 发包人和承包人应在专用合同条件中约定各自的送达方式和收件地址。任何一方合同当事人指定的送达方式或收件地址发生变动的,应提前 3 天以书面形式通知对方。

③发包人和承包人应当及时签收另一方通过约定的送达方式送达收件地址的来往文件。拒不签收的,由此增加的费用和(或)延误的工期由拒绝接收一方承担。

④ 对于工程师向承包人发出的任何通知,均应以书面形式由工程师或其代表签认后送交承包人实施,并抄送发包人;对于合同一方向另一方发出的任何通知,均应抄送工程师。对于由工程师审查后报发包人批准的事项,应由工程师向承包人出具经发包人签认的批准文件。

(17)发包人要求和基础资料中的错误。

承包人应尽早认真阅读、复核发包人要求以及其提供的基础资料,发现错误的,应及时书面通知发包人补正。发包人作相应修改的,按照通用合同条件第 13 条“变更与调整”的约定处理。

因发包人要求或其提供的基础资料中的错误导致承包人增加费用和(或)工期延误的,发包人应承担由此增加的费用和(或)工期延误损失,并向承包人支付合理利润。

(18)责任限制。

承包人对发包人的赔偿责任不应超过专用合同条件约定的赔偿最高限额。若专用合同条件未约定,则承包人对发包人的赔偿责任不应超过签约合同价。但对于因欺诈、犯罪、故意、重大过失、人身伤害等不当行为造成的损失,赔偿的责任限度不受上述最高限额的限制。

(19) 建筑信息模型技术的应用。

如果项目中拟采用建筑信息模型技术,合同双方应遵守国家现行相关标准的规定,并符合项目所在地的相关地方标准或指南。合同双方应在专用合同条件中就建筑信息模型的开发、使用、存储、传输、交付及费用等相关内容进行约定。除专用合同条件另有约定外,承包人应负责与本项目中其他使用方协商。

2. 发包人

(1)遵守法律。

发包人在履行合同过程中应遵守法律,并承担因发包人违反法律给承包人造成的任何费用和损失。发包人不得以任何理由,要求承包人在工程实施过程中违反法律、行政法规以及建设工程质量、安全、环保标准,任意压缩合理工期或者降低工程质量。

(2)提供施工现场和工作条件。

提供施工现场。发包人应按专用合同条件约定向承包人移交施工现场,给承包人进入和占用施工现场各部分的权利,并明确与承包人的交接界面,上述进入和占用权可不为承包人独享。如专用合同条件没有约定移交时间的,则发包人应最迟于计划开始现场施工日期 7 天前向承包人移交施工现场,但承包人未能按照通用合同条件“履约担保”提供履约担保的除外。

提供工作条件。发包人应按专用合同条件约定向承包人提供工作条件。专用合同条件对此没有约定的,发包人应负责提供开展本合同相关工作所需要的条件,包括:

①将施工用水、电力、通信线路等施工所必需的条件接至施工现场内;

②保证向承包人提供正常施工所需要的进入施工现场的交通条件;

③协调处理施工现场周围地下管线和邻近建筑物、构筑物、古树名木、文物、化石及坟墓等的保护工作,并承担相关费用;

④对工程现场临近发包人正在使用、运行,或由发包人用于生产的建筑物、构筑物、生产装置、设施、设备等,设置隔离设施,竖立“禁止入内”“禁止动火”的明显标志,并以书面形式通知承包人

须遵守的安全规定和位置范围；

⑤按照专用合同条件约定应提供的其他设施和条件。因发包人原因未能按合同约定及时向承包人提供施工现场和施工条件的，发包人承担由此增加的费用和(或)延误工期的损失。

(3)提供基础资料。

发包人应按专用合同条件和发包人要求中的约定向承包人提供施工现场及工程实施所必需的毗邻区域内的供水、排水、供电、供气、供热、通信、广播电视等地上、地下管线和设施资料，气象和水文观测资料，地质勘察资料，相邻建筑物、构筑物和地下工程等有关基础资料，并根据通用合同条件第1.12款“发包人要求和基础资料中的错误”承担基础资料错误造成的责任。按照法律规定确需在开工后方能提供的基础资料，发包人应尽其努力及时地在相应工程实施前的合理期限内提供，合理期限应以不影响承包人的正常履约为限。因发包人原因未能在合理期限内提供相应基础资料的，发包人承担由此增加的费用和(或)延误工期的损失。

(4)办理许可和批准手续。

发包人在履行合同过程中应遵守法律，并办理法律规定或合同约定由其办理的许可、批准或备案，包括但不限于建设用地规划许可证、建设工程规划许可证、建设工程施工许可证等许可和批准。对于法律规定或合同约定由承包人负责的有关设计、施工证件、批件或备案，发包人应给予必要的协助。

因发包人原因未能及时办理完毕前述许可、批准或备案的，发包人承担由此增加的费用和(或)延误工期的损失，并支付承包人合理的利润。

(5)支付合同价款。

发包人应按合同约定向承包人及时支付合同价款。

发包人应当制订资金安排计划，除专用合同条件另有约定外，如发包人拟对资金安排做任何重要变更，应将变更的详细情况通知承包人。如发生承包人收到价格大于签约合同价10%的变更指示，或累计变更的总价超过签约合同价30%，或承包人未能根据通用合同条件第14条“合同价格与支付”收到付款，或承包人得知发包人的资金安排发生重要变更但并未收到发包人上述重要变更通知的情况，则承包人可随时要求发包人在28天内补充提供能够按照合同约定支付合同价款的相应资金来源证明。

发包人应当向承包人提供支付担保。支付担保可以采用银行保函或担保公司担保等形式，具体由合同当事人在专用合同条件中约定。

(6)现场管理配合。

发包人应负责保证在现场或现场附近的发包人人员和发包人的其他承包人(如有)做到：根据通用合同条件“现场合作”的约定，与承包人进行合作；遵守通用合同条件“现场劳动用工”“安全文明施工”“职业健康”和“环境保护”的相关约定。

发包人应与承包人、由发包人直接发包的其他承包人(如有)订立施工现场统一管理协议，明确各方的权利义务。

(7)其他义务。

发包人应履行合同约定的其他义务。双方可在专用合同条件内对发包人应履行的其他义务进行补充约定。

3. 发包人的管理

(1)发包人代表。

发包人应任命发包人代表，并在专用合同条件中明确发包人代表的姓名、职务、联系方式及授权范围等事项。发包人代表应在发包人授权的范围内，负责处理合同履行过程中与发包人有关的具体事宜。发包人代表在授权范围内的行为由发包人承担法律责任。

除非发包人另行通知承包人，发包人代表应被授予并且被认为具有发包人在授权范围内享有的相应权利，涉及通用合同条件第16.1款“由发包人解除合同”的权利除外。

发包人代表（或者在其为法人的情况下，被任命代表其行事的自然人）应：

①履行指派给自己的职责，行使发包人托付给自己的权利；

②具备履行这些职责、行使这些权利的能力；

③作为熟练的专业人员行事。

如果发包人代表为法人且在签订本合同时未能确定授权代表的，发包人代表应在本合同签订之日起3日内向双方发出书面通知，告知被任命和授权的自然人以及任何替代人员。此授权在双方收到该通知后生效。发包人代表撤销该授权或者变更授权代表时也应同样发出该通知。

发包人更换发包人代表的，应提前14天将更换人的姓名、地址、任务和权利以及任命的日期书面通知承包人。发包人不得将发包人代表更换为承包人根据本款发出通知提出合理反对意见的人员，不论是法人还是自然人。

发包人代表不能按照合同约定履行其职责及义务，并导致合同无法继续正常履行的，承包人可以要求发包人撤换发包人代表。

(2)发包人人员。

发包人人员包括发包人代表、工程师及其他由发包人派驻施工现场的人员，发包人可以在专用合同条件中明确发包人人员的姓名、职务及职责等事项。发包人或发包人代表可随时向一些助手指派和托付一定的任务和权利，也可撤销这些指派和托付。这些助手可包括驻地工程师，或担任检验、试验各项工程设备和材料的独立检查员。这些助手应具有适当的资质及履行其任务和权利的能力。以上指派、托付或撤销，在承包人收到通知后生效。承包人对于可能影响正常履约或工程安全质量的发包人人员保有随时提出沟通的权利。

发包人应要求在施工现场的发包人人员遵守法律及有关安全、质量、环境保护、文明施工等规定。因发包人人员未遵守上述要求给承包人造成的损失和责任由发包人承担。

(3)工程师。

发包人需对承包人的设计、采购、施工等工作过程或过程节点实施监督管理的，有权委任工程师。工程师的名称、监督管理范围、内容和权限在专用合同条件中写明。根据国家相关法律法规规定，如本合同工程属于强制监理项目的，由工程师履行法定的监理相关职责，但发包人另行授权第三方进行监理的除外。

工程师按发包人委托的范围、内容、职权和权限，代表发包人对承包人实施监督管理。若承包人认为工程师行使的职权不在发包人委托的授权范围之内的，则其有权拒绝执行工程师的相关指示，同时应及时通知发包人。发包人书面确认工程师相关指示的，承包人应遵照执行。

在发包人和承包人之间提供证明、行使决定权或处理权时，工程师应作为独立专业的第三方，根据自己的专业技能和判断进行工作。但工程师无权修改合同，且无权减轻或免除合同当事人的任何责任与义务。

通用合同条件中约定由工程师行使的职权如不在发包人对工程师的授权范围内的，则视为没有取得授权，该职权应由发包人或发包人指定的其他人员行使。承包人若认为工程师的职权与发包人（包括其人员）的职权相重叠或不明确时，应及时通知发包人，由发包人予以协调和明确并以书面形式通知承包人。

(4)任命和授权。

发包人应在发出开始工作通知前将工程师的任命通知承包人。更换工程师的,发包人应提前7天以书面形式通知承包人,并在通知中写明替换者的姓名、职务、职权、权限和任命时间。工程师超过2天不能履行职责的,应委派代表代行其职责,并通知承包人。

工程师可以授权其他人员负责执行其指派的一项或多项工作,但通用合同条件“商定或确定”下的权利除外。工程师应将被授权人员的姓名及其授权范围通知承包人。被授权的人员在授权范围内发出的指示视为已得到工程师的同意,与工程师发出的指示具有同等效力。工程师撤销某项授权时,应将撤销授权的决定及时通知承包人。

(5)指示。

工程师应按照发包人的授权发出指示。工程师的指示应采用书面形式,盖有工程师授权的项目管理机构章,并由工程师的授权人员签字。在紧急情况下,工程师的授权人员可以口头形式发出指示或当场签发临时书面指示,承包人应遵照执行。工程师应在授权人员发出口头指示或临时书面指示后24小时内发出书面确认函,在24小时内未发出书面确认函的,该口头指示或临时书面指示应被视为工程师的正式指示。

承包人收到工程师作出的指示后应遵照执行。如果任何此类指示构成一项变更时,应按照通用合同条件“变更与调整”的约定办理。

由于工程师未能按合同约定发出指示,指示延误或指示错误而导致承包人费用增加和(或)工期延误的,发包人应承担由此增加的费用和(或)工期延误损失,并向承包人支付合理利润。

(6)商定或确定。

合同约定工程师按照本款对任何事项进行商定或确定时,应及时与合同当事人协商,尽量达成一致。工程师应将商定的结果以书面形式通知发包人和承包人,并由双方签署确认。

除专用合同条件另有约定外,商定的期限应为工程师收到任何一方就商定事由发出的通知后42天内,或工程师提出并经双方同意的其他期限。未能在该期限内达成一致的,由工程师按照合同约定审慎做出公正的确定。确定的期限应为商定的期限届满后42天内,或工程师提出并经双方同意的其他期限。工程师应将确定的结果以书面形式通知发包人和承包人,并附详细依据。

任何一方对工程师的确定有异议的,应在收到确定的结果后28天内向另一方发出书面异议通知并抄送工程师。除通用合同条件“承包人索赔的处理程序”另有约定外,工程师未能在确定的期限内发出确定的结果通知的,或者任何一方发出对确定的结果有异议的通知的,则构成争议并应按照通用合同条件“争议解决”的约定处理。如未在28天内发出上述通知的,工程师的确定应被视为已被双方接受并对双方具有约束力,但专用合同条件另有约定的除外。

在该争议解决前,双方应暂按工程师的确定执行。按照通用合同条件“争议解决”的约定对工程师的确定作出修改的,按修改后的结果执行,由此导致承包人增加的费用和延误工期的损失由责任方承担。

(7)会议。

除专用合同条件另有约定外,任何一方可向另一方发出通知,要求另一方出席会议,讨论工程的实施安排或与本合同履行有关的其他事项。发包人的其他承包人、承包人的分包人和其他第三方可应任何一方的请求出席任何此类会议。

除专用合同条件另有约定外,发包人应保存每次会议参加人签名的记录,并将会议纪要提供给出席会议的人员。任何根据此类会议以及会议纪要采取的行动,应符合本合同的约定。

4. 承包人

(1)承包人的义务。

除专用合同条件另有约定外,承包人在履行合同过程中应遵守法律和工程建设相关标准和规范,并履行以下义务:

①办理法律规定和合同约定由承包人办理的许可和批准手续,将办理结果书面报送发包人留存,并承担因承包人违反法律或合同约定给发包人造成的任何费用和损失;

②按合同约定完成全部工作,并在缺陷责任期和保修期内承担缺陷保证责任和保修义务;对工作中的任何缺陷进行整改、完善和修补,使其满足合同约定的目的;

③提供合同约定的工程设备和承包人文件,以及为完成合同工作所需的劳务、材料、施工设备和其他物品,并按合同约定负责临时设施的设计、施工、运行、维护、管理和拆除任务;

④按合同约定的工作内容和进度要求,编制设计、施工的组织和实施计划,保证项目进度计划的实现,并对所有设计、施工作业和施工方法,以及全部工程的完备性和安全可靠性负责;

⑤按法律规定和合同约定采取安全文明施工、职业健康和环境保护措施,办理员工工伤保险等相关保险,确保工程及人员、材料、设备和设施的安全,防止因工程实施造成的人身伤害和财产损失;

⑥将发包人按合同约定支付的各项价款专用于合同工程,且应及时支付其雇用人员(包括建筑工人)的工资,并及时向分包人支付合同价款;

⑦在进行合同约定的各项工作时,不得侵害发包人与他人使用公用道路、水源、市政管网等公共设施的权利,避免对邻近的公共设施产生干扰。

(2)履约担保。

发包人需要承包人提供履约担保的,由合同当事人在专用合同条件中约定履约担保的方式、金额及提交的时间等,并应符合通用合同条件第 2.5 款“支付合同价款”的规定。履约担保可以采用银行保函或担保公司担保等形式,承包人为联合体的,其履约担保由联合体各方或者联合体中牵头人的名义代表联合体提交,具体由合同当事人在专用合同条件中约定。

承包人应保证其履约担保在发包人竣工验收前一直有效,发包人应在竣工验收合格后 7 天内将履约担保款项退还给承包人或者解除履约担保。

因承包人原因导致工期延长的,继续提供履约担保所增加的费用由承包人承担;非因承包人原因导致工期延长的,继续提供履约担保所增加的费用由发包人承担。

(3)工程总承包项目经理。

工程总承包项目经理应为合同当事人所确认的人选,并在专用合同条件中明确工程总承包项目经理的姓名、注册执业资格或职称、联系方式及授权范围等事项。工程总承包项目经理应具备履行其职责所需的资格、经验和能力,并为承包人正式聘用的员工,承包人应向发包人提交工程总承包项目经理与承包人之间的劳动合同,以及承包人为工程总承包项目经理缴纳社会保险的有效证明。承包人不提交上述文件的,工程总承包项目经理无权履行职责,发包人有权要求更换工程总承包项目经理,由此增加的费用和(或)延误工期的损失由承包人承担。同时,发包人有权根据专用合同条件约定要求承包人承担违约责任。

承包人应按合同协议书的约定指派工程总承包项目经理,并保证其在约定的期限内到职。工程总承包项目经理不得同时担任其他工程项目的工程总承包项目经理或施工工程总承包项目经理(含施工总承包工程、专业承包工程)。在工程实施的全部时间内,工程总承包项目经理每月在施工现场时间不得少于专用合同条件约定的天数。工程总承包项目经理确需离开施工现场时,应事先通知工程师，并取得发包人的书面同意。工程总承包项目经理未经批准擅自离开施工现场的，承包人应按照专用合同条件的约定承担违约责任。工程总承包项目经理的通知中应当载明临时代行其职责的人员的注册执业资格、管理经验等资料，该人员应具备履行相应职责的资格、经验和能力。

承包人应根据本合同的约定授予工程总承包项目经理代表承包人履行合同所需的权利，工程总承包项目经理权限以专用合同条件中约定的权限为准。经承包人授权后，工程总承包项目经理和工程师应分别按合同约定以及通用合同条件第 3.5 款“指示”作出的指示，代表承包人负责组织合同的实施。在紧急情况下，且无法与发包人和工程师取得联系时，工程总承包项目经理有权采取必要的措施保证人身、工程和财产的安全，但须在事后 48 小时内向工程师送交书面报告。

承包人需要更换工程总承包项目经理的，应提前 14 天书面通知发包人并抄送工程师，征得发包人书面同意。通知中应当载明继任工程总承包项目经理的注册执业资格、管理经验等资料，继任工程总承包项目经理继续履行本合同约定的职责。未经发包人书面同意，承包人不得擅自更换工程总承包项目经理。在发包人未予以书面回复期间，工程总承包项目经理将继续履行其职责。工程总承包项目经理因突发事件丧失履行职务能力的，承包人应当及时委派一位具有相应资格能力的人员担任临时工程总承包项目经理，履行工程总承包项目经理的职责。临时工程总承包项目经理将履行职责直至发包人同意新的工程总承包项目经理的任命之日止。承包人擅自更换工程总承包项目经理的，应按照专用合同条件的约定承担违约责任。

发包人有权书面通知承包人要求更换其认为不称职的工程总承包项目经理，通知中应当载明要求更换的理由。承包人应在接到更换通知之日起 14 天内向发包人提出书面的改进报告。承包人如没有提出改进报告，应在收到更换通知后 28 天内更换项目经理。发包人收到改进报告后仍要求更换的，承包人应在接到第二次更换通知的 28 天内进行更换，并将新任命的工程总承包项目经理的注册执业资格、管理经验等资料书面通知发包人。继任工程总承包项目经理继续履行本合同约定的职责。承包人无正当理由拒绝更换工程总承包项目经理的，应按照专用合同条件的约定承担违约责任。

工程总承包项目经理因特殊情况授权其下属人员履行其某项工作职责的，该下属人员应具备履行相应职责的能力，并应事先将上述人员的姓名、注册执业资格、管理经验等信息和授权范围书面通知发包人并抄送工程师，征得发包人书面同意。

(4)承包人人员。

①人员安排。承包人人员的资质、数量、配置和管理应能满足工程实施的需要。除专用合同条件另有约定外，承包人应在接到开始工作通知之日起 14 天内，向工程师提交承包人的项目管理机构以及人员安排的报告，其内容应包括管理机构的设置、各主要岗位的关键人员名单及注册执业资格等证明其具备担任关键人员能力的相关文件，以及设计人员和各工种技术负责人的安排状况。

关键人员是发包人及承包人一致认为对工程建设起重要作用的承包人主要管理人员或技术人员。关键人员的具体范围由发包人及承包人在附件 5“承包人主要管理人员表”中另行约定。

②关键人员更换。承包人派驻到施工现场的关键人员应相对稳定。承包人更换关键人员时，应提前 14 天将继任关键人员信息及相关证明文件提交给工程师，并由工程师报发包人征求同意。在发包人未予以书面回复期间，关键人员将继续履行其职务。关键人员因突发事件丧失履行职务能力的，承包人应当及时委派一位具有相应资格能力的人员临时继任该关键人员职位，履行该关键人员职责，临时继任关键人员将履行职责直至发包人同意新的关键人员任命之日止。承包人擅自更换关键人员，应按照专用合同条件约定承担违约责任。

工程师对于承包人关键人员的资格或能力有异议的，承包人应提供资料，证明被质疑人员有能力完成其岗位工作，或不存在工程师所质疑的情形。工程师指示撤换不能按照合同约定履行职责及义务的主要施工管理人员的，承包人应当撤换。承包人无正当理由拒绝撤换的，应按照专用合同条件的约定承担违约责任。

③现场管理关键人员在岗要求。除专用合同条件另有约定外，承包人的现场管理关键人员离开施工现场每月累计不超过7天的，应报工程师同意；离开施工现场每月累计超过7天的，应书面通知发包人并抄送工程师，征得发包人书面同意。现场管理关键人员因故离开施工现场的，可授权有经验的人员临时代行其职责，但承包人应将被授权人员信息及授权范围书面通知发包人并取得其同意。现场管理关键人员未经工程师或发包人同意擅自离开施工现场的，应按照专用合同条件约定承担违约责任。

5.设计

(1)承包人的设计义务。

设计义务的一般要求：承包人应当按照法律规定，国家、行业和地方的规范和标准，以及发包人要求和合同约定完成设计工作和设计相关的其他服务，并对工程的设计负责。承包人应根据工程实施的需要及时向发包人和工程师说明设计文件的意图，解释设计文件。

对设计人员的要求：承包人应保证其或其设计分包人的设计资质在合同有效期内满足法律法规、行业标准或合同约定的相关要求，应指派符合法律法规、行业标准或合同约定的资质要求并具有从事设计所必需的经验与能力的设计人员完成设计工作。承包人应保证其设计人员(包括分包人的设计人员)在合同期限内，都能按时参加发包人或工程师组织的工作会议。

法律和标准的变化：除合同另有约定外，承包人完成设计工作所应遵守的法律规定，以及国家、行业和地方的规范和标准，均应视为在基准日期适用的版本。基准日期之后，前述版本发生重大变化，或者有新的法律以及国家、行业和地方的规范和标准实施的，承包人应向工程师提出遵守新规定的建议。发包人或其委托的工程师应在收到建议后7天内发出是否遵守新规定的指示。如果该项建议构成变更的，按照通用合同条件“承包人的合理化建议”的约定执行。

在基准日期之后，因国家颁布新的强制性规范、标准导致承包人的费用变化的，发包人应合理调整合同价格，导致工期延误的，发包人应合理延长工期。

(2)承包人文件审查。

①根据发包人要求应当通过工程师报发包人审查同意的承包人文件，承包人应当按照发包人要求约定的范围和内容及时报送审查。

除专用合同条件另有约定外，自工程师收到承包人文件以及承包人的通知之日起，发包人对承包人文件审查期不超过21天。承包人的设计文件对于合同约定有偏离的，应在通知中说明。承包人需要修改已提交的承包人文件的，应立即通知工程师，并向工程师提交修改后的承包人文件。审查期重新起算。

发包人同意承包人文件的，应及时通知承包人；发包人不同意承包人文件的，应在审查期限内，通过工程师以书面形式通知承包人，并说明不同意的具体内容和理由。

承包人对发包人的意见按以下方式处理：

a.发包人的意见构成变更的，承包人应在7天内通知发包人按照通用合同条件“变更与调整”中关于发包人指示变更的约定执行。双方对是否构成变更无法达成一致的，按照通用合同条件“争议解决”的约定执行；

b.因承包人原因导致承包人文件无法通过审查的，承包人应根据发包人的书面说明，对承包人文件进行修改后，重新报送发包人审查，审查期重新起算，因此引起的工期延长和必要的工程费用增加，由承包人负责。

合同约定的审查期满，发包人没有做出审查结论也没有提出异议的，视为承包人文件已获发包人同意。

发包人对承包人文件的审查和同意不得被理解为对合同的修改或改变，也并不减轻或免除承包人任何的责任和义务。

②承包人文件不需要政府有关部门或专用合同条件约定的第三方审查单位审查或批准的，承包人应当严格按照经发包人审查同意的承包人文件设计和实施工程。

发包人需要组织审查会议对承包人文件进行审查的，审查会议的审查形式、时间安排、费用承担，在专用合同条件中约定。发包人负责组织承包人文件审查会议，承包人有义务参加发包人组织的审查会议，向审查者介绍、解答、解释承包人文件，并提供有关补充资料。

发包人有义务向承包人提供审查会议的批准文件和纪要。承包人有义务按照相关审查会议批准的文件和纪要，并依据合同约定及相关技术标准，对承包人文件进行修改、补充和完善。

③承包人文件需政府有关部门或专用合同条件约定的第三方审查单位审查或批准的，发包人应在发包人审查同意承包人文件后7天内，向政府有关部门或第三方报送承包人文件，承包人应予以协助。

对于政府有关部门或第三方审查单位的审查意见，不需要修改发包人要求的，承包人需按该审查意见修改承包人的设计文件；需要修改发包人要求的，承包人应按通用合同条件“承包人的合理化建议”的约定执行。上述情形还应适用通用合同条件“承包人的设计义务”和通用合同条件“变更与调整”的有关约定。

政府有关部门或第三方审查单位审查批准后，承包人应当严格按照批准后的承包人文件实施工程。政府有关部门或第三方审查单位批准时间较合同约定时间延长的，竣工日期相应顺延。因此给双方带来的费用增加，由双方在负责的范围内各自承担。

(3)培训。

承包人应按照发包人要求，对发包人的雇员或其他发包人指定的人员进行工程操作、维修或其他合同中约定的培训。在合同约定接收之前进行培训的，应在通用合同条件“竣工验收”约定的竣工验收前或试运行结束前完成培训。

培训的时长应由双方在专用合同条件中约定，承包人应为培训提供有经验的人员、设施和其他必要条件。

(4)竣工文件。

①承包人应编制并及时更新反映工程实施结果的竣工记录，如实记载竣工工程的确切位置、尺寸和已实施工作的详细说明。竣工文件的形式、技术标准以及其他相关内容应按照相关法律法规、行业标准与发包人要求执行。竣工记录应保存在施工现场，并在竣工试验开始前，承包人将其按照专用合同条件约定的份数提交给工程师。

②在颁发工程接收证书之前，承包人应按照发包人要求的份数和形式向工程师提交相应竣工图纸，并取得工程师对尺寸、参照系统及其他有关细节的认可。工程师应按照通用合同条件“承包人文件审查”的约定进行审查。

③除专用合同条件另有约定外，在工程师收到竣工文件前，不应认为工程已根据通用合同条件“竣工验收”和“单位/区段工程的验收”的约定完成验收。

(5)操作和维修手册。

①在竣工试验开始前，承包人应向工程师提交暂行的操作和维修手册并负责及时更新，该手册

应足够详细，以便发包人能够对工程设备进行操作、维修、拆卸、重新安装、调整及修理，以及实现发包人要求。同时，手册还应包含发包人未来可能需要的备品备件清单。

②工程师收到承包人提交的文件后，应依据通用合同条件“承包人文件审查”的约定对操作和维修手册进行审查。竣工试验工程中，承包人应为任何因操作和维修手册错误或遗漏引起的风险或损失承担责任。

③除专用合同条件另有约定外，承包人应提交足够详细的最终操作和维修手册，以及在发包人要求中明确的相关操作和维修手册。除专用合同条件另有约定外，在工程师收到操作和维修手册前，不应认为工程已根据通用合同条件“竣工验收”和“单位/区段工程的验收”的约定完成验收。

(6) 承包人文件错误。

承包人文件存在错误、遗漏、含混不清、矛盾、不充分之处或其他缺陷，无论承包人是否获得了同意，承包人均应自费对前述问题带来的缺陷和工程问题进行改正，并按照通用合同条件“承包人文件审查”的要求，重新送工程师审查。审查日期从工程师收到文件开始重新计算。因此款原因重新提交审查文件导致的工程延误损失和增加的必要费用由承包人承担，因发包人要求的错误导致承包人文件错误、遗漏、含混不清、矛盾、不充分或其他缺陷的除外。

6. 施工

(1)现场合作。

承包人应按合同约定或发包人的指示，与发包人人员、发包人的其他承包人等人员就在现场或附近实施与工程有关的各项工作进行合作并提供适当条件，包括使用承包人设备、临时工程或进入现场等。

承包人应对其在现场的施工活动负责，并应尽合理努力按合同约定或发包人的指示，协调自身与发包人人员、发包人的其他承包人等人员的活动。

除专用合同条件另有约定外，如果承包人提供上述合作、条件或协调在考虑到发包人要求所列内容的情况下是不可预见的，则承包人有权就额外费用和合理利润从发包人处获得支付，且因此延误的工期应相应顺延。

(2)测量放线。

①除专用合同条件另有约定外，承包人应根据国家测绘基准、测绘系统和工程测量技术规范，按基准点(线)以及合同工程精度要求，测设施工控制网，并在专用合同条件约定的期限内，将施工控制网资料报送工程师。

②承包人应负责管理施工控制网点。施工控制网点丢失或损坏的，承包人应及时修复。承包人应承担施工控制网点的管理与修复费用，并在工程竣工后将施工控制网点移交发包人。承包人负责对工程、单位/区段工程、施工部位放线，并对放线的准确性负责。

③承包人负责施工过程中的全部施工测量放线工作，并配置具有相应资质的人员、合格的仪器与设备和其他物品。承包人应矫正工程的位置、标高、尺寸或基准线中出现的任何差错，并对工程各部分的定位负责。施工过程中对施工现场内水准点等测量标志物的保护工作由承包人负责。

(3)现场劳动用工。

①承包人及其分包人招用建筑工人的，应当依法与所招用的建筑工人订立劳动合同，实行建筑工人劳动用工实名制管理。承包人应当按照有关规定开设建筑工人工资专用账户、存储工资保证金，用于支付和保障该工程建设项目建筑工人工资。

②承包人应当在工程项目部配备劳资专管员，对分包单位劳动用工及工资发放实施监督管理。承包人拖欠建筑工人工资的，应当依法予以清偿；分包人拖欠建筑工人工资的，由承包人先行清偿，

再依法进行追偿;因发包人未按照合同约定及时拨付工程款导致建筑工人工资拖欠的,发包人应当以未结清的工程款为限,先行垫付被拖欠的建筑工人工资。合同当事人可在专用合同条件中约定具体的清偿事宜和违约责任。

③承包人应当按照相关法律法规的要求,进行劳动用工管理和建筑工人工资支付。

7.工期和进度

(1)开始工作。

①开始工作准备。合同当事人应按专用合同条件约定完成开始工作准备工作。

②开始工作通知。经发包人同意后,工程师应提前7天向承包人发出经发包人签认的开始工作通知。工期自开始工作通知中载明的开始工作日期起算。

除专用合同条件另有约定外,因发包人原因造成实际开始现场施工日期迟于计划开始现场施工日期后第84天的,承包人有权提出价格调整要求,或者解除合同。发包人应当承担由此增加的费用和(或)延误工期的损失,并向承包人支付合理利润。

(2)竣工日期。

承包人应在合同协议书约定的工期内完成合同工作。除专用合同条件另有约定外,工程的竣工日期以通用合同条件“竣工验收”的约定为准,并在工程接收证书中写明。

因发包人原因,在工程师收到承包人竣工验收申请报告42天后未进行验收的,视为验收合格,实际竣工日期以提交竣工验收申请报告的日期为准,但发包人由于不可抗力不能进行验收的除外。

(3)项目实施计划。

①项目实施计划的内容。项目实施计划是依据合同和经批准的项目管理计划进行编制,并用于对项目实施进行管理和控制的文件,应包含概述、总体实施方案、项目实施要点、项目初步进度计划以及合同当事人在专用合同条件中约定的其他内容。

②项目实施计划的提交和修改。除专用合同条件另有约定外,承包人应在合同订立后14天内,向工程师提交项目实施计划。工程师应在收到项目实施计划后21天内确认或提出修改意见。工程师提出的合理意见和要求,承包人应自费修改完善。根据工程实施的实际情况需要修改项目实施计划的,承包人应向工程师提交修改后的项目实施计划。

项目进度计划的编制和修改按照通用合同条件第8.4款“项目进度计划”执行。

(4)项目进度计划。

①项目进度计划的提交和修改。承包人应按照通用合同条件“项目实施计划”约定编制,并向工程师提交项目初步进度计划。该计划经工程师批准后实施。除专用合同条件另有约定外,工程师应在21天内批复或提出修改意见,否则该项目初步进度计划视为已得到批准。对工程师提出的合理意见和要求,承包人应自费修改完善。

经工程师批准的项目初步进度计划称为“项目进度计划”。该计划是控制合同工程进度的依据,工程师有权按照进度计划检查工程进度情况。承包人还应根据项目进度计划,编制更为详细的分阶段或分项的进度计划,此计划由工程师批准。

②项目进度计划的内容。

项目进度计划应当包括设计、承包人文件提交、采购、制造、检验、运达现场、施工、安装、试验的各个阶段的预期时间,以及设计和施工组织方案说明等。其编制应当符合国家法律规定和一般工程实践惯例。项目进度计划的具体要求、关键路径及关键路径变化的确定原则、承包人提交的份数和时间等,在专用合同条件约定。

③项目进度计划的修订。

项目进度计划不符合合同要求或与工程的实际进度不一致的，承包人应向工程师提交修订的项目进度计划，并附有关措施和相关资料。工程师也可以直接向承包人发出修订项目进度计划的通知。承包人如接受，应按该通知修订项目进度计划，报工程师批准；承包人如不接受，应当在14天内答复。承包人如未按时答复，视作已接受修订项目进度计划通知中的内容。

除专用合同条件另有约定外，工程师应在收到修订的项目进度计划后14天内完成审批或提出修改意见，如未按时答复，视作已批准承包人修订后的项目进度计划。工程师对承包人提交的项目进度计划的确认，不能减轻或免除承包人根据法律规定和合同约定应承担的任何责任或义务。

除合同当事人另有约定外，项目进度计划的修订并不能减轻或者免除通用合同条件中“工期延误”“工期提前”“暂停工作”条款规定的双方应承担的合同责任。

(5)进度报告。

项目实施过程中，承包人应进行实际进度记录，并根据工程师的要求，编制月进度报告，并提交给工程师。进度报告应包含以下主要内容：

①工程设计、采购、施工等各项工作内容的进展报告。

②工程施工方法的一般说明。

③当月工程实施介入的项目人员、设备和材料的预估明细报告。

④当月实际进度与进度计划对比分析，以及提出未来可能引起工期延误的情形，同时提出应对措施；需要修订项目进度计划的，应对项目进度计划的修订部分进行说明。

⑤承包人对于解决工期延误所提出的建议。

⑥其他与工程有关的重大事项。

进度报告的具体要求等，在专用合同条件约定。

(6)提前预警。

任何一方应当在下列情形发生时尽快书面通知另一方：

①该情形可能对合同的履行或实现合同目的产生不利影响；

②该情形可能对工程完成后的使用产生不利影响；

③该情形可能导致合同价款增加；

④该情形可能导致整个工程或单位/区段工程的工期延长。

发包人有权要求承包人根据通用合同条件“承包人的合理化建议”的约定提交变更建议，采取措施，尽量避免或最小化上述情形的发生或影响。

(7)工期延误。

①因发包人原因导致工期延误。在合同履行过程中，因下列情况导致工期延误和(或)费用增加的，由发包人承担由此延误的工期和(或)增加的费用等责任，且发包人应支付承包人合理的利润：

a.根据通用合同条件“变更与调整”的约定构成一项变更的；

b.发包人违反本合同约定，导致工期延误和(或)费用增加的；

c.发包人、发包人代表、工程师或发包人聘请的任意第三方造成或引起的任何延误、妨碍和阻碍；

d.发包人未能依据通用合同条件“发包人提供的材料和工程设备”的约定提供材料和工程设备导致工期延误和(或)费用增加的；

e.因发包人原因导致的暂停施工；

f.发包人未及时履行相关合同义务，造成工期延误的其他原因。

②因承包人原因导致工期延误。由于承包人的原因,未能按项目进度计划完成工作,承包人应采取措施加快进度,并承担加快进度所增加的费用。

由于承包人原因造成工期延误并导致逾期竣工的,承包人应支付逾期竣工违约金。逾期竣工违约金的计算方法和最高限额在专用合同条件中约定。承包人支付逾期竣工违约金,不免除承包人完成工作及修补缺陷的义务,且发包人有权从工程进度款、竣工结算款或约定提交的履约担保中,扣除相当于逾期竣工违约金的金额。

③行政审批迟延。合同约定范围内的工作需国家有关部门审批的,发包人和(或)承包人应按照专用合同条件约定的职责分工,完成行政审批报送。因国家有关部门审批迟延造成工期延误的,竣工日期相应顺延,造成费用增加的,由双方在负责的范围内各自承担。

④异常恶劣的气候条件导致工期延误。异常恶劣的气候条件是指在施工过程中遇到的,有经验的承包人在订立合同时不可预见的,对合同履行造成实质性影响的,但尚未构成不可抗力事件的恶劣气候条件。合同当事人可以在专用合同条件中约定异常恶劣的气候条件的具体情形。

承包人应采取克服异常恶劣的气候条件的合理措施,继续施工,并及时通知工程师。工程师应当及时发出指示,指示构成变更的,按通用合同条件"变更与调整"约定办理。因承包人采取合理措施而延误工期的,其损失由发包人承担。

8. 竣工试验

(1)竣工试验的义务。

①承包人完成工程或区段工程进行竣工试验所需的作业,并根据通用合同条件"竣工文件"和"操作和维修手册"提交文件后,进行竣工试验。

②承包人应在进行竣工试验之前,至少提前42天向工程师提交详细的竣工试验计划。该计划应载明竣工试验的内容、地点、拟开展时间和需要发包人提供的资源条件。工程师应在收到计划后的14天内进行审查,并就该计划不符合合同的部分提出意见。承包人应在收到意见后的14天内,自费对计划进行修正。工程师逾期未提出意见的,视为竣工试验计划已得到确认。除提交竣工试验计划外,承包人还应提前21天将可以开始进行各项竣工试验的日期通知工程师,并在该日期后的14天内,或在工程师指示的日期进行竣工试验。

③承包人应根据经确认的竣工试验计划以及通用合同条件"由承包人试验和检验"进行竣工试验。除发包人要求中另有说明外,竣工试验应按以下顺序分阶段进行,即只有在工程或区段工程已通过上一阶段试验的情况下,才可进行下一阶段试验。

a. 承包人进行启动前试验,包括适当的检查和功能性试验,以证明工程或区段工程的每一部分均能够安全地承受下一阶段试验。

b. 承包人进行启动试验,以证明工程或区段工程能够在所有可利用的操作条件下安全运行,并按照专用合同条件和发包人要求中的规定操作。

c. 承包人进行试运行试验。当工程或区段工程能稳定安全运行时,承包人应通知工程师可以进行其他竣工试验,包括各种性能测试,以证明工程或区段工程符合发包人要求中列明的性能保证指标。

进行上述试验不应构成通用合同条件"验收和工程接收"规定的接收,但试验所产生的任何产品或其他收益均应归属于发包人。

④完成上述各阶段竣工试验后,承包人应向工程师提交试验结果报告,试验结果须符合约定的标准、规范和数据。工程师应在收到报告后14天内予以回复,逾期未回复的,视为认可竣工试验结果。但在考虑工程或区段工程是否通过竣工试验时,应适当考虑发包人对工程或其任何部分的使

用对工程或区段工程的性能、特性和试验结果产生的影响。

(2)延误的试验。

①如果承包人已根据通用合同条件“竣工试验的义务”将可以开始进行各项竣工试验的日期通知工程师,但该等试验因发包人原因被延误 14 天以上的,发包人应承担由此增加的费用和工期延误损失,并支付承包人合理利润。同时,承包人应在合理可行的情况下尽快进行竣工试验。

②承包人无正当理由延误竣工试验的,工程师可向其发出通知,要求其在收到通知后的 21 天内进行该项竣工试验。承包人应在该期限内确定进行试验的日期,并至少提前 7 天通知工程师。

③如果承包人未在该期限内进行竣工试验,则发包人有权自行组织该项竣工试验,由此产生的合理费用由承包人承担。发包人应在试验完成后 28 天内向承包人发送试验结果。

(3)重新试验。

如果工程或区段工程未能通过竣工试验,则承包人应根据通用合同条件“缺陷和修补”修补缺陷。发包人或承包人可要求按相同的条件,重新进行未通过的试验以及相关工程或区段工程的竣工试验。重新进行的试验仍应适用本条对于竣工试验的规定。

(4)未能通过竣工试验。

①因发包人原因导致竣工试验未能通过的,承包人进行竣工试验的费用由发包人承担,竣工日期相应顺延。

②如果工程或区段工程未能通过根据通用合同条件“重新试验”重新进行的竣工试验的,则:

a. 发包人有权要求承包人根据通用合同条件“缺陷和修补”继续进行修补和改正,并根据通用合同条件“重新试验”再次进行竣工试验。

b. 未能通过竣工试验,对工程或区段工程的操作或使用未产生实质性影响的,发包人有权要求承包人自费修复。承包人承担因此增加的费用和误期损害赔偿责任,并赔偿发包人的相应损失。无法修复时,发包人有权扣减该部分的相应付款,同时视为通过竣工验收。

c. 未能通过竣工试验,使工程或区段工程的任何主要部分丧失了生产、使用功能时,发包人有权指令承包人更换相关部分。承包人应承担因此增加的费用和误期损害赔偿责任,并赔偿发包人的相应损失。

d. 未能通过竣工试验,使整个工程或区段工程丧失了生产、使用功能时,发包人可拒收工程或区段工程,或指令承包人重新设计、重置相关部分。承包人应承担因此增加的费用和误期损害赔偿责任,并赔偿发包人的相应损失。同时,发包人有权根据通用合同条件“由发包人解除合同”的约定解除合同。

9. 验收和工程接收

(1)竣工验收。

①竣工验收条件。工程具备以下条件的,承包人可以申请竣工验收:

a. 除因通用合同条件“变更与调整”导致的工程量删减和通用合同条件“扫尾工作清单”列入缺陷责任期内完成的扫尾工程和缺陷修补工作外,合同范围内的全部单位/区段工程以及有关工作,包括合同要求的试验和竣工试验均已完成,并符合合同要求;

b. 已按合同约定编制了扫尾工作和缺陷修补工作清单以及相应实施计划;

c. 已按合同约定的内容和份数备齐竣工资料;

d. 已完成合同约定要求在竣工验收前应完成的其他工作。

②竣工验收程序。除专用合同条件另有约定外,承包人申请竣工验收的,应当按照以下程序进行:

a.承包人向工程师报送竣工验收申请报告,工程师应在收到竣工验收申请报告后 14 天内,完成审查并报送发包人。工程师审查后认为尚不具备竣工验收条件的,应在收到竣工验收申请报告后的 14 天内通知承包人,指出在颁发接收证书前,承包人还须进行的工作内容。承包人完成工程师通知的全部工作内容后,应再次提交竣工验收申请报告,直至工程师同意为止。

b.工程师同意承包人提交的竣工验收申请报告的,或工程师收到竣工验收申请报告后 14 天内不予答复的,视为发包人收到并同意承包人的竣工验收申请。发包人应在收到该竣工验收申请报告后的 28 天内进行竣工验收。工程经竣工验收合格的,以竣工验收合格之日为实际竣工日期,并在工程接收证书中载明;完成竣工验收但发包人不予签发工程接收证书的,视为竣工验收合格,以完成竣工验收之日为实际竣工日期。

c.竣工验收不合格的,工程师应按照验收意见发出指示,要求承包人对不合格工程返工、修复或采取其他补救措施,由此增加的费用和(或)延误工期的损失由承包人承担。承包人在完成不合格工程的返工、修复或采取其他补救措施后,应重新提交竣工验收申请报告,并按本项约定的程序重新进行验收。

d.因发包人原因,未在工程师收到承包人竣工验收申请报告之日起 42 天内完成竣工验收的,以承包人提交竣工验收申请报告之日作为工程实际竣工日期。

e.工程未经竣工验收,发包人擅自使用的,以转移占有工程之日为实际竣工日期。

除专用合同条件另有约定外,发包人不按照本项和通用合同条件"接收证书"约定组织竣工验收、颁发工程接收证书的,每逾期一天,应以签约合同价为基数,按照贷款市场报价利率(LPR)支付违约金。

(2)单位/区段工程的验收。

①发包人根据项目进度计划安排,在全部工程竣工前需要使用已经竣工的单位/区段工程时,或承包人提出经发包人同意时,可进行单位/区段工程验收。验收的程序可参照通用合同条件"竣工验收"的约定进行。验收合格后,由工程师向承包人出具经发包人签认的单位/区段工程验收证书。单位/区段工程的验收成果和结论作为全部工程竣工验收申请报告的附件。

②发包人在全部工程竣工前,使用已接收的单位/区段工程导致承包人费用增加的,发包人应承担由此增加的费用和(或)工期延误损失,并支付承包人合理利润。

(3)工程的接收。

①根据工程项目的具体情况和特点,可按工程或单位/区段工程进行接收,并在专用合同条件部分约定接收的先后顺序、时间安排和其他要求。

②除按约定已经提交的资料外,接收工程时,承包人须提交竣工验收资料的类别、内容、份数并在专用合同条件中约定前述内容及提交时间。

③发包人无正当理由不接收工程的,发包人自应当接收工程之日起,承担工程照管、成品保护、保管等与工程有关的各项费用。合同当事人可以在专用合同条件中另行约定发包人逾期接收工程的违约责任。

④承包人无正当理由不移交工程的,承包人应承担工程照管、成品保护、保管等与工程有关的各项费用。合同当事人可以在专用合同条件中另行约定承包人无正当理由不移交工程的违约责任。

(4)接收证书。

①除专用合同条件另有约定外,承包人应在竣工验收合格后,向发包人提交通用合同条件第 14.6 款"质量保证金"约定的质量保证金。发包人应在竣工验收合格,且工程具备接收条件后的 14

天内，向承包人颁发工程接收证书。但承包人未提交质量保证金的，发包人有权拒绝颁发。发包人拒绝颁发工程接收证书的，应向承包人发出通知，说明理由，并指出在颁发接收证书前，承包人需要做的工作，包括需要修补的缺陷和承包人需要提供的文件等。

②发包人向承包人颁发的接收证书，应注明工程或单位/区段工程经验收合格的实际竣工日期，并列明不在接收范围内的，在收尾工作和缺陷修补完成之前，对工程或单位/区段工程预期使用目的没有实质影响的少量收尾工作和缺陷。

③竣工验收合格而发包人无正当理由逾期不颁发工程接收证书的，自验收合格后第 15 天起视为已颁发工程接收证书。

④工程未经验收或验收不合格，发包人擅自使用的，应在转移占有工程后 7 天内，向承包人颁发工程接收证书；发包人无正当理由，逾期不颁发工程接收证书的，自转移占有后第 15 天起视为已颁发工程接收证书。

⑤存在扫尾工作的，工程接收证书中应当将通用合同条件“扫尾工作清单”中约定的扫尾工作清单作为工程接收证书附件。

(5)竣工退场。

①竣工退场。发包人颁发工程接收证书后，承包人应对施工现场进行清理，使得施工现场处于以下状态，直至工程师检验合格为止：

a. 施工现场内残留的垃圾已全部清除出场；

b. 临时工程已拆除，场地已按合同约定进行清理、平整或复原；

c. 按合同约定应撤离的承包人提供的施工设备和剩余的材料，包括废弃的施工设备和材料，已按计划撤离施工现场；

d. 施工现场周边及其附近道路、河道的施工堆积物，已全部清理；

e. 施工现场的其他竣工退场工作已全部完成。

施工现场的竣工退场费用由承包人承担。承包人应在专用合同条件约定的期限内，完成竣工退场。逾期未完成的，发包人有权出售或另行处理承包人遗留的物品，由此支出的费用由承包人承担。发包人出售承包人遗留物品所得款项，在扣除必要费用后，应返还承包人。

②地表还原。承包人应按合同约定和工程师的要求恢复临时占地及清理场地，否则，发包人有权委托其他人恢复或清理，所发生的费用由承包人承担。

③人员撤离。除了经工程师同意，需在缺陷责任期内继续工作和使用的人员、施工设备外，承包人应按专用合同条件约定和工程师的要求，将其余的人员、施工设备撤离施工现场或拆除。除专用合同条件另有约定外，缺陷责任期满时，承包人的人员和施工设备应全部撤离施工现场。

10. 合同价格与支付

①除专用合同条件中另有约定外，本合同为总价合同，除根据通用合同条件“变更与调整”，以及合同中其他相关增减金额的约定进行调整外，合同价格不做调整。

②除专用合同条件另有约定外：

a. 工程款的支付应以合同协议书约定的签约合同价格为基础，按照合同约定进行调整；

b. 承包人应支付根据法律规定或合同约定应由其支付的各项税费，除通用合同条件“法律变化引起的调整”约定外，合同价格不应因这些税费而调整；

c. 价格清单列出的任何数量仅为估算的工作量，不得将其视为要求承包人实施的工程的实际或准确的工作量，在价格清单中列出的任何工作量和价格数据应仅限用于变更和支付的参考资料，而不能用于其他目的。

③合同约定工程的某部分按照实际完成的工程量进行支付的，应按照专用合同条件的约定进行计量和估价，并据此调整合同价格。

【典型例题】

【例 8-1】 2019 年建成的甘南文旅会展中心是甘肃省“一会一节”主场馆，也是省属重点建设项目，担负着甘南对外交流、展示甘肃风采及国家形象的重要使命。

要在短短的 100 天工期内完成建设交付使用，常规的施工总承包模式根本无法实现该项目的目标要求。然而，面对这项“不可能完成的任务”，甘肃建投集团总公司组建了甘南文旅会展中心项目 EPC 总承包项目管理团队，为甘南文旅会展中心项目的设计、采购、施工、试运行等实行了全过程承包。该项目确定了装配式施工，从 3 月 28 日开工，共计完成 38 323 m^2 建设面积，现场管理人员 220 人，用工量达 2600 余人，投入共 27 个劳务班组，使用混凝土 56 500 m^3，平均每天浇筑 706 m^3，共发车 5650 次。经过 96 个日夜，6 月 30 日实现了各展区移交，7 月 24 日已顺利完成竣工验收。项目各项管理工作受控，无一例安全事故发生。这次 EPC 总承包实践，为总承包模式管理理念和实践积累了宝贵经验。

试分析：项目总承包方式的优缺点？

答：所谓项目总承包模式是指项目业主将工程设计、施工、材料和设备采购等工作全部发包给一家承包公司，由其进行实质性设计、施工和采购工作，最后向项目业主交出一个已达到动用条件的工程。按这种模式发包的工程也称“交钥匙工程”。

(1)项目总承包模式的优点：

①合同关系简单，组织协调工作量小。项目业主只与项目总承包单位签订一个合同，合同关系大大简化。监理工程师主要与项目总承包单位进行协调。许多协调工作量转移到项目总承包单位内部及其与分包单位之间，这就使建设工程监理的协调工作量大为减少。

②缩短建设周期。由于设计与施工由一个单位统筹安排，两个阶段能够有机地融合，一般都能做到设计阶段与施工阶段相互搭接，因此对进度目标控制有利。

③利于投资控制。通过设计与施工的统筹考虑可以提高项目的经济性，从价值工程或全寿命费用的角度看，可以取得明显的经济效果，但这并不意味着项目总承包的价格低。

(2)项目总承包模式的缺点：

①招标发包工作难度大。合同管理的难度较大。

②项目业主择优选择承包方范围小，往往导致合同价格较高。

③质量控制难度大。其原因一是质量控制标准制约性受到影响，二是“他人控制”机制薄弱。

【例 8-2】 2008 年 4 月 2 日，南京某监理公司与南京某学院签订建设工程委托监理合同 1 份，约定南京某学院委托南京某监理公司监理南京某学院新校大二期图书馆，11 号、12 号、13 号学生公寓等。监理费按合同价的 0.8%结算，为 11 000 万元(按实结算)×0.8%=88 万元。若工期延长，延长期间的监理费，按总监理费(经甲方、设计院、监理公司、施工单位四方验收合格的单项工程监理费除外)除以总工期的天数，乘以延长期间的天数计算。2010 年 11 月 2 日，双方就上述工程的合同期内的监理费进行了结算，双方出具了结算单。南京某学院在结算单上载明以上结算情况属实，南京某监理公司在该结算单上载明以上学院土建安装项目确认。南京某监理公司认为，因该工程延期完工，其实际监理时间至 2010 年 5 月 6 日止，延长期间的监理费，南京某学院尚未与其结算。

2010 年 8 月 6 日，南京某监理公司与南京某学院又签订建设工程委托监理合同 1 份，约定南京某学院委托南京某监理公司监理其新校大二期图书馆、行政楼等装修工程。南京某监理公司认为，其在对图书馆、行政楼装修监理过程中，增加了中央空调、智能化、消防、灯光音响、监控等安装工程的监理项目(共计造价为1 625 580元),南京某学院应按照双方装修监理合同约定的监理费率,支付其监理费。南京某学院认为,南京某监理公司所称的增加的监理项目在合同中并未约定。

南京某监理公司完成上述2份监理合同约定的义务后,与南京某学院因监理费用的数额发生争议。2015年1月,南京某监理公司向一审法院提起诉讼,要求南京某学院支付监理费及利息。

试分析:(1)对于土建延期监理费,南京某学院是否该承担?

(2)对于装修监理合同外的安装工程监理费,南京某学院是否应该承担?

答:(1)结算单是双方的最终结算。2010年11月2日,监理服务工作早已经结束,双方对监理服务的费用进行了结算,并共同签字盖章确认。该结算单是双方的最终确认。南京某监理公司曾经在结算前,向南京某学院主张过土建延期监理费,但是南京某学院没有同意。后来双方进行了结算,证明南京某监理公司自愿放弃了土建延期监理费的主张。

(2)对于监理合同外的安装监理服务,对方无权主张监理费。

在实际的交叉施工过程中,南京某监理公司只是对这些工程进行了协调,并没有提供实质性的监理服务。否则,双方会签订补充协议,或者以签证的形式,对南京某监理公司的服务内容、服务费标准进行约定。因此,南京某监理公司无权主张安装部分的监理服务费。

【例8-3】 2013年3月,A造价公司与B木业公司签订"建设工程造价咨询合同"。合同约定:A造价公司为B木业公司厂区工程提供造价咨询服务。基础费不执行国家规定的收费标准,只计取15 000元。效益费实行市场风险议价,按审减额的30%计取,出具工程结算报告时结清。

合同签订后至出具审核报告时,B木业公司质疑该合同,一直要求A造价公司提供该公司的资质文件及收取费用标准的文件,但A造价公司始终未提供。2013年7月,A造价公司出具〔2013〕第39号和〔2013〕第45号工程结算审核报告,报审金额合计54 154 746.52元,审定金额46 678 302.61元,核减额7 476 443.91元。B木业公司根据合同约定应向A造价公司支付咨询服务费用2 257 933.17元。B木业公司于合同签订当日支付15 000元,尚欠服务费金额2 242 933.17元。工程结算报告出具后,A造价公司多次向B木业公司催要服务费用,并于2014年7月、2016年6月发出催款函,但B木业公司一直未付服务费。B木业公司认为其是黑龙江的企业,按照国家及地方规定,应当依据黑龙江省物价监督管理局、黑龙江省住房和城乡建设厅的文件来计取工程造价咨询服务费,应该不到60万元。另外,B木业公司认为A造价公司申请仲裁已经超过法定的仲裁时效期间,且与B木业公司签订工程造价咨询合同的广某在签订合同时,既未提供公司及工程师的资质文件,又未对合同条款做任何解释,之后也未拿出任何文件证明广某的身份,即广某没有资格签订合同。

试分析:(1)关于造价咨询合同的法律效力问题。

(2)关于工程造价咨询服务费及利息问题。

(3)是否超过仲裁时效期间问题。

答:(1)经审理查明,A造价公司具有工程造价咨询甲级资质,取得资质时间为2007年6月15日。2010年6月3日,A造价公司取得建设工程造价管理站出具的"工程造价咨询企业备案表"。A造价公司与B木业公司签订合同时,其甲级资质在有效期内,其甲级资质有效期至2019年6月30日。在合同订立时,国家对工程造价咨询服务收费实行政府指导价。《中华人民共和国价格法》第十二条规定:"经营者进行价格活动,应当遵守法律、法规,执行依法制定的政府指导价、政府定价和法定的价格干预措施、紧急措施。"由此可见,《价格法》第十二条应为法律效力性强制性规定。合同中关于"基础费不执行国家规定的收费标准,双方约定只计取15 000元,效益费实行市场风险议价,按审减额的30%计取"的条款违反了上述法律效力性强制性规定,该合同条款无效。《民法典》

规定，违反法律、行政法规的强制性规定的合同无效，无效的合同或者被撤销的合同自始没有法律约束力。合同部分无效，不影响其他部分效力的，其他部分仍然有效；合同其他条款没有违反法律、行政法规效力性强制性规定，合同其他条款有效。

(2)合同约定的价格条款虽然无效，但在双方当事人订立合同后，国家对造价咨询服务费已经放开，不再执行政府指导价，执行市场调节价。B木业公司对A造价公司出具的工程结算审核报告及对A造价公司履行合同中的其他义务均无异议。双方当事人对合同约定的价格条款无效均存在过错。综合上述因素，B木业公司主张按照价格条款无效的法律后果，并有前提地根据合同价格条款违价时的政府指导价来计算给付A造价公司60万元左右的服务费有失公平。仲裁庭认为，按合同约定的审减额30%计算出的服务费的一半来综合考虑B木业公司应给付A造价公司服务费的数额为宜，此前B木业公司已支付A造价公司的15 000元服务费应从应给付的服务费中扣除。因仲裁庭酌定B木业公司应给付A造价公司的服务费中已考虑利息因素，针对A造价公司主张工程造价咨询服务费的利息，仲裁庭不再支持。

(3)从A造价公司举证情况看，对B木业公司应付A造价公司的款项，A造价公司在仲裁时效期限内向B木业公司主张了权利，其没有怠于行使权利。参照《最高人民法院关于审理民事案件适用诉讼时效制度若干问题的规定》第十条的规定，A造价公司已按B木业公司的住所地址向B木业公司邮寄了催款文件，该邮寄催款能产生仲裁时效中断的效力，即使B木业公司没有收到A造价公司邮寄的催款文件，亦不影响A造价公司向B木业公司主张权利的事实。因此，A造价公司主张权利没有超过仲裁时效期间。

结语和建议：工程造价咨询服务是具有相关资质的工程造价咨询企业接受委托，对建设项目工程造价的确定与控制提供专业服务，并出具工程造价成果文件的活动。结合本案，双方对合同约定的价格条款无效均存在过错，故应承担相应的责任。

违反法律、行政法规的效力性强制性规定应是判定合同效力的标准之一。建议当事人在签订合同时，一是要看合同约定的内容本身是否属于法律、行政法规规定的禁止性规定；二是在法律、行政法规没有明确规定违反将使合同归于无效或不成立时，要看履行合同是否使国家利益、社会公共利益和第三人重大利益受到损害；三是要看合同的履行是否明显违反了法律、行政法规的强制性规定。

独立思考

8-1　简述建设工程相关合同的常见类型。

8-2　委托监理合同的主要条款有哪些？

8-3　工程造价咨询合同有哪些关于当事人权利及义务的规定？

8-4　工程总承包合同的形式有哪些？

第九章 工程索赔

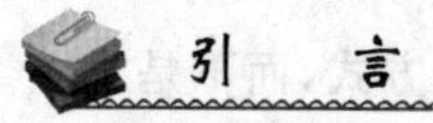

引　言

人民渴望富足安康，渴望公平正义。大时代需要大格局，大格局呼唤大胸怀。从“本国优先”的角度看，世界是狭小拥挤的，时时都是“激烈竞争”。从命运与共的角度看，世界是宽广博大的，处处都有合作机遇。我们要倾听人民心声，顺应时代潮流，推动各国加强协调和合作，把本国人民利益同世界各国人民利益统一起来，朝着构建人类命运共同体的方向前行。

——2021年7月6日，习近平在中国共产党与世界政党领导人峰会上的主旨讲话

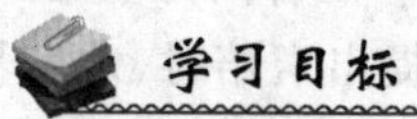

学习目标

知识目标：识记工程索赔的分类及程序，识记索赔费用的组成；理解费用索赔计算，理解工期索赔计算。

能力目标：能够判断实际工程中哪些事件需要进行索赔；能够运用所学知识进行实际项目的索赔费用数额确定；能够运用所学知识进行实际项目的工期索赔。

素质目标：能够正确合理地进行索赔处理；能够养成守时、守约的精神；能够理解合作中要“利益共享，风险共担”。

第一节　工程索赔的基本理论

20世纪80年代中期，我国首次实行国际竞争性招标的云南鲁布革水电站工程成为大型土建工程对外开放的窗口和建设管理体制改革的试点。这是我国第一次面对土建施工国际承包合同的管理，也首次认识到了工程索赔管理的重要性和复杂性。鲁布革水电站工程中的索赔款项涉及项目业主违约、不利自然条件、工程师指令增加等7大类别。在鲁布革水电站工程实施过程中，共发生21起单项费用索赔和1起工期索赔，索赔总额为229.10万元人民币，占合同总额的2.83%。“鲁布革冲击”冲击了因循守旧、循规蹈矩的传统习惯，促使我国相关行业树立了新的意识，建立以合同管理为中心的项目管理机制。合同管理贯穿工程实施的全过程，而索赔管理是合同管理的重要组成部分。在国际工程中，索赔已成为许多承包商的经营策略之一，承包商应学会如何减少或转

移工程风险，保护自身利益，要对合同中可索赔条款有深刻认识，加强合同管理。

一、工程索赔概述

(一)工程索赔的概念

索赔就是受到损失的一方当事人向另一方当事人提出赔偿损失的要求。工程索赔通常是指在工程合同履行过程中，合同当事人一方因对方不履行或未能正确履行合同或者由于其他非自身因素而受到经济损失或权利损害，通过合同规定的程序向对方提出经济或时间补偿要求的行为。索赔是双向的，既可以是承包人向项目业主的索赔，也可以是项目业主向承包人的索赔。

对工程索赔的理解要注意以下几个方面。

①索赔属于经济补偿行为，而不是惩罚。索赔的损失结果与被索赔人的行为并不一定存在法律上的因果关系。

②索赔和反索赔是承发包双方之间经常发生的管理业务，是双方合作的方式，而不是对立。

③对承包人来说，索赔既可要求经济补偿，也可要求工期延长，或两者兼而有之。只要承包人认为自己在时间上、经济上的损失不是由自己造成的，又不能从原合同规定中获得已支付的额外开支，就可向发包人提出索赔。发包人可要求得到赔付金额和(或)延长缺陷责任期。

(二)工程索赔的原则

1. 索赔必须以合同为依据

遇索赔事件时，监理工程师应以完全独立的身份，站在客观公正的立场上，以合同为依据，审查索赔要求的合理性、索赔价款的正确性。另外，承包人也只有以合同为依据提出索赔时，才容易索赔成功。

2. 及时、合理处理索赔

索赔事件发生后，索赔的提出应当及时，索赔的处理也应当及时。索赔处理得不及时，对双方都会产生不利的影响。处理索赔还必须坚持合理性原则，应当考虑工程的实际情况。在《建设工程施工合同(示范文本)》(GF—2017—0201)的合同条款中，如果承包人不及时提出索赔，则意味着丧失索赔权；而发包人不及时处理索赔，则意味着认可承包人的索赔申请和结果。

3. 必须注意资料的积累

积累一切可能涉及索赔证据的资料，事关技术问题、进度问题和其他重大问题的会议应做好文字记录，并争取会议参加者签字，作为正式文档资料。同时，应建立严密的工程日志，建立业务往来文件编号档案等制度，做到处理索赔时有事实和数据可以作为依据。

4. 加强主动控制，减少工程索赔

应当加强主动控制，尽量减少索赔。这就要求在工程管理过程中，应对可能引起的索赔有所预测，及时采取补救措施，减少索赔事件的发生。这样能够使工程更顺利地进行，降低工程投资、减少施工工期。

(三)工程索赔的作用

①有利于促进双方加强管理，严格履行合同，维护市场正常秩序。合同一经签订，合同双方即产生权利和义务关系。这种权益受法律保护，这种义务受法律制约。索赔是《民法典》效力的具体

体现,并且由合同的性质决定。如果没有索赔和关于索赔的法律规定,则合同形同虚设,对双方都难以形成约束,这样,合同的实施得不到保证,将会影响正常的社会经济秩序。索赔能对违约者起警诫作用,使其考虑到违约的后果,以尽力避免违约事件发生。所以,索赔有助于工程承发包双方更紧密的合作,有助于合同目标的实现。

②使工程造价更合理。索赔的正常开展,可以把原来计入工程报价中的一些不可预见费用,改为实际发生的损失支付,有助于降低工程报价,使工程造价更为合理。

③有助于维护合同当事人的正当权益。索赔是一种保护自己、维护自己正当利益,避免损失,增加利润的手段。如果承包人不能进行有效的索赔,损失得不到合理的、及时的补偿,会影响生产经营活动的正常进行。

④帮助双方更快地熟悉国际惯例。熟练掌握索赔和处理索赔的方法与技巧,有助于对外开放和对外工程承包的开展。

但是,应当强调,承包人单靠索赔来获取利润的手段并不正当。如果故意压低报价来获取工程,试图利用索赔来获得利润,这种"钓鱼工程"的结果是难以确定的,也难以持续长久。所以,承包人要会合理利用索赔来维护自身利益,但不可利用索赔来投机钻营。

(四)工程索赔的分类

索赔可以从不同的角度进行分类。

1. 按索赔发生的原因分类

①工程延期索赔。因项目业主未按合同要求提供施工条件,或因项目业主指令暂停或不可抗力事件等原因提出的索赔。

②工程变更索赔。由于项目业主或监理工程师指令增加或减少工程量,或增加附加工程、修改设计、变更施工顺序等提出的索赔。

③工程加速索赔。由于项目业主或监理工程师指令承包人加快施工速度、缩短工期,引起承包人人、财、物的额外开支而提出的索赔。

④工程终止索赔。由于发包人违约或发生了其他事件导致工程非正常终止,承包人因蒙受经济损失而提出索赔。

⑤不可抗力和不可预见因素索赔。在工程实施过程中,因不可抗力以及一个有经验的承包人通常不能合理预见的不利施工条件或客观障碍,如地质条件变化或地下障碍使得施工现场条件异常困难和恶劣引起的索赔。

⑥其他索赔。如因货币贬值、汇率变化、物价上涨、政策法令变化等原因引起的索赔。

这种分类能明确指出每一项索赔的根源所在,便于项目业主和工程师审核分析。

2. 按索赔的目的分类

①工期索赔。即要求项目业主延长施工时间,使原规定的工程竣工日期顺延,从而避免违约罚金的产生。

②费用索赔。即要求项目业主补偿费用损失,进而调整合同价款。

3. 按合同类型分类

①总承包合同索赔。即承包人同项目业主之间的索赔。

②分包合同索赔。即总承包人同分包人之间的索赔。

③买卖合同索赔。即承包人同供货商之间的索赔。

④联营合同索赔。即联合体成员之间的索赔。

⑤其他合同索赔。如承包人向保险公司、运输公司等的索赔。

4. 按索赔的业务性质分类

①工程索赔。指涉及工程项目建设中施工条件或施工技术、施工范围等变化引起的索赔。一般发生频率高,索赔费用大。

②商务索赔。指实施工程项目过程中的物资采购、运输、保管等方面活动引起的索赔。由于供货商、运输公司等在物资数量上短缺、质量上不符合要求,运输损坏或不能按期交货等原因,给承包人造成经济损失时,承包人向供货商、运输商等提出索赔要求。

5. 按索赔的处理方式分类

①单项索赔,就是采取一事一索赔的方式。即在每一件索赔事项发生后,报送索赔通知书,编报索赔报告,要求单项解决支付,不与其他的索赔事项混在一起。

②总索赔,又称综合索赔或一揽子索赔。即对整个工程(或某项工程)中所发生的数起索赔事项,综合在一起进行索赔。

6. 按索赔的依据分类

①合同规定的索赔。指索赔涉及的内容在合同文件中能够找到依据,项目业主或承包人可以据此提出索赔要求。

②非合同规定的索赔。指索赔涉及的内容在合同文件中没有专门的文字叙述,但可以根据该合同条件某些条款的含义,推论出有一定索赔权。

③道义索赔。指通情达理的项目业主看到承包人为完成某项困难的施工,承受了额外费用损失,甚至承受重大亏损,出于善良意愿给承包人以适当的经济补偿。因在合同条款中没有此项索赔的规定,所以道义索赔也称"额外支付"。

二、工程索赔的基本程序及其规定

(一)索赔程序

建设工程索赔程序,一般包括发出索赔意向通知、收集和提供索赔证据、编写和提交索赔报告、评审索赔报告、举行索赔谈判、解决索赔争端等。

1. 发出索赔意向通知

索赔意向通知是一种维护自身索赔权利的文件。承包人发现或意识到存在潜在的索赔机会后,要做的第一件事就是要将自己的索赔意向用书面形式通知项目业主或监理工程师。这种意向通知是非常重要的,它一方面对承包人的合法权益起保护作用,另一方面对项目业主或监理工程师起提醒、监督作用。发出索赔意向通知标志着一项索赔的开始,如果没有按照规定时间提交索赔意向通知,就会丧失工程索赔的权利。

索赔意向通知一般仅仅是向项目业主或监理工程师表明索赔意向,所以应当简明扼要。通常只要说明以下几点内容即可:索赔事项发生的时间、地点、简要事实情况和发展动态,索赔所依据的合同条款和主要理由,索赔事件对工程成本和工期产生的不利影响。

2. 收集和提供索赔证据

索赔的成功很大程度上取决于承包商对索赔作出的解释和真实可信的证明材料。即使承包人抓住合同履行中的索赔机会,如果拿不出索赔证据或证据不充分,其索赔要求往往难以成功或被大打折扣。因此,承包人在正式提出索赔报告前的资料准备工作极为重要。这就要求承包人注意记录、积累和保存工程施工过程中的各种资料,并可随时从中提取与索赔事件有关的证明资料。

3. 编写和提交索赔报告

索赔报告是承包人向项目业主或监理工程师提交的一份要求项目业主给予一定经济补偿和(或)延长工期的正式报告。编制索赔报告是承包人进行索赔的重要工作,也是索赔能否成功的重要保证。承包商应该在索赔事件对工程产生的影响结束后,尽快向项目业主或监理工程师提交正式的索赔报告。在实际工作中,如果索赔事件影响持续延长,承包人应当阶段性向项目业主或监理工程师报告,并在索赔事件终了后,提交有关资料和最终索赔报告。

4. 评审索赔报告

监理工程师在接到承包人的索赔报告后,应当站在公正的立场,及时认真地审阅报告,重点审查承包人索赔要求的合法性和合理性,审查索赔费用的计算是否正确、合理。对不合理的索赔要求或不明确的地方提出反驳和质疑,或要求做出解释和补充。监理工程师审核完后递交发包人,发包人在规定时间内签认索赔处理结果。

5. 举行索赔谈判

在监理工程师对索赔报告进行评审后,由于承包人常常需要作出进一步的解释和补充证据,而监理工程师也需要对索赔报告提出的初步处理意见作出解释和说明,因此,项目业主、监理工程师和承包人三方就索赔的解决要进行进一步讨论、磋商,即谈判。对经谈判达成一致意见的,作出索赔决定;若意见达不成一致,则产生争端。

6. 解决索赔争端

如果项目业主和承包人通过谈判不能协商解决索赔,就可以将争端提交给监理工程师解决。监理工程师在收到有关解决争端的申请后,在一定时间内要作出索赔决定。项目业主或承包人如果对监理工程师的决定不满意,可以提交争议评审小组确定,也可以申请仲裁或起诉。争议发生后,在一般情况下,双方都应继续履行合同,保持施工连续,保护好已完成工程。只有当出现单方违约导致合同确已无法履行,双方协议停止施工,或调解要求停止施工,且为双方接受,或仲裁机关或法院要求停止施工等情况时,当事人双方可停止履行施工合同 。

(二)《建设工程施工合同(示范文本)》(GF—2017—0201)有关索赔程序和时限的规定

我国《建设工程施工合同(示范文本)》(GF—2017—0201)对索赔的程序和时间要求有明确而严格的限定。

1. 承包人索赔程序和时限的规定

根据合同约定,承包人认为有权得到追加付款和(或)延长工期的,应按以下程序向发包人提出索赔。

①承包人应在知道或应当知道索赔事件发生后 28 天内,向监理人递交索赔意向通知书,并说明发生索赔事件的事由;承包人未在前述 28 天内发出索赔意向通知书的,丧失要求追加付款和(或)延长工期的权利。

②承包人应在发出索赔意向通知书后 28 天内,向监理人正式递交索赔报告。索赔报告应详细说明索赔理由以及要求追加的付款金额和(或)延长的工期,并附必要的记录和证明材料。

③索赔事件具有持续影响的，承包人应按合理时间间隔继续递交延续索赔通知，说明持续影响的实际情况和记录，列出累计的追加付款金额和(或)工期延长天数。

④在索赔事件影响结束后 28 天内，承包人应向监理人递交最终索赔报告，说明最终要求索赔的追加付款金额和(或)延长的工期，并附必要的记录和证明材料。

对承包人索赔的处理如下。

①监理人应在收到索赔报告后 14 天内完成审查并报送发包人。监理人对索赔报告存在异议的，有权要求承包人提交全部原始记录副本。

②发包人应在监理人收到索赔报告或有关索赔的进一步证明材料后的 28 天内，由监理人向承包人出具经发包人签认的索赔处理结果。发包人逾期答复的，则视为认可承包人的索赔要求。

③承包人接受索赔处理结果的，索赔款项在当期进度款中进行支付；承包人不接受索赔处理结果的，按照《建设工程施工合同(示范文本)》(GF—2017—0201)通用合同条款第 20 条"争议解决"约定处理。

2. 发包人索赔程序和时限的规定

根据合同约定，发包人认为有权得到赔付金额和(或)延长缺陷责任期的，可向承包人提出索赔。监理人应向承包人发出通知并附详细的证明。

发包人应在知道或应当知道索赔事件发生后 28 天内，通过监理人向承包人提出索赔意向通知书；发包人未在前述 28 天内发出索赔意向通知书的，丧失要求赔付金额和(或)延长缺陷责任期的权利。发包人应在发出索赔意向通知书后 28 天内，通过监理人向承包人正式递交索赔报告。

对发包人索赔的处理如下。

①承包人收到发包人提交的索赔报告后，应及时审查索赔报告的内容、查验发包人证明材料。

②承包人应在收到索赔报告或有关索赔的进一步证明材料后 28 天内，将索赔处理结果答复发包人。如果承包人未在上述期限内作出答复的，则视为对发包人索赔要求的认可。

③承包人接受索赔处理结果的，且发包人无异议的，发包人可从应支付给承包人的合同价款中扣除赔付的金额或延长缺陷责任期；发包人不接受索赔处理结果的，按照《建设工程施工合同(示范文本)》(GF—2017—0201)通用合同条款第 20 条"争议解决"约定处理。

3. 承包人提出索赔的期限

承包人接受了竣工付款证书后，应被认为已无权再提出在合同工程接收证书颁发前所发生的任何索赔。承包人提交的最终结清申请单中，只限于提出工程接收证书颁发后发生的索赔。提出索赔的期限自接受最终结清证书时终止。

三、工程索赔证据和索赔文件

(一)索赔证据

索赔证据是当事人用来支持其索赔成立和与索赔有关的证明文件和资料。任何索赔事件确立的前提条件都是必须有正当的索赔理由。对正当索赔理由的说明必须具有证据，索赔证据在很大程度上关系到索赔的成功与否。没有证据或证据不足，索赔是难以成功的。

1. 索赔证据的种类

①招标文件、施工合同文本及附件、补充协议、施工现场的各类签认记录、经认可的施工进度计划书、工程图纸及技术规范等；

②双方往来的信件及各种会议、会谈纪要；

③施工进度计划和实际施工进度记录，施工现场的有关文件(施工记录、备忘录、施工月报、施工日志等)及工程照片；

④气象资料，工程检查验收报告和各种技术鉴定报告，工程中送停电、送停水、道路开通和封闭的记录和证明；

⑤国家有关法律法规和规范性文件；

⑥发包人或者工程师签认的签证；

⑦工程核算资料、财务报告、财务凭证等；

⑧各种验收报告和技术鉴定报告；

⑨工程有关的图片和录像；

⑩记录工程师或项目业主的口头指示并由指示发出者给予书面确认的备忘录；

⑪投标前发包人提供的现场资料和参考资料；

⑫官方发布的物价指数、汇率、规定等。

2. 索赔证据的基本要求

①真实性。索赔证据必须是在实施合同过程中确实存在和实际发生的，是施工过程中产生的真实资料，禁得住推敲。

②及时性。索赔证据的取得及提出应当及时，这种及时性反映了承包人的态度和管理水平。

③全面性。所提供的证据应能说明索赔事件的全部内容。索赔报告中涉及的索赔事件过程、影响、索赔费用等都应有相应证据，不能零乱和支离破碎。

④关联性。索赔的证据应当与索赔事件有必然联系，并能够互相说明，符合逻辑，不能互相矛盾。

⑤有效性。索赔证据必须具有法律效力。一般要求证据必须是书面文件，记录、协议、纪要必须是双方签署的；工程中重大事件、特殊情况的记录、统计必须由监理工程师签字认可。

(二)索赔文件

索赔文件也称“索赔报告”，是承包人向项目业主索赔的正式书面材料，也是项目业主审议承包人索赔请求的主要依据。

1. 索赔报告的内容

(1)标题。

索赔报告的标题应该能够简要、准确地概括索赔的中心内容。

(2)总论部分。

包括以下具体内容：

①序言；

②索赔事件概述；

③具体索赔要求：工期延长天数或索赔款额；

④报告书编写及审核人员。

(3)合同引证部分。

合同引证部分是索赔报告的关键部分之一，是索赔成立的基础。一般包括以下内容：

①概述索赔事件的处理过程；

②发出索赔通知书的时间；

③引证索赔要求的合同条款；

④指明所附的证据资料。

(4)详细计算书。

详细计算书是索赔报告的主要部分，详细计算书中索赔款的主要组成部分包括由索赔事件引起的额外开支的人工费、材料费、设备费、工地管理费、总部管理费、投资利息、税收、利润等。每一项费用开支都应附以相应的证据或单据，并通过详细的论证和计算，使项目业主和工程师对索赔款的合理性有充分的了解。这对索赔要求的迅速解决十分重要。

(5)工期延长论证部分。

承包人在索赔报告中，应该对工期延长要求、实际工期、理论工期等进行详细的论述，说明自己要求延长工期(天数)的根据。为了证实索赔金额和工期的真实性，承包人必须指明计算依据及计算过程的合理性，包括损失费用、工期延长的计算基础、计算方法、计算公式及详细的计算过程。

(6)证据。

证据通常以索赔报告附件的形式出现，包括了该索赔事件所涉及的一切有关证据以及对这些证据的说明。索赔证据资料的范围甚广，可能包括施工过程中所涉及的有关政治、经济、技术、自然因素等方面的资料。对于重大的索赔事项，承包人还应提供直观记录资料，如录像、摄影等。

2. 索赔报告的基本要求

编制索赔报告是索赔过程中的一项重要工作。索赔报告的表述方式对索赔的解决有重大影响。一般要注意如下几方面。

(1)索赔事件要真实、证据确凿。

这是整个索赔的最基本要求，既关系到索赔的成败，也关系到承包人的信誉。索赔要实事求是，索赔针对的事件必须有确凿的证据，使对方无可推却和辩驳。事件叙述要清楚明确，不应包含任何估计或猜测，也不可用估计和猜测式的语言，诸如“可能”“大概”“也许”等。

(2)责任分析应清楚、准确、有根据。

索赔报告应仔细分析事件的责任，明确指出索赔所依据的合同条款或法律条文，且说明承包人的索赔是完全按照合同规定程序进行的。一般索赔报告中所提出的事件都是由对方责任引起的，应将责任全部归于对方，并应特别强调干扰事件的不可预见性和突然性，即使一个有经验的承包人也不可能有预见和准备，对它的发生承包人无法制止。如施工过程中遇到不可预测的地质条件，此地质条件和合同技术规范里描述的不一样，这就是不可预测的。所以，根据这一点提出的索赔是合理的，监理工程师也不会拒绝。

(3)充分论证事件给承包人造成的实际损失。

索赔的原则是赔偿由事件引起的承包人所遭受的实际损失。所以，索赔报告中应强调由于事件影响，承包人在实施工程中所受到干扰的严重程度，如工期拖延，费用增加，并充分论证事件影响与实际损失之间的直接因果关系。报告中还应说明承包人为减轻事件影响和避免损失，已尽了最大的努力，采取了所能采用的措施。

(4)索赔计算必须合理、正确。

要采用合理的计算方法和数据，正确地计算出应取得的经济补偿款额或工期延长损失。计算中应避免漏项或重复，不出现计算错误。

(5)简明扼要。

索赔报告在内容上应组织合理，书写时要条理清楚，既能完整地反映索赔要求，又要避免长篇大论，尽量做到简明扼要，使对方能很快地理解索赔的本质。同时，用语应尽量婉转，避免使用强硬、不客气的语言。

第二节　索赔与反索赔

在国内外工程索赔实践中，对于索赔和反索赔一般有两种理解。一是把承包人向项目业主提出的，为了取得经济补偿或工期延长的要求称为索赔；把项目业主向承包人提出的、由于承包人的责任或违约而导致项目业主经济损失的补偿要求，以及项目业主对承包人所提出的索赔要求进行的反驳称为反索赔。二是认为索赔是双向的，项目业主和承包人都可以向对方提出索赔要求，任何一方对对方提出的索赔要求的反驳、修正都是反索赔。本书采用第一种对索赔和反索赔的理解。

一、施工索赔的内容与特点

施工索赔的主要特点在于，这类索赔往往是由于项目业主或其他非承包人方面原因，承包人在项目施工中付出了额外的费用或造成了损失，通过合法途径和程序，要求项目业主偿付其在施工中的费用损失和(或)延长工期。索赔事件的发生主要有两方面的原因：一是项目业主违约，未履行合同责任。二是项目业主未违反合同，而由于其他原因，如项目业主行使合同赋予的权力指令变更工程，工程环境出现事先未能预料的情况或变化，如恶劣的气候条件、与勘探报告不同的地质情况、国家法令的修改、物价上涨、汇率变化等。

(一)发包人违约导致工程索赔

1. 发包人未履行合同责任

①发包人未能按合同约定提供图纸或所提供图纸不符合合同约定的；

②发包人未能按合同约定提供施工现场、施工条件、基础资料、许可、批准等开工条件的；

③发包人提供的测量基准点、基准线和水准点及其书面资料存在错误或疏漏的；

④发包人未能在合同约定的时间内同意下达开工通知的；

⑤发包人未能按合同约定日期支付工程预付款、进度款或竣工结算款的；

⑥监理人未按合同约定发出指示、批准等文件的；

⑦合同条款中约定的其他情形。

2. 发包人或工程师要求工程加速

当工程项目的施工计划进度受到干扰，导致项目不能按时竣工，项目业主的经济效益受到影响时，有时项目业主和监理工程师会发布加速施工指令，要求承包人投入更多资源来完成工程项目。这可能会导致工程成本的增加，引起承包人的索赔。施工加速有直接指令加速和推定加速两种。如果工程师指令比原合同日期提前完成工程，或者发生可原谅延误，但工程师仍指令按原合同完工日期完工，承包人就必须加快施工速度。这种根据工程师的明示指令进行的加速就是直接指令加速。而在一些情况下，虽然工程师没有发布专门的加速指令，但客观条件或工程师行为已经使承包人意识到工程施工必须加速，这就是推定加速。

3. 设计错误、指令错误

设计错误，发包人或工程师指令错误，或提供数据错误等造成工程修改、停工、返工、窝工，发包人或工程师变更原合同规定的施工顺序，打乱了工程施工计划等原因造成的临时停工或施工中断，特别是造成了工效的大幅度降低，从而导致费用支出增加，承包人可提出索赔。

4. 项目业主不正当地终止工程而引起的索赔

由于项目业主不正当地终止工程，承包人有权要求补偿损失，其数额包括承包人用于被终止工程的人工、材料、机械设备的全部支出，以及各项管理费用、保险费、贷款利息、保函费用的支出（减去已结算的工程款），并有权要求赔偿其盈利损失。

（二）发包人未违约，项目业主风险或其他原因导致工程索赔

1. 不利的自然条件与人为障碍引起的索赔

不利的自然条件是指施工中遭遇到的实际自然条件比合同文件中所描述的更为困难和恶劣。这些不利的自然条件和人为障碍增加了施工的难度，导致承包人必须花费更多的时间和费用。在这种情况下，承包人可以提出索赔要求。

（1）地质条件变化引起的索赔。

一般来说，发包人会提供有关该工程的勘察所取得的水文及地表以下的资料，并且对提供资料的真实性和准确性负责。有时这类资料会严重失实，出现位置偏差极大、程度相差较远的情况，从而给承包人带来严重困难，导致费用支出增加或工期延误，为此承包人可提出索赔。

（2）工程中人为障碍引起的索赔。

在施工过程中，如果承包人遇到了地下构筑物或文物，只要图纸上并未说明，而且与监理工程师共同确定的处理方案导致了工程费用的增加，承包人即可提出索赔。

2. 工程变更

发包人或工程师指令增加或减少工程量、增加附加工程、修改设计、变更施工顺序、提高质量标准等，造成工期延长和费用增加，承包人可对此提出索赔。注意，由于工程变更减少了工作量，也要进行索赔。比如在住房施工过程中，发包人提出将原来的 100 栋减为 70 栋，承包人可以对管理费、保险费、设备费、材料费（如已订货）、人工费（多余人员已到）等进行索赔。

3. 工期延长和延误的索赔

工期延长和延误的索赔通常包括两方面：一是承包人要求延长工期，二是承包人要求偿付由于非承包人原因导致工程延误而造成的损失。一般这两方面的索赔报告要分别编制，因为延长工期和费用索赔并不一定同时成立。对于承包人要求延长工期，只要承包人提出合理的证据，一般可以获得监理工程师及项目业主的同意，有的还可索赔费用损失。但如果工期延长的责任在承包人，则承包人无权提出索赔。但在某些延误工期的事件中，也会出现由多重原因造成的状况。这时需要实事求是地加以调查分析，力求给予合理解决。

4. 不可抗力引起的索赔

不可抗力是在合同履行过程中发生了不可预测、不可避免、不可克服的情况。许多合同规定，承包人不仅对由此造成的工程、项目业主或第三方财产的破坏和损失及人身伤亡不承担责任，而且可以进行合理的工期和费用索赔。

5. 合同缺陷引起的索赔

合同条文模糊不清甚至错误，措辞不够严密，合同文字有漏洞，前后矛盾，这都可能导致索赔的发生。

6. 物价上涨引起的索赔

因物价上涨带来的人工费、材料费甚至施工机械费的增长，导致工程成本大幅度上升，承包人的利润受到严重影响。这也会引起承包人提出索赔要求。

7. 国家政策及法律法规、货币及汇率变化引起的索赔

(1)国家政策及法律法规变化引起的索赔。

如果在投标截止日期前的28天以内，项目业主所在的国家或地方的任何法规、法令、政令或其他法律、规章发生了变更，导致了承包人成本增加，对承包人由此增加的开支，项目业主应予补偿。

(2)货币及汇率变化引起的索赔。

如果在投标截止日期前的28天以内，工程施工所在国政府或其授权机构对支付合同价格的一种或几种货币实行货币限制或货币汇兑限制，项目业主应补偿承包人因此而受到的损失。如果合同规定将全部或部分款额以一种或几种外币支付给承包人，则这项支付不应受上述指定的一种或几种外币与工程施工所在国货币之间的汇率变化的影响。

8. 其他承包人干扰

其他承包人干扰是指其他承包人未能按时、按序进行并完成某项工作，各承包人之间配合协调不力等而给本承包人的工作带来干扰。对于大中型土木工程，往往会有几个独立承包人在现场施工，由于各承包人之间没有合同关系，工程师有责任组织协调好各个承包人之间的工作。否则，将会给整个工程和各承包人的工作带来严重影响，引起承包人的索赔。比如，某承包人不能按期完成所负责部分工作，其他承包人的相应工作也会因此而拖延。此时，被迫延迟的承包人就有权向发包人提出索赔。在其他方面，如场地使用、现场交通等，各承包人之间也都有可能发生相互干扰的问题。

9. 其他第三人原因

其他第三人原因通常表现为与工程有关的其他第三人的问题引起的对本工程的不利影响，如银行付款延误、材料运输延误等。如发包人在规定时间内，依规定方式向银行寄出了向承包人支付款项的付款申请，但由于邮路延误，银行迟迟没有收到该付款申请，因而造成承包人没有在合同规定的期限内收到工程款。在这种情况下，由于最终表现出来的结果是承包人没有在规定时间内收到款项，所以，承包人往往向发包人索赔。对于第三人原因造成的索赔，发包人给予补偿后，应该根据其与第三人签订的合同规定或有关法律规定再向第三人追偿。

二、项目业主反索赔的内容与特点

项目业主反索赔是指承包人不履行或不完全履行约定的义务，或是承包人的行为使项目业主受到损失时，项目业主为了维护自己的利益，向承包人提出的索赔。项目业主对承包人的反索赔还包括对承包人提出的索赔要求进行评审、反驳和修正，否定其不合理的要求，接受其合理的要求。

1. 对承包人履约中的违约责任进行索赔

根据《建设工程施工合同(示范文本)》(GF—2017—0201)的规定，因承包人原因不能按照协议书约定的竣工日期或监理工程师同意顺延的工期竣工，或因承包人原因工程质量达不到协议书约定的质量标准，或因承包人不履行合同义务或不按合同约定履行义务，承包人均应承担违约责任，赔偿因其违约给项目业主造成的损失。施工过程中项目业主反索赔的主要情形有以下几方面。

(1)施工责任反索赔。

当承包人的施工质量不符合施工技术规程的要求,或在保修期未满以前未完成应该负责修补的工程时,项目业主有权向承包人追究责任。如果承包人未在规定的时限内完成修补工作,项目业主有权雇佣他人来完成工作,发生的费用由承包人负担。

(2)工期延误反索赔。

在工程项目的施工过程中,由于承包人的原因,竣工日期拖后,影响项目业主对该工程的利用,给项目业主带来经济损失时,项目业主有权对承包人进行索赔,即由承包人支付延期竣工违约金。建设工程施工合同中的误期违约金,通常是由招标文件确定的。

至于违约金的计算方法,在每个合同文件中均有具体规定。一般按每延误一天赔偿一定的款额计算,累计赔偿额一般不超过合同总额的10%。

(3)对超额利润的索赔。

如果工程量增加很多(超过有效合同价的15%),使承包人预期的收入增多,因工程量增加而承包人并不增加任何固定成本,合同价应由双方讨论调整,项目业主收回部分超额利润。由于法规的变化导致承包人在工程实施中降低了成本,产生了超额利润,应重新调整合同价格,项目业主收回部分超额利润。

(4)承包人不履行的保险费用索赔。

如果承包人未能按合同条款指定的项目投保,并保证保险有效,项目业主可以投保并保证保险有效,项目业主所支付的必要的保险费可在应付承包人的款项中扣回。

(5)指定分包人的付款。

在工程承包人未能提供已向指定分包人付款的合理证明时,发包人可以直接按照工程师的证明书,将承包人未付给指定分包人的所有款项(扣除保留金)付给该分包人,并从应付给承包人的任意款项中如数扣回。

(6)项目业主合理终止合同或承包人不正当地放弃工程的索赔。

如果项目业主合理地终止承包人的承包,或者承包人不合理地放弃工程,则项目业主有权从承包人手中收回由新的承包人完成工程所需的工程款与原合同未付部分的差额。

(7)其他方面索赔。

因工伤事故给项目业主方人员和第三方人员造成人身或财产损失的索赔,以及承包人运送建筑材料及施工机械设备时损坏了公路、桥梁或隧洞,道桥管理部门提出的索赔等。

上述这些事件能否作为索赔事件进行有效的索赔,还要根据具体的工程和合同背景、合同条件具体分析,不可一概而论。

2.对承包人提出的索赔要求进行评审、反驳与修正

反索赔的另一项工作就是对承包人提出的索赔要求进行评审、反驳与修正。审定过程中要全面参阅合同文件中的所有有关条款,客观评价、实事求是、慎重对待。承包人索赔要求不符合合同规定的,即被认为没有索赔权,而使该项索赔要求落空。但要防止有意地轻率否定的倾向,避免合同争端升级。根据施工索赔的经验,判断承包人是否有索赔的权利时,主要依据以下几方面。

(1)此项索赔是否有合同依据。

合同或其他证据为索赔提供了合法的依据,或者有证据证明存在支持索赔的合理依据。

(2)索赔报告中引用的索赔证据是否合理。

支持索赔的证据是客观的和可证实的,而不以对问题管理的主观意见为依据或者以没有支持的请求为依据。

(3)索赔事项的发生是否为承包人的责任。

凡是承包人的原因造成的索赔事项,项目业主都应予以反驳拒绝。凡是属于双方都有一定责任的情况,则要分清谁是主要责任者,或按各方责任的后果确定承担责任的比例。

(4)索赔事项是否属于承包人的风险范畴。

在工程承包合同中,项目业主和承包人都承担着风险,甚至承包人的风险更大些。凡属于承包人合同风险的内容,如一般性天旱或多雨,一定范围内的物价上涨等,项目业主一般不会接受这些索赔要求。

(5)在索赔事项初发时,承包人是否采取了控制措施。

根据国际惯例,凡是遇到偶然事故影响工程施工时,承包人有责任采取力所能及的一切措施,防止事态扩大,尽力挽回损失。如确有事实证明承包人在当时未采取任何措施,项目业主可拒绝承包人要求的损失补偿。

(6)索赔计算结果是否合理。

认真核定索赔数额,肯定承包人合理的索赔要求,反驳或修正其不合理的索赔要求。与索赔相关联的成本是可辨认的或可确定的,并且就所完成的工程量而言是合理的;索赔的工期是在关键线路上的,或是其他合理方式所确定的。

(7)索赔事项是否在合同约定的时间内。索赔是承包人在合同约定的索赔期间提出的。

第三节 工程工期索赔

一、工程工期索赔概述

在合同条款中,工期是指合同协议书约定的承包人完成工程所需的期限,包括按照合同约定所作的期限变更。其中,按照合同约定所作的期限变更是指,按合同有关规定,由并非承包人自身的原因所造成的、经工程师书面批准的合同竣工期限的延长。在工程施工过程中,往往会发生一些未能预见的干扰事件,使施工不能顺利进行,使预定的施工计划受到干扰,因而造成工期延误。对于并非承包人自身原因所引起的工期延误,承包人有权提出工期索赔,工程师则应在与项目业主和承包人协商一致后,决定竣工期延长的时间。导致工期延长的原因如下:

①任何形式的额外或附加工程;

②合同条款所提到的任何工期延误理由,如延期交图、工程暂停、延迟提供现场等;

③异常恶劣的气候条件;

④由项目业主造成的任何延误、干扰或阻碍;

⑤非承包人的原因或责任的其他不可预见事件。

工期延误对合同双方都会造成一定的损失,项目业主因工程不能及时交付使用、投入生产,不能按计划实现投资目的,失去盈利的机会;承包人则因工期延误增加管理成本及其他费用支出。如果工期延误是由于承包人的失误,则承包人必须设法自费赶上工期,或按规定缴纳误期赔偿金,并继续完成工程,或按照项目业主的安排另行委托第三方完成所延误的工作并承担费用;如果工期延长并非承包人所致,则承包人可按合同规定和具体情况提出工期索赔,并进行因工期延长而造成费用损失的索赔。

二、工期索赔计算

工程延期在实际工程中是屡见不鲜的。对此应先计算干扰事件对工程活动的影响,然后计算事件对整个工期的影响,计算出工期索赔值。

1.工期索赔的原则

工程延期按是否可以索赔可分为“可原谅拖期”和“不可原谅拖期”两种情况,如表9-1所示。

表9-1 工期索赔的处理原则

拖期性质	拖期原因	责任者	处理原则	索赔结果
可原谅拖期	(1)修改设计; (2)施工条件变化; (3)项目业主原因; (4)工程师原因	项目业主/工程师	可准予延长工期和给予经济补偿	工期延长+经济补偿
	不可抗力(如天灾、社会动乱,以及非由项目业主、工程师或承包人原因造成的拖期)等	客观原因	依据《建设工程施工合同(示范文本)》(GF—2017—0201)第17.3款确定	工期可延长,经济补偿依据《建设工程施工合同(示范文本)》(GF—2017—0201)第17.3款确定
不可原谅拖期	由承包人造成的拖期	承包人	不延长工期;不给予经济补偿;竣工结算时,项目业主扣除合同规定的竣工误期违约赔偿金	无权索赔

《建设工程施工合同(示范文本)》(GF—2017—0201)通用合同条款第17.3款规定,因不可抗力导致的人员伤亡、财产损失、费用增加和(或)工期延误等后果,由合同当事人按以下原则承担:

①永久工程、已运至施工现场的材料和工程设备的损坏,以及因工程损坏造成的第三人人员伤亡和财产损失由发包人承担;

②承包人施工设备的损坏由承包人承担;

③发包人和承包人承担各自人员伤亡和财产的损失;

④因不可抗力影响承包人履行合同约定的义务,已经引起或将引起工期延误的,应当顺延工期。由此导致承包人停工的费用损失由发包人和承包人合理分担,停工期间必须支付的工人工资由发包人承担;

⑤因不可抗力引起或将引起工期延误,发包人要求赶工的,由此增加的赶工费用由发包人承担;

⑥承包人在停工期间按照发包人要求照管、清理和修复工程的费用由发包人承担。

不可抗力发生后,合同当事人均应采取措施尽量避免和减少损失的扩大。任何一方当事人没有采取有效措施导致损失扩大的,应对扩大的损失承担责任。

因合同一方迟延履行合同义务,在迟延履行期间遭遇不可抗力的,不免除其违约责任。

处理时应根据上表及上款判断处理各项索赔。

工程实际施工过程中,往往由两种或多种原因同时造成工程延期,这种情况称为“共同延误”或“平行延误”。这时应根据以下原则来确定哪一种情况是有效延误,即承包人可以据之得到工期延长,或既可得到工期延长,又可得到费用补偿。

①首先判断造成拖期的哪一种原因是最先发生的，即确定“初始延误”的责任者。在初始延误发生期间，其他平行延误的责任者不承担延误责任。

②如果初始延误责任者是项目业主或工程师，则在项目业主或工程师造成的延误期内，承包人可得到工期延长和经济补偿。

③如果初始延误责任者是客观原因，则在客观因素发生影响的期间，承包人可得到工期延长，经济补偿按前述第 17.3 款处理。

④如果初始延误责任者是承包人，则承包人不能索赔。

2.工期索赔的方法

确定工期索赔一般有三种方法，简述如下。

(1)网络分析法。

通过干扰事件发生前后的网络计划，对比两种工期计算结果，计算出工期索赔值。这是一种科学、合理的分析方法，适合于各种干扰事件的索赔。关键线路上工程活动持续时间的拖延，必然造成总工期的拖延，可提出工期索赔；而非关键线路上的工程活动在时差范围内的拖延，如果不影响工期，则不能提出工期索赔。

(2)比例分析法。

实际工程中，干扰事件常常仅影响某些单项工程、单位工程或分部分项工程的工期，分析他们对总工期的影响可以采用更简单的比例分析法，即以某个技术经济指标作为比较基础，计算出工期索赔值。一般可分为两种方法。

①按合同价所占比例计算。

②实际运用中，也可按其他指标，如劳动力投入量、实物工程量等变化计算。比例分析法虽然计算简单、方便，不需要复杂网络分析，在意义上也容易接受，但也有其不合理、不科学的地方。例如，从网络分析法可以看出，关键线路上工作的拖延方为总工期的延长，非关键线路上的拖延通常对总工期没有影响。但比例分析法对此并不考虑，而且此种方法对有些情况也不适用。例如，项目业主变更施工次序、指令采取加速施工措施等不能采用这种方法，最好采用网络分析法，否则会得到错误的结果。

(3)赢值法。

赢值法就是在横道图或时标网络计划的基础上，求出以下三种费用，以确定施工中的进度偏差和成本偏差。

①拟完工程计划费用(BCWS)。指进度计划安排在某一给定时间内所应完成的工程内容的计划费用。

②已完工程实际费用(ACWP)。指在某一给定时间内实际完成的工程内容所实际发生的费用。

③已完工程计划费用(BCWP)。指在某一给定时间内实际完成的工程内容的计划费用。

在费用和进度控制中，根据以下关系分析费用与进度偏差。

费用偏差＝已完工程实际费用－已完工程计划费用

其中，费用偏差为正值表示费用超支，为负值表示费用节约。

进度偏差＝拟完工程计划费用－已完工程计划费用

其中，进度偏差为正值表示进度拖延，为负值表示进度提前。

第四节 工程费用索赔

一、费用索赔概述

1. 费用索赔的含义

费用索赔是指承包人由于非自身原因而遭受经济损失时，向项目业主提出补偿其额外费用的要求。因此，费用索赔是承包人根据合同条款的有关规定，向项目业主索取的合同价款以外的费用。索赔费用不应被视为承包人的意外收入，也不应被视为项目业主的不必要开支。实际上，索赔费用的存在是由建立合同时还无法确定的某些应由项目业主承担的风险因素所导致的。承包人的投标报价中一般不考虑应由项目业主承担的风险对报价的影响。因此，一旦这类风险发生并影响承包人的工程成本，承包人提出费用索赔是一种正常现象和合情合理的行为。

2. 费用索赔的原则

费用索赔以补偿实际损失为原则，对发包人不具有任何惩罚性质。实际损失包括直接损失和间接损失两个方面。因此，所有干扰事件引起的损失以及这些损失的计算，都应有详细的具体证明，并在索赔报告中出具这些证据。

二、索赔费用的组成

索赔费用可分为直接费和间接费。其中，直接费包括人工费、材料费、施工机械使用费、分包费，间接费包括现场和总部管理费、利息、利润及保函费等项目。索赔费用计算的基本方法是按上述费用构成项目分别分析、计算，最后汇总求出总的索赔费用。

按照工程惯例，承包人对索赔事项的发生原因负有责任的有关费用，承包人对索赔事项未采取减轻措施而扩大的损失，承包人进行索赔工作的准备费用，索赔金额在索赔处理期间的利息、仲裁费用、诉讼费用等是不能索赔的，因而不应将这些费用包含在索赔费用中。

索赔费用的主要组成部分同建设工程施工合同价的组成部分相似。由于我国关于施工合同价的构成规定与国际惯例并不完全一致，所以索赔费用的组成也有所差异。按照我国现行相关规定，建筑安装工程合同价一般包括直接费、间接费、计划利润和税金。而国际上的惯例是将建筑安装工程合同价分为直接费、间接费和利润三个部分。

从原则上说，凡是承包人有索赔权的工程成本的增加，都可以列入索赔的费用。但是，对于不同原因引起的索赔，可索赔费用的具体内容则有所不同。索赔方应根据索赔事件的性质，分析其具体的费用构成内容。

索赔费用主要包括的项目如下。

(1)人工费。

人工费主要包括生产工人的工资、津贴、加班费、奖金等。索赔费用中的人工费部分包括：

①完成合同之外的额外工作所花费的人工费用；

②由于非承包人责任导致的工效降低所增加的人工费用；

③法定的人工费增长以及非承包人责任工程延误导致的人员窝工费和工资上涨费等。

(2)材料费。

索赔费用中的材料费部分包括：

①由于索赔事项的材料实际用量超过计划用量而增加的材料费；

②由于材料价格大幅度上涨导致的额外费用；

③由于非承包人责任工程延误导致的材料价格上涨和材料超期储存费用。

(3)施工机械使用费。

索赔费用中的施工机械使用费部分包括：

①由于完成额外工作而增加的机械使用费；

②非承包人责任的工效降低增加的机械使用费；

③由于发包人或监理工程师原因导致机械停工的窝工费。

(4)分包费。

分包费指的是分包人的索赔费。分包人的索赔应如数列入总承包人的索赔款总额以内。

(5)现场管理费。

现场管理费是某单个合同发生的用于现场管理的总费用，一般包括现场管理人员的费用、办公费、通信费、差旅费、固定资产使用费、工具用具使用费、保险费、工程排污费、供热供水及照明费等。现场管理费指承包人完成额外工程、索赔事项工作以及工期延长期间的现场管理费，但如果对部分工人窝工损失索赔时，因其他工程仍然进行，可能不予计算现场管理费。它一般约占工程总成本的5%～10%。在确定分析索赔费用时，有时把现场管理费又具体分为可变部分和固定部分。可变部分是指在延期过程中可以调到其他工程部位(或其他工程项目)的那部分人员和设施；固定部分是指施工期间不易调动的那部分人员或设施。

(6)总部管理费。

总部管理费是承包人企业总部发生的为整个企业的经营运作提供支持和服务所发生的管理费用，一般包括总部管理人员费用、企业经营活动费用、差旅交通费、办公费、通信费、固定资产折旧费、修理费、职工教育培训费用、保险费、税金等，它一般约占企业总营业额的3%～10%。索赔费用中的总部管理费主要指工程延误期间所增加的管理费。

(7)利息。

索赔费用中的利息部分包括：

①拖期付款利息；

②由于工程变更和工程延误增加投资的利息；

③错误扣款的利息。

(8)利润。

对于不同性质的索赔，取得利润索赔的成功率是不同的。承包人可以提出下面几种情况的利润索赔：

①工程范围的变更引起的索赔；

②施工条件变化引起的索赔；

③设计变更引起的索赔；

④项目业主/监理工程师责任引起的索赔；

⑤项目业主不合理终止工程或放弃合同引起的索赔。

(9)相关保函费、保险费、税金、银行手续费及其他额外费用的增加等。

三、索赔费用的计算方法

索赔金额的计算方法很多，各个工程项目都可能因具体情况不同而采用不同的方法，但计算方法的选择对最终索赔金额影响很大，计算方法选用不合理时容易被对方驳回，这就要求索赔人员具备丰富的工程估价经验和索赔经验。

对于索赔事件的费用计算，一般是先计算与索赔事件有关的直接费，如人工费、材料费、施工机械使用费、分包费等直接费，然后计算应分摊在此事件上的管理费、利润等间接费。每一项费用的具体计算方法基本上与工程项目报价计算相似。

1.基本索赔费用的计算方法

(1)人工费。人工费是可索赔费用中的重要组成部分，其计算方法为

$$C_L = C_{L1} + C_{L2} + C_{L3}$$

式中 C_L——索赔的人工费；

C_{L1}——人工单价上涨引起的增加费用；

C_{L2}——人工工时增加引起的费用；

C_{L3}——劳动生产率降低引起的人工损失费用。

(2)材料费。

材料费在工程造价中占据较大比重，也是重要的可索赔费用。材料费索赔包括材料用量增加和材料单位成本上涨两个方面。其计算方法为

$$C_M = C_{M1} + C_{M2}$$

式中 C_M——可索赔的材料费；

C_{M1}——材料用量增加费；

C_{M2}——因材料单价上涨而增加的材料费。

(3)施工机械使用费。

施工机械使用费包括承包人在施工过程中使用自有施工机械所发生的机械使用费，使用外单位施工机械的租赁费，按照规定支付的施工机械进出场费用，以及由于项目业主或监理人原因造成的机械闲置损失费用等。需要注意的是机械台班闲置损失费用的计算，如租赁设备，一般按实际台班租金加上每台班分摊的机械调进调出费计算；如承包人自有设备，一般按台班折旧费计算，而不能按全部台班费计算，因台班费中包括了设备使用费。

可索赔的机械使用费的计算方法为

$$C_E = C_{E1} + C_{E2} + C_{E3} + C_{E4}$$

式中 C_E——可索赔的机械设备费；

C_{E1}——承包人自有施工机械工作时间额外增加费用；

C_{E2}——自有机械台班费率上涨费；

C_{E3}——外来机械租赁费(包括必要的机械进出场费)；

C_{E4}——机械设备闲置损失费用。

(4)分包费。

分包费索赔的计算方法为

$$C_{SC} = C_{S1} + C_{S2}$$

式中 C_{SC}——索赔的分包费；

C_{S1}——分包工程增加费用；

C_{S2}——分包工程增加费用的相应管理费(有时可包含相应利润)。

(5)利息。

利息索赔额的计算可按复利计算法计算,具体利率可采用不同标准。主要有以下 3 种情况:按正常情况下的当时银行贷款利率,按当时的银行透支利率和按合同双方协议的利率。

(6)利润。

索赔利润的款额计算所使用的利润率通常与原报价单中的利润率保持一致,即在直接费用的基础上增加以原报价单中的利润率计算出的利润,作为该项索赔的利润。

2. 管理费索赔的计算方法

在确定索赔事件的直接费用以后,还应提出应分摊的管理费。由于管理费金额较大,其确认和计算都比较困难和复杂,常常会引起双方争议。管理费属于工程成本的组成部分,包括现场管理费和总部管理费。我国现行建筑工程造价构成中,将现场管理费纳入直接工程费中,企业总部管理费纳入间接费中。一般费用索赔中都可以包括现场管理费和总部管理费。

(1)现场管理费。

现场管理费的索赔计算方法一般有两种情况。

①直接成本的现场管理费索赔。对于发生直接成本的索赔事件,其现场管理费索赔额一般可用该索赔事件直接费乘以现场管理费费率,而现场管理费费率等于合同工程的现场管理费总额除以该合同工程直接成本总额。

②工程延期的现场管理费索赔。如果某项工程延误索赔不涉及直接费的增加,或由于工期延误时间较长,按直接成本的现场管理费索赔方法计算的金额不足以补偿工期延误所造成的实际现场管理费支出,则可按如下方法计算:用实际(或合同)现场管理费总额除以实际(或合同)工期,得到单位时间现场管理费费率,然后用单位时间现场管理费费率乘以可索赔的延期时间,可得到现场管理费索赔额;对于在可索赔延误时间内发生的变更令和其他索赔中已支付的现场管理费,应从中扣除。

(2)总部管理费。

目前常用的总部管理费的计算方法有以下几种。

①按照投标书中的总部管理费费率(3%~8%)计算。

②按照公司总部统一规定的管理费费率计算。

③以工程延期的总天数为基础,计算总部管理费的索赔额。

对于索赔事件来讲,总部管理费金额较大,常常会引起双方的争议,常采用总部管理费分摊的方法,因此分摊方法的选择甚为重要。主要有两种。

①总直接费分摊法。总部管理费一般首先在承包人的所有合同工程之间分摊,其次在每一个合同工程的各个具体项目之间分摊。其分摊系数的确定与现场管理费类似,即可以将总部管理费总额除以承包人企业全部工程的直接成本(或合同价)之和,据此比率即可确定每项直接费索赔中应包括的总部管理费。总直接费分摊法是将工程直接费作为比较基础来分摊总部管理费。它简单易行,说服力强,运用面较宽。其计算公式为

单位直接费的总部管理费费率＝合同期承包人完成的总直接费/总部管理费索赔额×100%

总部管理费总额＝单位直接费的总部管理费费率×争议合同直接费

总直接费分摊法的局限之处是,如果承包人所承包的各工程的主要费用比例变化太大,误差就会很大。如有的工程材料费、施工机械使用费比重大,直接费高,分摊到的管理费就多;反之亦然。

此外，如果合同发生延期且无替补工程，则延误期内工程直接费较小，分摊的总部管理费和索赔额都较小，承包人会因此而蒙受经济损失。

②日费率分摊法。其基本思路是按合同额分配总部管理费，再用日费率法计算应分摊的总部管理费索赔值。其计算公式为

$$争议合同应分摊的总部管理费=\frac{争议合同额}{合同期承包人完成的合同总额}\times 同期总部管理费总额$$

$$日总部管理费费率=争议合同应分摊的总部管理费/合同履行天数$$

$$总部管理费索赔额=日总部管理费费率\times 合同延误天数$$

该方法的优点是简单、实用，易于理解，在实际运用中也得到一定程度的认可。存在的主要问题：一是总部管理费按合同额分摊与按工程成本分摊结果不同，而后者通常在会计核算时和实际工作中更容易被理解；二是“合同履行天数”中包括了“合同延误天数”，降低了日总部管理费率及承包人的总部管理费索赔值。

3. 综合费用索赔的计算方法

对于有许多单项索赔事件组成的综合费用索赔，主要有以下三种方法。

(1)总费用法。

计算出索赔工程的总费用，减去原合同报价，即得到索赔金额。这种计算方法简单但不尽合理，一方面因为实际完成工程的总费用中，可能包括由于承包人的原因（如管理不善、材料浪费、效率太低等）所增加的费用，而这些费用是属于不该索赔的；另一方面，原合同价也可能因工程变更或单价合同中的工程量变化等原因而不能代表真正的工程成本。凡此种种原因，使得采用此法往往会引起争议，故一般不常用。

但是，在某些特定条件下，当需要具体计算索赔金额很困难，甚至不可能时，则也有采用此法的。这种情况下，应具体核实已开支的实际费用，取消其不合理部分，以求接近实际情况。

(2)修正的总费用法。

原则上与总费用法相同，通过计算对某些方面作出相应的修正，以使得结果更趋合理。修正的内容主要有：一是计算索赔金额的时期仅限于受事件影响的时段，而不是整个工期；二是只计算在该时期内受影响项目的费用，而不是全部工作项目的费用；三是不直接采用原合同报价，而是采用在该时期内如未受事件影响而完成该项目的合理费用。根据上述修正，可比较合理地计算出因索赔事件影响而实际增加的费用。

(3)实际费用法。

实际费用法即根据索赔事件所造成的损失或成本增加，按费用项目逐项进行分析、计算索赔金额的方法。这种方法比较复杂，但能客观地反映施工单位的实际损失，比较合理，易于被当事人接受，在国际工程中被广泛采用。实际费用法是按每个索赔事件所引起损失的费用项目分别分析计算索赔值的一种方法，通常分三步：第一步，分析每个或每类索赔事件所影响的费用项目，不得有遗漏。这些费用项目通常应与合同报价中的费用项目一致。第二步，计算每个费用项目受索赔事件影响的数值，通过与合同价中的费用价值进行比较即可得到该项费用的索赔值。第三步，将各费用项目的索赔值汇总，得到总费用索赔值。

【典型例题】

【例 9-1】 某工程施工中发生如下事件：5 月 20—26 日，因承包人的施工设备故障停工，5 月 24 日—6 月 9 日项目业主延期交付图纸，无法施工。本工程承包人可获得的工期索赔值为多少天？

答:施工设备的故障属于承包人的责任,故承包人从5月20—26日期间无权索赔。图纸延期交付为项目业主责任,承包人有权提出工期和费用索赔,工期索赔天数为14天(从5月27日—6月9日)。

【例9-2】 某工程施工中,项目业主改变办公楼工程基础设计图纸的标准,使单项工程延期10周。该单项工程合同价为80万元,而整个工程合同总价为400万元。则承包人提出工期索赔值可按下式计算:

$$总工期索赔值=\frac{受干扰事件影响的那部分工程的价值}{整个工程的合同总价}\times 该部分工程受干扰后的工期拖延时长$$

即总工期索赔值 $\Delta T=(80万元/400万元)\times 10周=2周$。

②按单项工程工期拖延的平均值计算。

【例9-3】 某工程有A、B、C、D、E五个单项工程,合同规定项目业主提供水泥。在实际工程中,项目业主没有按合同规定的日期供应水泥,造成停工待料。现场工程资料和合同双方的通信等证据证明,由项目业主水泥提供不及时对工程造成如下影响:单项工程A,500 m^3 混凝土基础推迟21 d;单项工程B,850 m^3 混凝土基础推迟7 d;单项工程C,225 m^3 混凝土基础推迟10 d;单项工程D,480 m^3 混凝土基础推迟10 d;单项工程E,120 m^3 混凝土基础推迟27 d。

承包人在一揽子索赔中,对项目业主材料供应不及时造成工期延长提出如下索赔要求:

总延长天数=(21+7+10+10+27)d=75 d,

平均延长天数=75 d/5=15 d,

工期索赔值=15 d+5 d=20 d(加5 d是考虑了单项工程的不均匀性对分部工期的影响)。

【例9-4】 某土方工程总挖方量为1000 m^3,预算单价为45元/m^3。该挖方工程预算总费用为45万元,计划用25 d完成,每天挖方量为400 m^3。开工后第7天早上刚上班时,项目管理人员前去测量,取得了两个数据:已完成挖方2000 m^3,支付给承包人的工程进度款累计已达到12万元。根据上述资料利用赢值法判断工期是否延误;如已延误,计算工期延误天数。

答:计算BCWP=45元/m^3×2000 m^3=9万元。

查看项目计划,计划表明,开工后第6天结束时,承包人应得到的工程款累计额,即BCWS=400 m^3/d×6 d×45元/m^3=10.8万元。

该工程在第7天检查时的进度偏差和费用偏差为:

进度偏差=10.8万元−9万元=1.8万元,表示承包商进度拖延,1.8万元÷45元/m^3=400 m^3,正好为预算中一天的工作量,所以承包人的进度已经拖延1 d。

费用偏差=12万元−9万元=3万元,表示承包人已超支。

【例9-5】 某承包人对一项350 m^2 的混凝土模板支模工作,即工程量清单中的"模板"工作项目进行承包施工。在报价书中指明,计划用工210 h,即工效为210 h/350 m^2=0.6 h/m^2,每小时工资按6元计算,共计报价为210 h×6元/h=1260元。在施工过程中,由于项目业主供应木料不及时,影响了承包人的支模工作效率,完成350 m^2 的支模工作实际用工265 h。而且,由于加班施工,实际支付工资时按7.5元/h计算,共实际支付265 h×7.5元/h=1987.5元。

在这项简单的承包工程中,承包人遇到了不属于自己责任而造成的工时延长和工资提高的损失,他对自己的损失提出索赔。这两项增加开支给承包人带来的附加成本,即承包亏损款,是理应得到补偿的。或者说,承包人的计划成本较其实际成本超支为1987.5元−1260元=727.5元,这项超支是由于项目业主方面的原因造成的,故项目业主同意予以补偿。

本案例是分别计算人工单价上涨和工时增加造成的人工费增加值，本质上采用公式 $C_L = C_{L1} + C_{L2}$ 进行计算，具体如下：

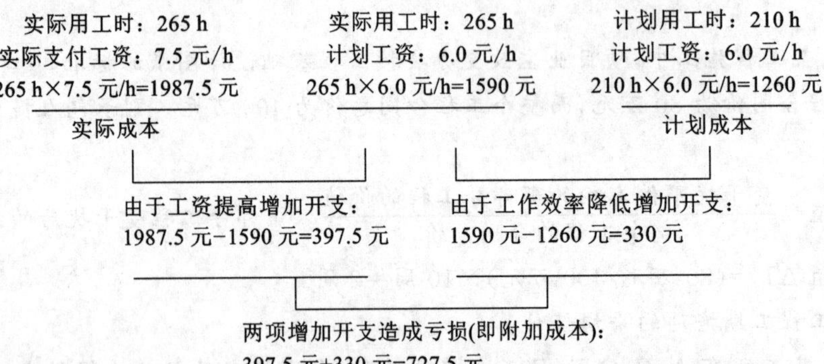

【例 9-6】 某工程争议合同的实际直接费为 500 万元，在争议合同执行期间，承包人同时完成的其他合同的直接费为 2500 万元，该阶段承包人总部管理费总额为 300 万元，则：

单位直接费的总部管理费费率＝300 万元/(500 万元＋2500 万元)×100％＝10％

总部管理费索赔额＝500 万元×10％＝50 万元

【例 9-7】 某承包人承包某工程，合同价为 500 万元，合同履行天数为 720 d，该合同实施过程中因项目业主原因拖延了 80 d。在这 720 d 中，承包人承包其他工程的合同总额为 1500 万元，总部管理费总额为 150 万元。则：

争议合同应分摊的总部管理费＝500 万元/(500 万元＋1500 万元)×150 万元＝37.5 万元

日总部管理费率＝37.5 万元/720 d＝0.05208 万元/d

总部管理费索赔额＝0.05208 万元/d×80 d＝4.1664 万元

【例 9-8】

某国的住宅工程门窗工程量增加索赔

1.合同分析

合同条件中关于工程变更的条款为："……项目业主有权对本合同范围的工程进行他认为必要的调整。项目业主有权指令不加代替地取消任何工程或部分工程，有权指令增加新工程……但增加或减少的总量不得超过合同额的 25％。这些调整并不减少乙方全面完成工程的责任，而且不赋予乙方针对项目业主指令的工程量的增加或减少任何要求价格补偿的权利。"

在报价单中有门窗工程一项，工作量 10 133.2 m^2。对工作内容，承包人的理解(翻译)为"以平方米计算，根据工艺的要求运进、安装油漆门和窗，根据图纸中标明的规范和尺寸施工"，即认为承包人不承担门窗制作的责任。对此项承包人报价仅为 2.5 埃磅/m^2。而上述的翻译"运进"是不对的，应为"提供"，即承包商承担门窗制作的责任，而报价时没有门窗详图。如果包括制作，按照当时的正常报价应为 130 埃磅/m^2。

在工程中，项目业主觉得承包人门窗报价很低，于是下达变更令加大门窗面积，增加门窗层数，使门窗工作量达到 25 090 m^2，且大部分门窗都有板、玻璃、纱三层。

2.承包人的要求

承包人以项目业主扩大门窗面积、增加门窗层数为由要求与项目业主重新商讨价格，项目业主的答复为：合同规定项目业主有权变更工程，工程变更总量在合同总额 25％范围之内，承包人无权要求重新商讨价格，所以门窗工程都以原合同单价支付。

合同中"25％的增减量"是指合同总价格，而不是某个分项工程量。例如，本例中尽管门窗的工程量增加了150%,但墙体的工程量减少,最终合同总额并未有多少增加,所以合同价格不能调整。实际付款必须按实际工程量乘以合同单价,尽管这个单价仅为正常报价的1.3%。

承包人在无奈的情况下,与项目业主的上级接触。由于本工程承包人报价存在较大的失误,损失很大,希望项目业主能从承包人实际情况及双方友好关系的角度考虑承包人的索赔要求。最终项目业主同意:

(1)在门窗工作量增加25%的范围内,按原合同单价支付,即12 666.5 m^2 按原价格2.5埃磅/m^2 计算。

(2)对超过的部分,双方按实际情况重新商讨价格。最终确定单价为130埃磅/m^2,则承包人取得的费用赔偿为

(25 090 m^2−10 133.2 m^2×1.25)×(130埃磅/m^2−2.5埃磅/m^2)=12 423.5 m^2×127.5埃磅/m^2=1 583 996.25埃磅

试分析本工程索赔的类型。

答:(1)这个索赔实际上是道义索赔。

(2)翻译的错误是经常发生的,它会造成对合同理解的错误和报价的错误。由于不同语言之间存在着差异,工程中又有一些习惯用语。对此,如果在投标前把握不准或不知项目业主的意图,可以向项目业主询问,请项目业主解答,切不可自以为是地解释合同。

(3)在本例中报价时没有门窗详图,承包人报价会有很大风险,应请项目业主对门窗的一般要求予以说明,并根据这个说明提出的要求报价。

(4)当有些索赔或争执难以解决时,可以由双方的高层进行接触,商讨解决办法,问题常常易于解决。一方面,对于高层,从长远的友好合作的角度出发,许多索赔可能都是"小事";另一方面,使上层了解索赔处理的情况和解决的困难,更容易吸取合同管理的经验和教训。

【例9-9】 在某桥梁工程中,承包人按项目业主提供的地质勘察报告作了施工方案,并投标报价。开标后,项目业主向承包人发出了中标函。由于该承包人以前曾在本地区进行过桥梁工程的施工,按照以前的经验,他觉得项目业主提供的地质报告不准确,实际地质条件可能复杂得多。所以在中标后做详细的施工组织设计时,他修改了挖掘方案,为此增加了不少设备和材料费用。结果现场开挖完全证实了承包人的判断,承包人向项目业主提出了两种方案费用差别的索赔。但为项目业主否决,项目业主的理由是,按合同规定,施工方案是承包人应负的责任,他应保证施工方案的可用性、安全、稳定和效率。承包人变换施工方案是从他自己的责任角度出发的,不能给予赔偿。

试分析:如果你是项目业主,你该怎么处理。

答:实质上,承包人的这种预见性为项目业主节约了大量的工期和费用。如果承包人不采取变更措施,施工中出现新的与招标文件不一样的地质条件,此时再变换方案,项目业主要承担工期延误及相关的费用赔偿、原方案费用和新方案费用、低效率损失等。理由是地质条件是一个有经验的承包人无法预见的。

但是,本案例中承包人行为不当,使自己处于一个非常不利的地位。如果要取得索赔的成功,承包人在变更施工方案前应到现场试挖,作简单的勘察,拿出地质条件复杂的证据,并向项目业主提交报告,建议作为不可预见的地质情况变更施工方案。这样,项目业主必须慎重地考虑这个问题,并作出答复。无论项目业主同意或不同意变更方案,承包人的索赔地位都十分有利。

其实该案例中项目业主应该基于合作共赢的角度协商进行索赔处理,如果承包人索赔成功,则可归为道义索赔。

【例 9-10】 某建设单位和某施工单位签订了工程施工合同。合同规定:钢材、木材、水泥由项目业主供货到现场仓库,其他材料由承包人自行采购。当工程施工到第三层框架梁钢筋绑扎时,因项目业主提供的钢筋未到,该项作业停工 14 d(该项作业的总时差为 0 d)。10 月 7—9 日,停电、停水使第三层的砌砖停工(该项作业的总时差为 4 d)。为此,承包人于 10 月 20 日向工程师提交了一份索赔报告书,并于 10 月 25 日提交了 1 份工期、费用索赔计算书和索赔依据的详细材料。

根据索赔资料,试着编写 1 份索赔报告书。

答:

标题:××项目临时停工索赔

事件:项目业主供应材料未到,以及现场停水停电

影响:造成现场停工,虽然安排部分工人做其他工作,但是仍然有停工;造成机械停工。

要求:延长工期 14 d,费用索赔 7875 元。其中,人工停工费在尽量安排工人从事其他工作之后,按补偿的工效差计算;机械停工费考虑是自有设备,仅按折旧台班费计算。本索赔事项双方同意不计取管理费和利润。

证据:相应的合同条款,施工现场情况记录,工人工资单等证据资料附在索赔报告之后。

【例 9-11】 某厂(甲方)与某建筑公司(乙方)订立了某工程项目施工合同,同时与某降水公司订立了工程降水合同。甲乙双方合同规定:采用单价合同,每一分项工程的实际工程量增加(或减少)超过招标文件中工程量的 10%以上时调整单价。

甲乙双方合同约定 8 月 15 日开工。工程施工中发生如下事件:

事件 1:降水方案错误,致使工作 D 推迟 2 d;

事件 2:8 月 21—22 日,场外停电,停工 2 d;

事件 3:因设计变更,工作 E 工程量由招标文件中的 300 m^3 增至 350 m^3,合同中,该工作的综合单价为 55 元/m^3,经协商后为 50 元/m^3;

事件 4:为保证施工质量,乙方在施工中将工作 B 原设计尺寸扩大,增加工程量 15 m^3,该工作的综合单价为 78 元/m^3;

事件 5:在工作 D、E 均完成后,甲方指令增加一项临时工作 K,经核准,完成该工作需要 1 d。

试分析:(1)上述哪些事件,乙方可以提出索赔要求?哪些事件不能提出?说明原因。

(2)每项事件工期索赔各是多少?总工期是多少?

(3)工作 E 的结算价应为多少?

答:(1)问题 1:①事件 1 可提出索赔要求,因为降水工程由甲方另行发包,是甲方的责任。

②事件 2 可提出索赔要求,因为停水、停电造成的人员窝工是甲方的责任。

③事件 3 可提出索赔要求,因为设计变更是甲方的责任,且工作 E 的工程量增加了 50 m^3,超过了文件中规定的工程量的 10%。

④事件 4 不应提出索赔要求,因为保证施工质量的技术措施费应由乙方负担。

⑤事件 5 可提出索赔要求,因为甲方指令增加工作,是甲方的责任。

(2)问题 2:①事件 1 可索赔工期 2 d。

②事件 2 可索赔工期 2 d。

③事件 5 可索赔工期 1 d。

共可索赔工期 5 d。

(3)问题 3:工作 E 的结算价款=55 元/m^3×300 m^3×(1+10%)+50 元/m^3×[350 m^3－300 m^3×(1+10%)]=19 150 元。

独立思考

9-1 简述工程索赔的概念、作用和原则。

9-2 简述工程索赔的分类。

9-3 试述工程索赔的基本程序。

9-4 索赔报告必须具备哪些内容和要求？

9-5 试述索赔费用的组成。

9-6 简述索赔费用的计算方法。

9-7 思考：你认为道义索赔体现了工程参与方的什么精神？

参考文献

[1] 中华人民共和国住房和城乡建设部. GB/T 50500—2024 建设工程工程量清单计价规范[S]. 北京:中国计划出版社,2024.

[2] 中华人民共和国招标投标法实施条例[M]. 北京:中国法制出版社,2011.

[3] 中华人民共和国招标投标法[M]. 北京:法律出版社,2018.

[4] 全国一级建造师执业资格考试用书编写委员会. 建设工程项目管理[M]. 北京:中国建筑工业出版社,2023.

[5] 全国一级建造师执业资格考试用书编写委员会. 建设工程法规及相关知识[M]. 北京:中国建筑工业出版社,2023.

[6] 全国一级建造师执业资格考试用书编写委员会. 建筑工程管理与实务[M]. 北京:中国建筑工业出版社,2023.

[7] 全国造价工程师职业资格考试培训教材编审委员会. 建设工程造价管理[M]. 北京:中国计划出版社,2023.

[8] 中华人民共和国住房和城乡建设部,国家市场监督管理总局. 建设项目工程总承包合同(示范文本)(GF—2020—0216)[M]. 北京:中国建筑工业出版社,2021.

[9] 中华人民共和国住房和城乡建设部,国家市场监督管理总局. 建设工程施工合同(示范文本)(GF—2017—0201)[M]. 北京:中国建筑工业出版社,2017.

[10] 中华人民共和国住房和城乡建设部. 住房城乡建设部 工商总局关于印发建设工程设计合同示范文本的通知[EB/OL]. (2015-03-04)[2024-10-31]. https://www.mohurd.gov.cn/gongkai/zc/wjk/art/2015/art_17339_220661.html.

[11] 中华人民共和国住房和城乡建设部. 住房城乡建设部 工商总局关于印发建设工程勘察合同示范文本的通知[EB/OL]. (2016-09-12)[2024-10-31]. https://www.mohurd.gov.cn/gongkai/zc/wjk/art/2016/art_17339_229118.html.

[12] 中华人民共和国住房和城乡建设部. 住房城乡建设部 工商总局关于印发建设工程造价咨询合同(示范文本)的通知[EB/OL]. (2015-09-11)[2024-10-31]. https://www.mohurd.gov.cn/gongkai/zc/wjk/art/2015/art_17339_224826.html.

附录　情景模拟课堂

一、预备阶段：组建虚拟市场

1. 准备工作

全班自由结合分组，第一阶段需要划分以下组别：招标人（每组 4～6 人）、招标代理人（每组 3～4 人）、政府组（最多 2 个小组，每个小组 3 人左右）。

2. 招标人的工作任务

(1)了解建筑市场诚信体系及公共资源交易中心平台。

(2)了解项目业主单位在当地建设行政主管部门招标投标管理办公室进行备案的相关规定。

(3)项目团队建设。

(4)项目团队角色分工及职能划分。

3. 招标代理人的工作任务

(1)了解建筑市场诚信体系及公共资源交易中心平台。

(2)了解招标投标代理企业在当地建设行政主管部门招标投标管理办公室进行备案的相关规定。

(3)项目团队建设。

(4)项目团队角色分工及职能划分。

4. 政府组的工作任务

(1)1 组：负责建立有形建筑市场；撰写工作计划，内容包括建设工程交易中心工作流程、招标备案信息、各类表格、各类手续的法律依据、团队角色分工及职能划分等。

(2)2 组：负责模拟监督机构；撰写工作计划，内容包括招标投标工作的主要监督机构、各个部门的工作任务、监督工作的法律依据、团队角色分工及职能划分等。

5. 项目信息

本次提供的项目图纸和预算文件（比如某大学幼儿园项目）包含了工程量清单和预算书（供后期编制标底和工程量清单，或者供投标报价使用）。项目基本情况假设在给定的位置进行开发，开发时点假设为当年 5 月 1 日（教师可以适当调整），其他信息请招标人酌情自拟。

6. 上交成果及时间安排

招标人：预备阶段报告包含项目法人公司组织结构图及角色分工、职能划分说明，项目简介等。

招标代理人:预备阶段报告包含招标代理企业组织结构图及角色分工、职能划分说明等。

政府组:预备阶段报告包含组织结构图、角色分工、职能划分说明、工作计划书等。

时间安排:1周。

电子版成果在智慧树翻转课堂直接上传,同时收取纸质版,纸质版由学习委员汇总后上交。

7. 淘汰规则

该阶段无淘汰机制。

8. 重要提示

该阶段主要强化大家对建设工程招标投标工作相关主体的总体认识,了解建设单位、招标代理单位、有形建筑市场及监督机构的组成、工作方案拟定以及相关职责,从而形成感性认识。

该阶段主要考察大家通过图书馆、网络、实地调查等方式收集信息的能力。

9. 拓展练习

结合营业执照、法人资格证书、执业资格证书、资质证书、安全生产许可证、三个体系(环境、职业健康、质量)等证件资料进行强化训练。

10. 教学目标

(1)知识目标:了解建筑市场诚信体系及公共资源交易中心平台;掌握企业备案流程;熟悉团队建设中的角色分工。

(2)能力目标:能够组织企业备案;能够通过组织结构图完成角色分工和职能划分任务。

(3)课程思政目标:遵纪守法,培养和树立诚实信用品德、职业道德素养、社会责任感和团队意识。

11. 驱动问题

(1)企业备案应遵循的流程以及需要准备的材料是什么?

(2)招标人的岗位职责是什么?

(3)招标代理人的岗位职责是什么?

(4)建设行政主管部门及公共资源交易中心的职责是什么?

(5)如何组建项目团队并进行团队建设?

二、招标方案编制

1. 准备工作

前一阶段已经完成了虚拟企业和虚拟市场主体的构建(教师可以适当调整)。全班自由结合分组,第二阶段需划分以下组别:招标人(每组4~6人)、招标代理人(每组3人左右)、政府组(共2个小组,每个小组3人左右)。

2. 招标人的工作任务

(1)选定自行招标或者委托招标。

(2)如果选择自行招标,请根据给定的幼儿园项目,编制符合自行招标的招标方案。

(3)如果选择委托招标,请根据给定的幼儿园项目,编制符合委托招标的招标方案,与招标代理公司签订招标代理合同。

3. 招标代理人的工作任务

(1)向招标人承揽招标代理业务。

(2)与招标人签订招标代理合同。

(3)根据给定的幼儿园项目,编制招标代理方案。

4. 政府组的工作任务

(1)1组:完善前一阶段的工作计划,内容包括完善建设工程交易中心工作流程、招标备案信息、各类表格、各类手续的法律依据等,负责配合招标人和招标代理人的备案工作。

(2)2组:负责模拟监督机构,完善前一阶段的工作计划,内容包括完善招标投标工作的主要监督机构、各个部门的工作任务、监督工作的法律依据、小组成员分工及工作计划等,负责配合其他市场主体的投诉与咨询工作。

5. 项目信息

本次提供某幼儿园项目图纸和预算文件,包括工程量清单和预算书(供后期编制标底和工程量清单,或者供投标报价使用)。项目基本情况假设在某大学幼儿园的位置进行开发,开发时点假设为当年5月1日(教师可以适当调整),其他信息请招标人酌情自拟。

6. 上交成果及时间安排

招标人:招标方案(内含公司简介和公司组织架构)、招标代理合同(如果有)。

招标代理人:招标代理方案(内含公司简介和公司组织架构)、招标代理合同(如果有)。

政府组:阶段性总结报告(本阶段工作总结以及协助其他各组所作的工作总结)

时间安排:2周。

7. 淘汰规则

该阶段无淘汰机制。

8. 重要提示

该阶段主要落实开展建设工程招标投标所需具备的条件,调研潜在投标人市场情况,分析招标项目标段划分及招标要求,编制招标进度计划等内容。

了解《必须招标的工程项目规定》和《必须招标的基础设施和公用事业项目范围规定》的相关规定。

该阶段主要考察大家通过图书馆、网络、实地调查等方式收集信息的能力。

各组如有法律法规政策方面的问题,可以向政府组请求协助,由其负责提供相应解释,各组应将相应过程在作业中加以说明。

9. 拓展练习

思考招标的组织方式、资格审查方式、招标计划的编制方法等关键问题。

10. 教学目标

(1)知识目标:掌握建设工程招标的条件以及主要招标方式;掌握建设工程招标的范围;掌握建设工程招标标段的划分;熟悉和掌握建设工程招标的程序。

(2)能力目标:能够结合具体的背景资料进行招标条件和招标方式的确定;能够熟练地编制一份招标方案(招标计划书);能够完成建设项目招标的备案和登记工作。

(3)课程思政目标:养成遵纪守法、团队合作、职业道德、社会责任、人际交往和公共关系妥善处理的意识。

11. 驱动问题

(1)建设单位具备什么样的条件可以自行招标?

(2)建设工程项目具备什么样的条件可以进行施工任务招标?

(3)招标的方式有哪几种?在实践中如何选择招标方式?不同招标方式的适用条件是什么?

(4)哪些项目属于必须招标的项目?如何认定?

(5)建设工程项目招标的基本流程是怎么样的?

(6)如何办理建设工程招标登记与备案手续?

三、招标情景

1.准备工作

全班自由结合分组,第三阶段需要以下组别相互配合:招标人(每组 4～6 人)、招标代理人(每组 3 人左右)、政府组(共 2 个小组,每个小组 3 人左右)。

2.招标人的工作任务

(1)按照上一阶段编制的招标方案,组织实施招标工作,包含但不限于招标公告发布、招标文件发售、招标文件澄清与补充、资格审查、现场踏勘、投标预备会等活动。

(2)如果选择自行招标,请根据给定的幼儿园项目编制符合自行招标的招标文件、标底(如果有)、招标控制价文件(如果有),并办理相关招标手续。

(3)如果选择委托招标,请与招标代理人相互配合,根据给定的幼儿园项目编制符合委托招标的招标文件、标底(如果有)、招标控制价文件(如果有),并办理相关招标手续。

(4)完善虚拟公司,提供该公司在招标阶段所需要的各类文件。

(5)如果采取资格预审,编制资格预审文件。

3.招标代理人的工作任务

(1)与招标人相配合,根据给定的幼儿园项目编制招标文件、标底(如果有)、招标控制价文件(如果有),并办理相关招标手续。

(2)完善虚拟公司,提供在招标阶段所需要的各类文件(与招标人相配合)。

(3)如果采取资格预审,会同招标人编制资格预审文件。

4.政府组的工作任务

(1)1 组:负责有形建筑市场的运行,执行前期拟定的工作计划,办理招标人提出的招标申请业务,撰写阶段性总结报告。

(2)2 组:负责模拟建设工程招标投标监督机构,对招标人、招标代理人实施监督并撰写总结报告。

5.项目信息

本次提供的项目图纸和预算文件包含了工程量清单和预算书(供后期编制标底和工程量清单,或者供投标报价使用),项目基本情况请假设在给定的位置进行开发,开发时点假设为当年 5 月 1 日(教师可以适当调整),其他信息请招标人酌情自拟。

6.上交成果及时间安排

招标人:招标文件、标底(如果有)、招标控制价文件(如果有)、阶段性总结报告。

招标代理人:招标文件、标底(如果有)、招标控制价文件(如果有)、阶段性总结报告。

政府组:阶段性总结报告。

时间安排:2～3 周。

7. 淘汰规则

规则一：该阶段实行淘汰机制。保留成绩最好的1组招标人(或者招标人+招标代理人)，其他的招标人和招标代理人重新组合成投标人。

规则二：该阶段实行抽签淘汰机制。如果班级分组较多(招标人存在8个组以上)，可以抽签分成若干个大组，然后保留各大组成绩最好的1组招标人，其他招标人和招标代理人重新组合成投标人。

规则三：该阶段不实行淘汰机制，每个招标人和招标代理人自动转变为投标人，按照自己所编制的招标文件，编制投标文件。(该模式适用部分采用情景模拟课堂或者前期普遍成绩较差的情况。)

由教师和学生共同确定，选择以上3种模式中的1种。

8. 重要提示

该阶段主要强化学生对招标文件的编制以及招标过程的主要阶段、法律规定等的掌握。

该阶段主要考查学生通过图书馆、网络、实地调查等方式收集信息的能力。

本阶段可以包含如下2个环节。

(1)招标文件编制环节：选择1组最优秀的队伍作为最终的招标人(招标代理人)。

(2)开标前的招标情景再现环节：招标人(招标代理人)组织招标阶段的相关工作(招标公告发布、招标文件发售、招标文件澄清与补充、资格审查、现场踏勘、投标预备会等活动)。

9. 拓展练习

(1)投标人经营状况门槛的设置、项目经理业绩门槛的设置。

(2)合格制和有限数量制下资格预审申请文件的编制。

(3)资格后审方式的审查办法。

(4)招标控制价和标底的应用。

(5)明标和暗标的应用。

10. 教学目标

(1)知识目标：了解招标人资格审查的含义、方式、程序、审查办法；掌握资格预审文件的主要内容及编制方法；掌握招标文件的主要内容和编制方法；掌握评标程序、评标方法、评标标准的撰写；掌握招标文件的备案与发售流程。

(2)能力目标：能够结合项目特点，选取资格审查方式及审查办法；熟练进行资格预审文件编制、备案及发布等工作；能够模拟资格审查委员会开展资格审查工作；能够熟练编制一份合格的招标文件；能够组织并实施招标文件的发售与备案工作；能够编制工程量清单和招标控制价等文件；具备初步拟定合同文本的能力。

(3)课程思政目标：养成遵纪守法、诚实守信、职业道德、团队协作、沟通与协调、主动学习等意识。

11. 驱动问题

(1)招标人开展资格预审都需要做哪些工作？

(2)针对不同类型的项目，应该如何确定资格审查方式及审查办法？

(3)招标文件的主要内容是什么？如何编制一份合格的招标文件？

(4)评标方法有几种？其适用范围是什么？需要考虑哪些评标因素？如何将评标因素量化？

(5)工程量清单的内容及编制的注意事项有哪些？

(6)招标人在招标文件发售阶段需要完成哪些工作？

(7)招标文件中的合同文件由哪几部分组成,是否需要补充和修正?

(8)投标有效期和投标保证金的概念、作用是什么?

四、投标情景

1.准备工作

团队组建说明(二选一):

(1)上一阶段被淘汰的招标人和招标代理人成员,需要重新组成投标人,每组大概4～6人,以3～8组为宜。

(2)上一阶段招标文件自评良好或者经指导老师认可的招标人或招标代理人,也可以自动转变身份作为投标人。

2.招标人(或招标代理人)的工作任务

本阶段至少保留1组招标人或(和)招标代理人,负责组织招标事宜,具体工作任务如下:

(1)按照上一阶段编制的招标文件,组织实施招标工作;

(2)发售招标文件和有关资料,收取投标保证金;

(3)组织投标人踏勘现场,对招标文件进行答疑;

(4)召开投标预备会;

(5)收取投标文件。

3.投标人的工作任务

(1)组建虚拟施工企业;

(2)组建投标班子、购买招标文件;

(3)参加踏勘现场会,并提出质询;

(4)参加投标预备会;

(5)编制、装订、递送投标文件。

4.政府组的工作任务

如未能组成或者前期组成的政府组不能顺利履行相关职责,则由指导老师团队兼任。

(1)1组:负责有形建筑市场的运行,执行前期拟定的工作计划,办理项目业主提出的招标业务,撰写阶段性总结报告。

(2)2组:负责模拟监督机构,对招标人、招标代理人、投标人实施监督并撰写阶段性总结报告。

5.项目信息

本次提供的项目图纸和预算文件包含了工程量清单和预算书(供后期编制标底和工程量清单,或者供投标报价使用),项目开发时点假设为8月21日或其他经过指导老师认可的时间,其他信息请招标人酌情自拟并提请指导老师确认。

6.上交成果及时间安排

招标人:阶段性总结报告、修改后的招标文件。

招标代理人:阶段性总结报告、修改后的招标文件。

投标人:投标文件、阶段性总结报告。

政府组:阶段性总结报告。

时间安排:3～4周(也可依据招标文件由教师合理调整)。

7. 淘汰规则

该阶段无淘汰机制。

8. 重要提示

该阶段主要强化招标活动的组织以及投标文件的编制、法律规定等。

该阶段主要考察各团队通过图书馆、网络、实地调查等方式收集信息的能力。

该阶段主要融合团队合作、遵纪守法、职业道德、社会责任感、大国工匠精神、诚实守信等课程思政元素，将课程思政贯穿投标阶段的各项工作过程中，穿插围标与串标的认识、违法发包行为的处理等内容，以润物细无声的方式提升学生职业道德素养。

该阶段要培养学生原则性与灵活性相结合的工作方法，使其学会分析问题和解决问题，形成风险意识，学会分工合作和团结合作，通过角色代入加强对工程与社会的认识，培养沟通协调能力和实操能力。

9. 拓展练习

(1)资格后审方式下投标文件与资格预审方式下投标文件的编制。

(2)两种主要的评标方法及其具体操作。

(3)商务标和技术标的编制方法。

(4)投标策划的工作要点及其实践应用。

10. 教学目标

(1)知识目标：掌握投标程序相关内容；了解招标文件分析的相关内容；掌握投标文件的编制、组成、投递、封装、补充、修改等内容；掌握投标报价的策略及投标报价技巧。

(2)能力目标：能够进行招标文件发售、购买、工程量校核、现场踏勘、参加投标预备会等工作；熟练进行投标文件编制、封装与投递；熟练进行投标保证金的交纳；熟练运用投标策略和投标报价技巧；能够进行投标文件的整理工作。

(3)课程思政目标：树立并养成团队合作、遵纪守法、职业道德、社会责任、大国工匠、诚实守信、沟通与协调、主动学习等精神和意识。

11. 驱动问题

(1)投标程序包括哪些具体的步骤？

(2)现场踏勘主要包括哪些工作内容？

(3)如何组织投标预备会？在投标预备会上需要做哪些具体工作？

(4)投标文件的构成以及各部分内容是什么？如何编制一份合格的投标文件？

(5)招标控制价、投标报价、标底的区别及编制要点是什么？

(6)常用的投标报价技巧有哪些？其适用范围是什么？

(7)投标文件编制需要注意哪些细节性问题？

(8)如何正确认识围标、串标、违法发包等行为？

(9)如何组织一个合格的投标班子？

五、开标情景

1. 准备工作

本阶段以招标人(招标代理人)为主开展开标会现场模拟。

2. 招标人(或招标代理人)的工作任务

(1)组织开标会。

(2)组建评标组织。

3. 投标人的工作任务

(1)参加开标会,并按照招标人的要求完成相关现场事宜。

(2)回应开标会现场质询。

4. 政府组的工作任务

(1)1 组:配合招标人提供招标场地并对招标活动进行监督。

(2)2 组:负责模拟监督机构,对招标人、招标代理人、投标人实施监督并撰写总结报告。

5. 项目信息

本次提供的项目图纸和预算文件包含了工程量清单和预算书(供后期编制标底和工程量清单,或者供投标报价使用),项目开发时点依照前期所确定的时间点,其他信息请招标人酌情自拟。

6. 上交成果及时间安排

招标人:阶段性总结报告(含开标会策划书)。

招标代理人:阶段性总结报告(含开标会策划书)。

投标人:阶段性总结报告。

政府组:阶段性总结报告。

时间安排:1 周(在投标文件递交截止的同一时间开展)。

7. 淘汰规则

本阶段在开标会现场被判定为废标的投标人直接被淘汰。

8. 重要提示

该阶段主要强化学生开标会的组织能力以及评标组织的组建能力。

该阶段主要考察大家通过图书馆、网络、实地调查等方式收集信息的能力,开标会的组织与协调能力。

该阶段主要融合团队合作、社会责任感、职业道德素养、集体荣誉感、敢为人先的创新精神、原则性与灵活性相结合的工作方法、风险意识、遵纪守法等课程思政元素。

该阶段需要立足实际,以现有学生分组为出发点,以现有成果的持续改进和预期成果为目标点,实现主动学习和持续改进。

9. 拓展练习

(1)资格预审与资格后审条件下,评标工作内容的变化。

(2)投标人围标、串标行为的认定。

(3)电子化评标的规范和注意事项。

(4)中标公示期间,投标人和招标人异议处理的方法。

10. 教学目标

(1)知识目标:掌握开标的流程;掌握评标组织的组建;熟悉开标会主持人的主要工作。

(2)能力目标:能够熟练地组织开标会,能够熟练地完成开标会主持人的主要工作。

(3)课程思政目标:树立并养成团队合作、遵纪守法、职业规范、社会责任、大国工匠、诚实守信、沟通与协调等精神和意识。

11. 驱动问题

(1)开标会应该遵循什么样的流程?

(2)评标委员会成员应该具备什么条件?

(3)评标委员会由哪些人员组成?采用何种方法选定?

(4)流标、废标、无效投标的辨析。

六、评标与定标情景

1. 准备工作

本阶段以招标人(招标代理人)、评标委员会、中标人为主开展现场模拟。

(1)评标阶段:招标人、招标代理人、评标委员会组织评标工作。

(2)定标阶段:招标人、中标人开展合同谈判、签订合同等工作。

2. 招标人(或招标代理人)的工作任务

(1)组织开标会。

(2)组建评标组织。

(3)准备评标相关文件。

(4)准备合同谈判、草拟合同文本。

(5)发出中标通知书。

(6)完成中标人公示与备案工作。

3. 评标组的工作任务

评标组由教师、部分招标人、其他专家组成。

(1)开展评标活动。

(2)编制评标报告。

4. 投标人的工作任务

未中标的投标人全部被淘汰。

(1)回应评标委员会的质询。

(2)针对一些违法违规行为开展投诉活动。

中标人继续开展下一步的工作。

(1)回应评标委员会的质询。

(2)与招标人开展合同谈判工作,签订合同。

5. 政府组的工作任务

(1)1 组:配合招标人提供评标场地并对招标活动进行监督,办理相关备案手续。

(2)2 组:负责模拟监督机构,对招标人、招标代理人、投标人实施监督,并处理相关招标投标投诉事宜。

6. 项目信息

本次提供的项目为某幼儿园项目图纸和预算文件,包括工程量清单和预算书(供后期编制标底和工程量清单,或者供投标报价使用),项目基本情况假设在某大学幼儿园的位置进行开发,开发时点依照前期所确定的时间点,其他信息请招标人酌情自拟。

7. 上交成果及时间安排

招标人：阶段性总结报告、评标相关文件、合同协议书。

招标代理人：阶段性总结报告、评标相关文件。

投标人：阶段性总结报告、合同协议书（仅限中标人）。

评标组：评标报告。

政府组：阶段性总结报告。

时间安排：1周。

8. 淘汰规则

本阶段除中标人外的其他投标人直接被淘汰。

9. 重要提示

该阶段主要强化熟悉评标活动的组织以及签订合同相关工作。

该阶段主要考查学生通过图书馆、网络、实地调查等方式收集信息的能力，开标会的组织与协调能力。

该阶段主要融合团队合作、社会责任感、职业道德素养、原则性与灵活性相结合的工作方法、风险意识、遵纪守法等课程思政元素。

该阶段需要立足项目实际，以现有招标投标文件为出发点，实现实践操作技能的持续改进，总结经验。

10. 拓展练习

(1)资格后审与资格预审相比较，评标委员会工作内容的变化。

(2)投标人围标、串标行为的认定及处理。

(3)电子化评标的规范化操作和注意事项。

(4)中标公示期间，投标人和招标人异议处理的方法。

11. 教学目标

(1)知识目标：熟悉评标程序；掌握评标相关文件的准备工作。

(2)能力目标：能够熟练地组织评标活动，能够熟练地应用评标方法。

(3)课程思政目标：提高团队合作意识、社会责任感、职业道德素养，熟悉原则性与灵活性相结合的工作方法，增强风险意识、遵纪守法意识等。

12. 驱动问题

(1)评标方法都有哪些？

(2)什么是两段三审？

(3)无效投标包括哪些具体情形？

(4)评标的基本原则是什么？

(5)定标的基本原则是什么？

(6)应该如何撰写评标报告？

(7)初步评审和详细评审需要做哪些具体的工作？

(8)中标候选人公示期间，如果其他投标人对中标有异议，应如何处理？